用写作重建自我

Rebuild Yourself with Writing

黄鑫 著

图书在版编目（CIP）数据

用写作重建自我 / 黄鑫著 . 一北京：机械工业出版社，2020.5（2025.1 重印）

ISBN 978-7-111-65377-6

I. 用… II. 黄… III. 写作 – 应用 – 精神疗法 IV. ① H05 ② R749.055

中国版本图书馆 CIP 数据核字（2020）第 063304 号

用写作重建自我

出版发行：机械工业出版社（北京市西城区百万庄大街 22 号 邮政编码：100037）	
责任编辑：向睿洋	责任校对：李秋荣
印　　刷：北京富资园科技发展有限公司	版　　次：2025 年 1 月第 1 版第 2 次印刷
开　　本：170mm×230mm 1/16	印　　张：21
书　　号：ISBN 978-7-111-65377-6	定　　价：79.00 元

客服电话：(010) 88361066　88379833　68326294

版权所有·侵权必究
封底无防伪标均为盗版

一

几年前,我问一位我上医科大学时的同学———一位内分泌科主任,为什么现在患糖尿病的人这么多,没想到,他脱口而出:生活方式。更让我没想到的是,他正带着博士生研究糖尿病患者的抑郁情绪……

是啊,我们现在有某种生活方式,这种需要去定义、去研究的"生活方式",导致了我们现在特别的疾病谱,形塑了我们的存在现实,而生活方式的形成与我们的历史有关。在这里,这个"我们"也是需要界定的,"我们"经由梳理"我们"的历史而得以确立。现在,我把"我们"置换成"我","我"的绽出,来自于我自己特别的历史。

近两年,在临床和教学之余,我研究了刘震云的小说《一句顶一万句》。这是一本有关"说话"的小说,我梳理出小说中说话的两个层面,一是"说""话"与"说话",二是说人、说心、说事与说理。我的兴趣在于观察在日常生活中,我们是如何"说自己"的,小说为此提供了丰富的语料,让我们可以切近自己的经验,重新体认自我。比如,在说人自身的姓名、身份时,是"叫"什么,是

"当"爹的、"当"师傅的,这些个"叫""当"有特别的意味,但很难直接翻译成外文,这差不多是不可能完成的翻译任务。我非常认同瓦尔特·本雅明(Walter Benjamin)的思想,我们生活在一些"说法"之中,可能需要从西化的"说法",回到本土的"说法",最后到直接的描述。用写作重建自我,应该是这样的描述之路。每个个体的独特性、完整性与丰富性,是一点一点写出来的,环绕着名字、身体,还有"我的样子"等,跟随自由联想的写作,"我"流淌出来,并被我重新认知。

这就是黄鑫这本著作的任务,其中我们也从书写中感知到我们内在的疗愈力量,这样的力量来自我们的历史与传统。

二

2019年4月9日,中国心理学权威期刊《心理学报》发布"中国人应对历史危机的心理特征与行为表现"专栏征稿,这是极不寻常的,兹摘录征稿启事如下。

自强自立于世界民族之林的中华民族历经沧桑,饱受磨难,却延绵不绝。作为世界文明古国中唯一不间断千年文化的特例,中华民族当比曾间断过文化的民族更能在危机下变通、生存,亦更清醒"我从哪里来,我要往哪里去"。

在全球变暖和人工智能飞速发展的时代,占据食物链顶端的智人突然面临前所未有的危机和挑战:算法开始替代人类做出选择,一些原只有人类能做的工作已经被机器人所取代。世界面临百年未有之大变局,众国家、民族迷茫应给自己的后代传授或培养什么技能，方可让我们的孩子在 20 年后仍有竞争力，让下一代能安身立命。

天下事穷则变，变则通。为应对这一危机和挑战，我们应比过去更自觉地探索什么是人类成为"万物之灵"的变通能力，进而了解"我从哪里来，我要往哪里去"。在此历史发展的重要拐点，中国的心理学家亦有责任揭示中国人重要或特有心理与行为背后的规律，用改革开放 40 年学会的科学共通语言，向世界报告具有民族特色的应对危机和挑战的方式，传授中华民族"置之死地而后生"的竞争优势。

在此背景下，为了更好地在第三十届国际应用心理学大会（ICAP 2022 in Beijing）彰显、交流这些有中国传统文化特色的研究，同时也吸引更多的学者从事这方面的探索，进而产生高质量且立足中国社会重大问题的心理学研究成果，《心理学报》与北京市社会心理学会，计划在《心理学报》开设"中国人应对历史危机的心理特征与行为表现"专栏，从中国传统文化视角，开放性地探索被作者判断为能"保民族在危机下生存"，能"巩千年文化延绵"的任何心理现象与行为表现。

我个人认为这篇征稿启事是一份很重要的"历史"文献。在目前重要的"拐点""大变局"中，传统、传统文化关涉"我从哪里来"，更蕴含"我要往哪里去"的方向与路径。黄鑫的书已经先行一步，交出了很有分量的报告。本书是以自我及家族史书写为中心的论著，引入、借鉴了西方心理学尤其是精神分析的思想与方法，更为宝贵的是作者把家谱、家训家规等传统文化纳入家族史书写之中，这是意味深长的尝试。作者多年精读《文心雕龙》等传统文论典籍，将研究心得、写作体验一一呈现在本书之中，对黄鑫而言，传统不是字面上的、口号中的，而已经是她实践中的有机部分——充满活力的部分。

三

2015年6月"东方之星"沉船事故发生后，我参与了心理救援工作，遇难者子女的叙述中最让我难过的是他们难以弥补的遗憾：没有机会尽孝了，没有机会去了解父母的过往了，总想着，等到什么时候有空了，闲下来了，再……然而，没有这样的机会了。而对于逝者最好的纪念，是整理遗物，试着写出一份逝者的传记，这是我们在心理救援现场给出的建议之一。祖辈的经历在父母的记忆里，随着父母的离世被带走了；父母的经历，在那些遗物之中，那些照片、各种证件、文件等，静静地诉说着渴望被听到的故事。其实，心理并不是真的需要"救援"，我们的工作是去发现许多早已存在的资源。

这样的例子说明了家族史采写的紧迫感，换个说法，家族史的书写应该是每个家庭可以很快着手进行的工作，就像本书反复说的，不用特别准备，重要的是现在开始。

可以把家族史的书写，看成是我提出的"实验传记"的一种形式。所谓实验传记，目前看来重点有二，一是强调过程，二是不拘形式。当我们邀请父母参与时，刚开始会被拒绝，但如果坚持的话，他们一般都会积极配合，在他们内心，一直都有诉说的动机，他们想要把所经历的、所体验的告诸后人，只是他们也会有各种顾忌，传记的书写就是在这样的矛盾中开始的，这样的过程本身就具有重要的意义。最终，家族史可以以完全不同的形式呈现出来，可以是诗歌，可以是影集，也可以是片断或未完成的。

在本书中，黄鑫报告了她在实践过程中的一些非常宝贵的先行者的经验。除了强调书写的意义与态度，她还提供了很多工具，沿着她指出的路径、步骤，相信读者能够收获颇丰。

四

当今，我们越来越重视原生家庭的影响，也随之出现了不同的甚至对立的观点。一些心理工作者视原生家庭为许多心理问题产生的根源，也因此创设出基于此理念的心理治疗的策略和方法，以此开展相关的干预；为原生家庭辩护的声音则强调时代的局限性，强调原生家庭亚文化的合理性。但究其实质，不同的观念有高度一致的目标，即努力达成家庭内部的和解。

在急速变化的当代社会中，存在巨大的代际鸿沟，和解像是一个不切实际的口号，是在表达一种愿景。我们得厘清我们所期待的和解的意义是什么，在此基础上去思考如何达成真正的和解。

和解肯定不以抹杀或回避矛盾冲突为目的，甚至可以说，和解也不是以化解矛盾冲突为出发点的。构成矛盾冲突的双方，都是独立的生命主体，因为婚姻、家庭、血缘而纠结在一起，你中有我，我中有你，互为先天与后天、意识与潜意识，哺育与反哺共存，爱恨交加，和解意味着承认并接受这样的现实。

表面上对峙的双方，在巨大的张力中寻求着表达各自独立的思想与情感。所谓的心理症状，那些焦虑或者抑郁，都是一些线索；盛行的鸡汤文、各种佛系的说辞，不一而足，是用创可贴覆盖内在的伤痛……它们都指向强烈的言说需求，并拒绝了结。而和解便是深入到过往，深入到内在的深度描述。生命历程中所经历的各种事件，不单单是事件，更是一直等待敞开的生命体验；家族中的禁忌与秘密，既是创伤，也是福佑。

这样的和解是接受生命厚重的礼物。历史以复杂的方式选择它的亲历者、目击者及代言人，"为什么是我"，必须回到历史之中，才能找到答案。这个被派遣的"我"，有待了解，有待认识。这个"我"要重走家族的迁徙路线，回溯家族的源头，梳理家族大事记，聆听祖先的声音；这个"我"要承接累世的爱恨情仇，给每个人位置，替每个人尤其是替那些没有名义的、没有话语权的人发声……在这样的过程中，这个"我"知道了自己的出身，明确了自己的身份，真正地成为"我"。

所以，和解是艰难的。它不是终结，而是开启；它不是和风细雨、温情脉脉地抚慰伤痕，而是充满愤怒、悲伤地揭开伤疤。唯有如此，才能获得真正的和解、疗愈，产生真正的希望。

吴和鸣
2019 年 6 月 9 日于武汉

12年前,在女儿幼儿园毕业典礼那天,我看清楚了自己的状况有多么糟糕!

那天,孩子们在舞台上如精灵一般吐露感人的童言,引爆所有老师、家长、小朋友的泪点,全体哭成了泪人,除了我。闭上干涸无泪的双眼,我把头歪向坐在身旁的先生,想在他的肩膀上靠一靠。但是,先生推开了我。结婚十多年,第一次,他不让我靠他的肩膀。他冷冷地摆正我的身体,默默地挺身站起,走向前排,给女儿拍照去了。

这怎么可能?结婚以来,他的肩膀就是我的自留地,想靠就靠,任何时候只要我歪过头,一副热情的肩膀就迎上来。我们可是一对恩爱夫妻!他何时对我由恩爱变为冷淡了呢?他甚至已经有几天没跟我说话了。当然,我说的"恩爱",是指在我自己开公司前。这两年做老板,我的工作压力越来越大,脾气也越来越大,在家冲他不是吼就是叫,看他哪里都不满意,曾经的恩爱已被透支,曾经的暖男越变越冷。今天,也许对我的不满已由量变到质变了吧,他忽然不再愿意把肩膀给我倚靠。

毕业典礼后,坐在回家的车上,我心里很不是滋味。车里,女儿、阿姨、先生,眼睛都哭得红肿。看着他们,我发现自己有点不一样。在所有人都为离别而哭泣时,我没有流一滴眼泪。我不像他们那样感动,我的眼神透出麻木。周围的世界，好像跟我隔了一层透明玻璃，明明身在现场，却体会不到自身的感受。我丢失了我的感受，毕业典礼露出我糟糕状况的冰山一角。

接下来的日子，我那个与报纸配套的广告公司，在势不可挡的互联网浪潮下，宣告歇业。我这个职场拼命三娘，成了无业游民。我的身体频繁出现毛病，尿血、肾盂肾炎、胸闷窒息……深圳南山医院的门诊大楼都视我为常客了吧！

而我的家庭也面临前所未有的危机。由于我的强势、先生的退让和女儿对阿姨的依赖，我的家庭结构中大人都站错了角色位置，对女儿而言似乎"阿姨是妈妈，妈妈是爸爸，爸爸是司机"。在出现问题的系统中，女儿的安全感也出现问题，经常表现为躯体上的痛苦难受。原本该上小学的她，后来重回幼儿园复读一年。

我"扑通"一下，掉进命运的大坑。身体垮掉，事业停滞，感受丧失，亲密关系疏离，孩子出现问题，家庭系统紊乱……人生负面的遭遇，几乎一起发力，把我摁在坑底。如果一个人同时失去事业和身体健康，那就好像被打断了双腿，陷入痛苦深渊，想爬出这个深渊，无异于痴人说梦。然而幸好，我有梦，还有一双手。

我自幼就有要当作家的梦想，毕业于南京大学作家班，在报社工作，长期与文字密切接触。那段时间，我用双手坚持写作，文字从指尖流淌出来，我手写我心，我笔疗我伤。自那时到现在的12年间，我写下近千万文字，出版了五本图书，发展出写作治疗的方法，并且借助这个方法，帮助上千人实现了写作梦想，获得心灵的疗愈。我用双手接续自己的双腿，爬出大坑，不仅在事业上扬帆重启，而且身体恢复健康，重新与自我感受建立联结，亲密关系日益和谐，更迎来女儿的"春天"。

2019年2月，在广州美院附中AIP国际艺术课程春季开学典礼上，当老师念出高二年级唯一的优秀生——女儿的名字时，我激动得泪眼婆娑。望着登台领奖的女儿，我把头靠在先生的肩膀上，幸福地任泪水流淌。

回首往事，我把自己运用写作进行自我重建、写出作品的实际经验，写成你眼前所见的这本书。《用写作重建自我》是一本心理自助书，它不仅是帮你实现作家梦的写作教材，也是指导你进行写作治疗的实用手册。使用这本书，和你的写作基础没有关系，和心理学的知识基础也没有关系，只要你识字，心中有写作的梦想，有心灵成长的渴望，有亲手把自己难忘的记忆写下来的愿望，你就可以使用这本书，踏上写作之旅。

通过写作，你有那么多的精彩故事呈献出来，那么深的思念情感表达、倾吐出来，那么多的思想信念传递给他人。当你完成当天的工作量，那一天就是幸福的一天；而当你写出作品后，你开始对自己有了一些自信，曾经的失落和被拒绝感都得到了补偿，你的自我评价大幅提升，自我怀疑和自我羞愧得到缓解，你有了更强的归属感，心情更加平静，更爱你的家人和这个世界。这些，都是你使用本书开始写作后，将会获得的回报。

我在书中详细讲述的"写作治疗"，是我对精神分析和创意写作的提炼融合，对东西方文化与心理治疗领域部分观念和工具的整合运用。它不仅是一种心灵康复的方法，还能让你的身体更加健康，帮你开启创意潜能，激发出更强大的创造力。

我在书中向你系统介绍了写作治疗的路径、缘起、理论基础、操作工具、相关的心理学知识，以及各种写作治疗练习，这些都是我开设的写作班中学员的学习内容。书中每一章，有正文、写作练习和学员习作三个板块。正文是这一章我要讲述的内容，写作练习是我结合写作和心理治疗的特点而创制的练习，在写作班上，学员跟随练习即兴书写，获得精彩的文字和良好的疗愈效果。学员习作是写作班学员的原创作品，经过授权首次使用，为你的写作提供一些参照。

你可能会赞叹这些习作优美的文笔，其实它们的作者就是生活在你身边的普通人，甚至就是你的街坊邻居，他们亲身实践并写出这些文字，他们能做到的，你也能！我希望向你传递这样一个信息：写作并不是高不可攀的事情。只要你按照书中的方法坚持书写，勇敢反思，你同样可以写出精彩的文字，并且疗愈心灵的创伤。

阅读本书时，你既可以按照顺序一章一章地读，也可以打乱顺序，按照自己的需要浏览。但是，在真实写作的过程中，你必须按照觉察、探索、和解三部分的顺序，循序渐进，一步一个台阶，越走越深，最后完成属于你的家族回忆录写作。

即便你一上手就从后两部分进入，写着写着，你也还是会绕回第一部分的，因为你将唤起很多回忆，消化、处理、解开自我内心的伤痛，需要慢慢打开心灵，不要操之过急。请遵循自己的节奏，在朝向目标的道路上，既允许自己狂飙突进，也允许自己走走停停。

本书分为三个部分。

第一部分"觉察·看见"，是重建自我的起点。这一部分教你运用自由写作，打破心灵的枷锁，由觉察到看见，破壳而出一个更加强壮、明净的自我。这一部分属于"表达性治疗"，我把写作治疗的主要工具和理论也放在这一部分。如果你正陷入生活的困境，或者处于写作的瓶颈，急需一个有效的方法来管理情绪、看清现实、突破困境，那么可以在第一部分多多逗留。

第二部分"探索·遇见"，是重建自我的路程。这一部分陪你深入探索自我，在探索的路途中，遇见你所不知道的真实的自己，并进行诗歌散文写作。

用写作重建自我有两条脉络——自由写作和主题写作，它们既各自独立又相互影响。第二部分属于主题写作，要完成主题明确的诗歌和心灵散文创作，拿出完整的作品，还要跟随我创制的写作治疗练习即兴书写，是"表达性＋指令性治疗"。如果你想深入探索自我的多重面向，可以在这部分用功。

但是，当自我探索到了一定阶段，你会看到自我运转的死循环，有些你想避免的生命状态一再重复发生，你努力突破却无法逃脱，逃无可逃时终于认识到了自身无力回避的东西叫作命运。局限于自我是无法窥见命运玄机的，你必须站在更广阔的家族系统角度，聆听、记录家族故事与传承，理解父母的时代生存背景，知晓祖辈遭遇过的创伤，通过家族回忆录写作，把你的生命故事、父母以及祖父母的人生经历变成文字，赋形自我生命的源流，消除"我从哪里来""父母为什么会那样"等困惑，产生"怪不得我家的人都是如此"的感悟，才能发现自我生命的意义，与家庭、家族达成和解，让心灵获得安宁，接纳当下的生活，在天地家族的网络系统中站稳自己的位置，重建一个真正的自我。所以第三部分"和解·发现"，是重建自我的抵达。完成第三部分，重建自我的工作才算圆满。

我认为写作和心理治疗的最佳结合文体，当属家族回忆录。从 2018 年开始，我启动了自己的家族回忆录写作。因为我的父母都已年过八旬，原本应该安享晚年，却总为一些我十分不能理解的事情发生激烈争吵。他们不快乐，导致生活在身旁的子女更难受。我十分烦恼，直到偶然一次问起母亲的童年生活，才忽然理解了她的愤怒和悲伤。同样，当我听到更多父亲及祖辈的人生故事，才理解了过去的创伤带给他怎样的负面影响，明白了父母争吵背后各自防御痛苦的心理模式。

在我书写家族回忆录的过程中，父母苦难无助的童年、绝境求生的经历，以及我们家族绵延不绝的传承，都被一一挖掘出来。这种种帮助了父母重新与逝去的至亲建立联结，重抚创伤造成的情感伤痕，重建被各种浩劫摧毁的家族归属感，现在，他们内心安宁，正携手共度余生珍贵的"夕阳红"。

书写家族回忆录的过程，也帮助我梳理出我的来路和去向。在看清历史事件的真相，思考、理解、阐释家族一代代人的命运轮回之后，我找到自己未来的发展之路，挑起需要背负的责任担当，从家族的血脉浓情中，获得生生不息的生命能量。

最后，写作具有心理疗愈的作用，可以助人跨越苦难，重获新生。在我们这个伤痕累累的民族，有无数受苦的心灵需要救赎，可是专业的心理治疗异常缺乏。如果能借助《用写作重建自我》这本书，启发更多人运用写作重建一个更加美好的自我，通过写作疗愈父母和家族的伤痕，那么，如芥子般微小的我，也对国家、民族有所贡献，足以告慰此生。

而我用文字证明所有战斗的、遁世的、咆哮的、沉默的、冤屈的、早逝的、疯狂的、不屈不挠的祖先，在曾经存在过的那一刻，也仿佛听到了沧海一声笑。

谨以此书，献给中华民族！

黄鑫

2020 年于深圳

序

前 言

001　第一部分
　　　觉察·看见
　　　打破心灵枷锁的自由写作

002　第 1 章
　　　自由书写是用写作重建自我的基础

　　　自由书写 /002
　　　自由书写的益处 /006
　　　自由书写助我探索写作治疗之路 /010
　　　写日记与自由书写的区别 /014
　　　写作练习：自由书写 /015

016　第 2 章
　　　通过检查分析发现自我问题的根源

　　　检查分析 /016
　　　写作治疗的理论基础 /023
　　　人人本是作家 /030

032 第 3 章
入兴贵闲，回到初心，滋养内在小孩

入兴贵闲 /032
为情而造文 /035
写作疗愈身心的历史 /037
写作治疗处理情绪五个步骤 /042

045 第 4 章
在作品疗遇小组中相互抱持

作品疗遇 /045
作品与过程并重 /048
写作最大的技巧是共情 /049
组建作品疗遇成长小组 /051

056 第 5 章
写作治疗的目标阶段

写作治疗的三阶段 /056
前三个月你可能遭遇什么 /060
写作治疗的定义和特点 /068

071 第二部分
探索·遇见
深入探索自我的诗歌散文写作

072 第 6 章
我以我梦入诗

把梦置于阳光下释读 /074
让梦引领你去写作 /079
进入主题写作时刻 /081

写作练习：以梦造诗 /084

第 7 章
轻轻呼唤我的名字

请问贵姓 /091
轻轻唤着你的名 /093
心灵散文写作九步骤 /096
寻找叙述者口音 /101
写作练习：名如其人 /102

第 8 章
仔细聆听身体的声音

身体感官连通当下与过去 /106
身体感官连接作者与读者 /110
要展示而非讲述 /111
感官细节是写作的支点 /114
写作练习：我记忆中的厨房 /115

第 9 章
我要我本来的样子

相由心生的疤痕实验 /119
自我意象投影出你的样子 /120
写出脆弱活出真我 /123
写作练习：我的单人照 /125
写作练习：那些曾经羞耻的童年往事 /128

第 10 章
弥合我深深的创伤

创伤的症状和分类 /134

创伤的后现代叙事 /137
创伤的代际传递 /141
了解父母的心理创伤 /144
写作练习：剪辑错了的故事 /146

152 **第 11 章**
我是谁

撰写自我简介 /153
形成自我认同 /155
运用象征描述我是谁 /158
建设写作的心理空间 /159
写作练习：回望青山 /164

169 **第三部分**
和解·发现
透视命运轮回的家族回忆录写作

170 **第 12 章**
家族的派遣者

我被派遣的使命 /173
家庭治疗派遣理论 /175
以家族为主题的回忆录写作 /177
普通人也能写回忆录 /179
真诚袒露的写作态度 /180
袒露秘密的伦理压力 /187
家族禁忌与沉默 /190
谁是家族的替罪羊 /192
写作练习：破除禁忌之法 /194
写作练习：向死而写 /195

200　第 13 章
讲述家族故事

故事写作要素 /204
三种家族叙事模式 /207
一位英雄祖先的传奇 /208
家训、家规和家风 /218
家族聚会与家常菜谱 /221
家人共有的身心特征 /223
写作练习：《木兰新辞》/224

227　第 14 章
家谱图的运用

修家谱和上家谱 /228
家庭治疗中的家谱图 /230
家谱图的画法和解读 /231
家谱图用于家族回忆录写作 /233

240　第 15 章
老房子才是家

回乡寻根田野调查 /241
如何与拒绝你的家人沟通 /243
老房子会说话 /249
写作练习：从眼前一点小东西开始写起 /251

255　第 16 章
家族老照片

照片是写作的线索和脉络 /256
深度描述的概念 /258
连接个人与公众世界 /260

写作练习：我的家庭照 /262
写作练习：时光的归属 /263

第 17 章
家书抵万金

家书连接亲人亲情 /269
父母给孩子写信 /273
孩子给父母写信 /275
谈谈家中的兄弟姐妹 /277
致逝者的悼亡信 /279
写作练习：写一封信告诉"你"如何去做 /282
写作练习：亲爱的爸爸妈妈 /283

第 18 章
祝福孩子

生活需要祝福 /287
了解家族史越多的孩子越幸福 /289
家族回忆录的结尾是希望 /293
写作练习：散文诗《祝福孩子》/299

附录 A
那条家族伤痕的写作疗愈之路：陈向一访谈

附录 B
思乡·思心

致　谢

第一部分

觉察·看见
打破心灵枷锁的自由写作

第 1 章

自由书写是用写作重建自我的基础

> 我们重建自我的起点和基础是自由书写。用我手写我心，把我脑海中当下升起的一切，不分先后、没有高低，只管倾泻，把内在积压的情绪垃圾排泄出来，把自我真实的感受表达出来，让自己彻底释放。自由书写是擦拭心灵镜面的工作，它帮助我擦掉虚假自我和真实自我之间的模糊，打破心灵的枷锁，呈现自我的真相。

用写作重建自我，我使用的方法是写作治疗。

阅读这本书前，你可能不会把写作和心理治疗联系到一起。然而，在见证了自身的经历，以及历届写作班学员身上发生的神奇改变之后，我可以负责任地告诉你，写作具有心理治疗的作用，心理治疗也会反过来激发写作，它们是同一事物的两面，我称之为写作治疗。

写作治疗有四大工具：自由书写、检查分析、入兴贵闲、作品疗遇。本章介绍自由书写，它是写作治疗的基础和起点。

自由书写

自由书写就是记录下自由联想的内容。自由联想是心理治疗的开山鼻祖弗洛伊德发现和使用的一种方法。简单地说，就是无论你想到什么，都允许它在你的脑中闪现,哪怕是一些琐碎、离题、不合理、不连贯、不得体的想法和感受,你都全然接纳,不做任何的控制,允许它们在脑海中自行生灭。弗洛伊德让他的治疗对象说出自己自由联想的内容,然后针对这些内容,与之进行专业的交谈。他开创的精神分析,主要是针对治疗对象的自由联想内容进行的一种谈话治疗。

写作治疗的"自由书写",就是书写下来自己自由联想的内容。自由书写的精髓是自发和诚实。你要快速而不加评判地记录自由联想的内容,记录的时候把大脑放开,不控制、不斟字酌句、不重读、不修改,放任自己去写。

比如这段文字:"看看这日子,离我出游的日子不远了,心里有点儿小兴奋,今年一年都没出去玩儿过呢,好像一直在学习学习。写到这儿,我去点我的香薰炉先。在香薰炉的水里加了几滴薰衣草,昨晚的甜橙还在里面,现在闻到薰衣草的气味,浓郁的。听到煮小米粥的电饭煲的响声,小米粥的香味夹杂在一起。我去倒杯水凉着先。早上起来开手机,才五点多点儿,看到老友群里,六个老友。一个在写关于春风的诗,一个在写大字,写的是春风。一人去暴走,突然脑洞大开,写下春风诗一首……"——森碟

还有这段:"老娘恨我自己的奶奶,就是她婆婆,但奶奶对我很好我也爱奶奶,老娘就恨我,说外婆带大我有什么用,你还是喜欢你自己的奶奶,我喜欢奶奶是不对的,她受不了,她要成为一个受害者,全世界都辜负她,包括丈夫孩子,没有一个好东西,最有问题的应该是她自己好吗?有她在,就永无安宁之日……"——山楂树

这些文字看起来是不是很混乱、不连贯、没有逻辑、琐碎和跑题,而且还有很强烈的情绪?一会儿点香炉,一会儿小米粥,一会儿春风诗一首,老娘、奶奶,是不是看得你头晕不耐烦?

自由书写的文字就是这么原生态。它不追求文辞优美,不怕琐碎,不需要精

炼，不必让别人都看懂。关键是记录下自己脑中闪现的一切，想到什么写什么，每天都写上15—20分钟，对你的身心健康会有巨大的帮助。这种方法被美国心理学会倍加推崇，现在被认为是适合应用在医院、监狱和学校等场所的帮助人们释放压力的好方法。

这种方法对学生写作文也有很大帮助。2017年浙江省高考状元、省作文大赛一等奖得主王雷捷同学介绍自己的学习经验时说："我要感谢我的老师陈柳钧，她倡导的'自由写作，真实表达'激发了我们书写的意愿，也鼓舞着大家的表达热情。"其实老师不必每次都为学生提供统一的写作内容和要求，可以教导学生发挥自己的想象力，在一个自由的天地里创作，以更好地激发写作信心。如同清末黄遵宪在语文改良运动中所倡导的"我手写吾口"，与其掌握一堆写作文的套路，不如跟随自己的内心，自由地写作。

坚持自由书写，最好每天早起就写。我个人的生活习惯，是早晨起床后不刷牙、不洗脸、不看微信，也不跟人说话，直奔书房，打开电脑开始写。我每天都要写，假如哪天没有早起书写，便浑身不自在，一定要尽快找时间写下2000字，才会舒心。如果你做不到早起书写，也可以试试换个时间，比如在等车、坐地铁的碎片工夫，拿出手机或者本子随手写上一段，日积月累下来必见其效。你只要去写，就会有收获。

自由书写并不难，一学就会，还是免费的，也没有任何副作用。它是你写作和心灵成长共同的工具，你必须每天持续、不间断地去练习它。如人饮水，冷暖自知，假若没有写，你永远不可能体验到个中妙处。每天"写"与你的心情和感觉无关，心情好要写，心情不好也要写；感觉好要写，感觉不好也要写，不能讨价还价。无论如何，你都必须亲自动笔去"写"。也只有通过每天的"写"，你才能看到真实丰富的自我，才能深入全面地了解"我是谁"，才能真正见证自我的成长。

自由书写是整个写作治疗的起点和基础，是你走在用写作重建自我这条道路上的通行证。所有我教授的写作治疗课程，都以自由书写为起始。自由书写的基本要求是：设定时间，最好15分钟，每天写满这个时间。假如你什么都不想写，即使就写"我什么都不想写"，也要一直写下去，写够15分钟。

写作班学员山楂树在经过一年多的体验后说："自由书写是我体验过的最好的疗愈方式，你的过去、现在、未来都在一起被你分析、思考、拷问，你看见各种事件对你的影响，看见你是怎样一步一步变成了现在的你。这一点像心理咨询，你看见自己。不一样的地方是，你比咨询师更熟悉你黑暗的地图，你带领自己看见、穿越大坑小坑，不用因为咨询师没有精准理解而着急愤怒，并且神奇的是在写的时候你困惑的问题自动就有了答案。所以自由书写肯定能够疗愈心灵，而且你会自动成长，写的过程就是你在塑造一个新的自己的过程，特别无污染的是，新的自己来自你自由的心灵。"

我们写作班的学员，有的写了三四年，有的刚开始写几天。无论写的时间长短，他们都感受到了自由书写的魅力。我分享一些学员的感悟：

坚持一年多的自由书写，宁静、平和、淡定、自如、果敢、自信一点点在脸上、在身上呈现出来。——忘忧果

见证了狂喜与怒号，体验了心酸与浪漫，所有的情绪都与你——自由书写相拥。——氧气

自由书写是一种解药，让孤独不再是无可救药。——沈红

世间最美好的文字，不在彼处，就在此处，就在打开心灵的那一瞬。——满

读书保鲜自己，书写供氧于心。——车静

尝试自由书写，不知不觉中，懦弱的我变成自由而勇敢的人。——溪诗雪

自由书写带你穿透围绕在你周围的杂乱，将你不断带入到当下真实的生活，

文字落地而有声。——王璐

跟随潜意识书写的文字，陌生却动人。——钟孟颖

自由书写，就是我最好的咨询师，她陪伴、共情、镜映着我，在她面前，我就是我，最真实的我。——芦笛

还有中国顶尖的心理治疗师们如是说：

过去不会放过我们，除非我们转身面对它，拿起笔，让它在自由书写中现形。自己写的，自己耐心读一读，读着读着，就可以看见自己。或许"足够好的妈妈"，正是跟随自由联想落下的这些文字。它们是你编织、修补而成的最可靠的容器，接纳并滋养你。——吴和鸣

当我们开始向内看的时候，对自己外在的行为举止和看世界的方式，都会有不同的理解。——陈向一

写作是滋养心灵的手段，写作架起一座桥，让我们的内心与这个世界联结。——李孟潮

指尖流淌的文字，开启心锁的钥匙。——胡赤怡

经由文字邂逅内心的真实，哪怕只有一次，也会让生命绽放出美丽的光辉。——李小龙

自由书写的益处

自由书写充分利用潜意识宝库，使写作不再困难。写作的根源在潜意识，而不在意识。潜意识是你所不知道的那部分深层意识，里面有你丰富的记忆和所有天马行空的想象。一个人写作所使用的素材，根本上只有自己的记忆和想象，无论你花多少时间观察外界，真到写的那一刻，调用的还是自己内在的记忆和想象。所以，学会理解和运用潜意识，才是你学会写作这门手艺的诀窍。而自由书写，

尤其是清晨的自由书写，是充分利用潜意识的最好方法。

在清晨你刚刚醒来，心理防御最弱，刚做的梦记忆犹新时，潜意识异常活跃。这个时候不阅读不说话，立刻投入自由书写，想到什么就写下什么，任凭潜意识汩汩而出，自由流淌，你抓住它们并记录下来，轻而易举地就能越写越流畅，跟着潜意识的流动写得毫不费力，快速轻松。写作不再是件难受的事情，而是一种享受。这么积累下去，你写出一定的字数，接着写出更多，就很有可能写出一本书，至少再也不会怕写作了。

自由书写不仅帮你打下写作的基础，让写作对你而言不再单调乏味，而且在心理疗愈上，自由书写也是了解自我的最佳通道，是你看到自我、探索自我、实现自我的最好工具。自由书写帮你认识真实的自己，告诉你自身真实的想法和需求，帮你发现自己从未承认过的好恶。

比如，我家里的客厅原先摆了一盆发财树，有一天，妹夫送我一盆竹子。接下来连续几天，我的自由书写都写到竹子："甚爱此竹，竹叶在风中沙沙轻摇，十分美好！"我发朋友圈宣称："从此食无肉，时时格绿竹。"我发现过去的自己只是主观意识上随了主流价值观，认为家里应该摆放发财树，调整风水，显得喜庆。然而实际上，我这个人细致敏感，还有点清高寡淡，青青绿竹才体现了真实的我，热闹喧嚣的发财树并不是我的真爱。通过自由书写发现这些后，我整个人都减少了浮躁，在与人交往之时，不再像以往那样为了现场热闹而不由自主地去活跃气氛，我可以安静地做一株角落里的"竹子"。

当自我的真实样貌变得清晰，人便不需借助外界的评价，而是基于对自我内在的了解，看到"我想要什么""我的感受如何""我在这个世界的位置"等，获得对自我的连贯恒定的认知。这种稳定感和具象感，帮助你体验到自我认同，确切地定义"我是谁"。你一旦确切地知道"我是谁"，对自我形成明确的自我认同，就会更有自主感，你的现实适应、现实检验以及现实感受能力都会明显增强，你不再持模棱两可的态度，而能更好地掌控自己的人生。

伴随着每天的自由书写，你释放了压抑许久的心理压力，会越发相信自己的直觉、品味、鉴别力，你的个人特色逐渐显露出来，那些发自内心的"我不喜欢那样""我觉得这个很好"挂在你的嘴边，你越来越爱说真话，发出属于自己的声音，变得更加勇敢。

已经写了三年多的学员南芳说："写作让我不断探索自己真实的样子，看到了自己的真实需求，带我'回家'。我将在下个月离开工作了十多年的公司，辞职做自由工作者，那才是我真正的愿望，是我心灵深处的声音。写作让我走出了重重迷雾，坚定地做回我自己，活出自己的个性来。"

自由书写帮助你擦掉虚假自我与真实自我之间的模糊，呈现出自我的真相。你学会了说出自己的内心感受，并让别人知道你想要什么；学会了听从自己内在的声音，按照真实的感受，做自己想做的事情；学会了拒绝别人，不再无条件顺从别人的意愿，不再畏惧别人的批评，不再动辄逃之夭夭。你信任自己的情感，心安理得地生活，愧疚感明显减少；你不再把别人想要你做的，置于你自己想做的事情之上。这些都是对自我强有力的肯定。

像学员丽泓说的："我是一名心理咨询师，自由书写让我看见自己的长处和短板，自己的怯懦和勇气。目前我在尝试打破各种瓶颈，从个体咨询到团体的带领者，再到做心理节目主持人，在工作上开始各种突破，而黄老师和清晨课里的同学就是我的智囊团，为我拨云见日，给我支持和创新的力量，让我不断地突破自我、完善自我。"

自由书写对于增长自尊也很有作用。维护和增强自尊，在所有人类活动中都处于核心地位。而增强自尊的方法，就在于巩固你的核心价值观。价值观在人的内心而不在外表，自由书写引导你向内，看清你真正的目标和梦想，看清你的价值观，进而守护自己的价值观。

在现实世界的人际交往中，我们往往不得不掩饰真实的自己，避免讲出真话。但是，当一个人感觉自己不够诚实时，无论表面看起来多么正常、体面，赢得多少喜爱和尊重，他的内心仍会充满羞耻、绝望，甚至丧失自尊。自由书写是对自己完全坦诚的行为，哪怕写下的话马上被烧掉，你也表现和感受到了自我诚实的一面，仅仅是在谎言的丛林里保持这份诚实，感受到自己的诚实，也会让自尊得到极大的提升。

很多时候，你无力改变外部环境，不过至少你可以按照自己的意愿和想象，去做改写。你在写作时，由当事人的角色转换为写作者的角色，可以按照自己的意愿，重塑现实中的故事和人物，这个过程带给你掌控感，让你产生力量感。拥有掌控感和力量感，你的自尊亦会随之增强。

在我自己的体会里，自由书写最让我受益之处，是它带给我更加健康的身体。十多年前，我在报社工作，作息相当不规律，每星期必有一两晚通宵写稿，工作压力极大，身体甚至出现尿血等状况。后来，我放下工作，回家静养。接触到心理学，并开始每天清晨的自由书写，慢慢地，生病的间隔越来越长，最近两三年，几乎没有生过病，家里储存的药物，一概过期扔掉。前些天我翻出二三十本老病历，有深圳北大医院、南山医院、红会医院的，还有我出差时去北京宣武医院、苏州人民医院的，这些病历记录了我曾经有过一段被压力击垮的生活。通过自由书写，我的压力降低，焦虑缓解，最后恢复了健康。

焦虑是一种不愉快的、痛苦的情绪状态，焦虑的人感觉自己处于一种紧张不安、提心吊胆、恐惧忧虑的内心体验中。然而，当人在书写时，会凝神专注，内心越来越平静，烦恼和伤痛都抛到了一边，不知不觉进入心平气和的状态。只要进入这个状态，你就是在度过一段平静而远离焦虑的时光。

当一个人对他人的要求、命令和期望必须做出回应而觉得困难时，压力就产生了。压力让你肌肉紧绷、呼吸急促、手心出汗，甚至出现头部嗡嗡作响、虚弱、茫然和浑身发抖等症状；压力也引发负性情绪，如愤怒、内疚、恐惧、沮丧、烦恼、怨恨等，还会影响荷尔蒙和中枢神经系统，进而降低你身体的机能。

现实生活中，人经常处于压力性情境下，产生压力性的情绪。情绪有已发之情与未发之情，已发之情在产生的时候很快被充分表达，因为已经表达出来了，所以这些情绪在内心消解无痕。未发之情是当时未曾被充分表达的情绪，它们如同被囚禁的困兽，在你的内心压抑发酵，导致各种身心症状出现。

心理神经免疫学的研究表明，长期得不到排解的未发之情，会造成免疫系统功能失调、身体机能退化、异常细胞增殖，进而引发疼痛和生理疾病。这种患病是日积月累造成的，假如压力持续很长时间，你没有为它们找到出口，持续的压力就会削弱你的身体健康。

想到什么就写什么的"自由书写"，是你排泄压力性情绪的最佳出口。你可以肆无忌惮地写，既写高大上，也写屎尿屁，写出来后的感受，就是一个：爽！这是"心灵排便"的过程，把内在堆积的负性情绪彻底排泄，降低压力对身体的负面影响，保护免疫系统并使之处于最佳状态。自由书写帮你一次次地排出负面情绪，一次次地看清自我，坚持写一阵子，你就会逐步体验到效果。

自由书写助我探索写作治疗之路

自由书写对我的事业发展，也起到了巨大的帮助作用。我虽然自幼梦想成为作家，也在报社工作多年，并在2007年取得国家二级心理咨询师的资质，但是走出写作治疗这条道路的过程中，依然遇到重重困难。正是依靠自由书写，我才得以突破困境。

自小我就常有写作的想象，但是缺乏马上就动笔的冲动。说来也奇怪，心理咨询师考级过关后，好像被什么东西驱使，我的右手时常颤动，于是动手写起来自己的第一本书《草人》。写这本书时，我切断一切社交，把自己封闭在家里，除了孩子、老公和钟点工，几乎没有见过人。我对着淘宝发誓——写不完书不买衣服。每天吃完早餐，就把屁股按在椅子上，盯着电脑的空白文档，冥思苦想，敲破脑壳，完全凭借意志力，苦苦地写作。

因为写作消耗太大，2009年《草人》正式出版后，我跑去苏州西园寺散心。结果一到那里，忽然腰肌劳损，在寺院客房卧床躺了一周。一个女人在一群出家人生活的地方，不能衣冠楚楚地端坐，而是穿了睡衣，蓬头垢面苦恼地躺在床上，这种情况让我产生巨大的羞耻感。我心中萌发出"一定要找到一个办法，既能写出书来，又不用这么惨"的念头。

《草人》出版后，我获得心理治疗专家吴和鸣老师的关注。吴老师当时正在思考"心理治疗与写作的关系"，希望找一位懂心理治疗的作家共同探讨，于是邀请我赴武汉，一起开展对这一议题的研究工作。在此之前，中国心理治疗领域尚无人专门进行这方面的系统科研和实践，也没有相关的专业著述发表。我们的研究，可谓写作治疗在中国心理治疗领域的萌芽。

然而遗憾的是，研究进行两年后，吴老师由于认为"条件还不成熟"而退出。我与吴老师的合作中断了，但是我对"写作与心理治疗的关系"的强烈兴趣已然开启，我决心独自坚持下去，继续实践探索。虽然心中并没有关于未来的明确蓝图，但我有不变的作家梦想，和对于心理治疗的热爱。我查找各种资料，毫无斩获。在此情况下，我开始研究祖师爷弗洛伊德的工作方法，期望获得借鉴。

那段时间，我一边写作自己的第二部作品《白骨波罗蜜》，一边揣摩弗洛伊德的生平。在此过程中，我对弗洛伊德坚持终生的"自我分析"产生了极大的兴趣。所谓自我分析，是先独自记录下自己的自由联想内容，即"自由书写"，再对之进行心理分析，也即"检查分析"。"自由书写"加"检查分析"就是"自我分析"，弗洛伊德凭借它走出丧父之痛，取得在心理治疗领域的伟大成就，并且荣获"歌德文学奖"。

我开始亲身尝试自我分析。每天提早一小时起床，前15—20分钟进行自由书写，接着开始检查分析。这样十来天后，新书的创意灵感纷纷涌现，写作的过程对我而言不再那么疲累。我感受到了巨大的获益，于是，2013年8月在深圳成立"写作与精神分析读书小组"，同年10月开设"女性自我分析"工作坊，推广"自我分析"。

2014年1月，我在豆瓣网开设《女性心理成长自疗课》专栏，成为豆瓣网订阅量最高的心理专栏。2015年3月，同名图书由中国铁道出版社出版。这是我的第三本作品，写作它时，我已经养成每日清晨起床后必须自由书写的习惯。可是，《女性心理成长自疗课》的畅销，导致我在"女性心理"和"自我分析"两个专业方向上犹豫不决，不知选择哪个更适合自己的发展。最终，通过自由书写，我看清楚自己真实的需要，选定了以"自我分析"为核心的"写作治疗"。此后，在写作治疗领域，我取得了一系列的成果，包括：

2015年8月，在深圳开启国内第一期写作治疗培训班，中国最顶尖的心理治疗师纷纷无私支持这个项目，至今已有胡赤怡、李小龙、吴和鸣、李孟潮、陈向一等老师前来特约督导；

2016年8月，我的第四本书《让文字在指尖流淌：写作心理自疗课》出版，这是国内第一本写作治疗领域的专著。这一年，我主持了持续一整年每天陪伴学员自由书写的"清晨课"，500 余人次参加课程，学员原创诗歌及文章数千篇；

2017 年，举办了一系列国内首创的主题写作工作坊，包括"自我成长""唤醒性魅力""心理科普文章"等。同年 12 月，深圳市心理咨询行业协会写作治疗专业委员会成立，我当选为首任主任，带领一批同道在写作治疗的道路上继续前行；

2018 年 3 月，我开设"家族回忆录写作治疗小组"，尝试用写作把纵向的自我发展，与横向的家庭、家族系统相融合，从而形成关于命运、人生更深刻宏大的立体理解。至此，写作治疗形成了从诗歌、个人散文随笔到家族回忆录写作的完整体系。

回想起来，我发展写作治疗的突破口，是 2013 年亲身尝试自我分析的那个关键点。从那时起，自由书写伴随我在专业的道路上一路成长，忠实记录下来一个探索者绝不言败的步步脚印！

我至今没有间断一天自由书写，未来也想不出什么理由会停止。自由书写实在是一个太好的工具了！只要每天早晨什么都不想地写上 15 分钟，基本上之前积压的情绪都能宣泄完毕。心口没有堵着的感觉，再去做一天的工作，整个人积极、喜悦。

眼下我正在写作这本书，但是已经不像写第一本书时那么辛苦。我的工作、生活都安排得井井有条：每天早晨 5 点半起床，打开电脑自由书写；之后换成主题写作，也就是写书模式；7 点半暂停，送先生去上班顺便散步、锻炼身体一小时；回家吃早餐、洗衣服，收拾家务；9 点开启第二轮写作；12 点结束，边做简单的午餐，边打开手机看微信和未接来电，回复信息；午餐后睡觉两小时；下午在家读书晒太阳，找开心的游戏去玩乐；晚上带领写作小组或者做个案咨询。周末一天工作,一天彻底休息,全心全意陪伴家人。这是我想要的理想生活,把工作和生活融为一体的写作治疗的生活。这个生活起始并且依托于——每日清晨的自由书写。

写日记与自由书写的区别

我曾经对成年后的留守儿童进行访谈,在高铁《旅伴》杂志连续登载心理专栏《城里人·玻璃心》。在访谈的过程中,我惊讶地发现,许多曾经的留守儿童,小时候都有写日记的习惯。幼小脆弱的孩子,在那些孤独痛苦的时刻,拼命地在日记本上写啊写!这是孩子对自己所能做的最好的心灵疗愈。

写日记与自由书写的共同点是它们都要写,而且都有心理疗愈的功效。美国的心理学家奥尔波特就将个人日记纳入他的临床诊疗之中。但是,写日记与自由书写有很大的不同。日记顾名思义是一日的记录,你把一天的工作生活、思考发现一一记录下来,就是日记。写日记要运用思维,有意识地去回溯当天的点点滴滴。而自由书写是记录脑海中当下浮现的各种片段,不用构思也不用总结,放任思绪自由流淌,想到什么写什么,不去修改,让意识休息,让潜意识不被控制地流动。

写日记是意识层面的,以回顾和反思为主,其中可能会有不假思索的片段,但并不是你有意为之,也非通篇如此。自由书写是你主动让理性思考退居幕后,只管顺应潜意识的流动,抓住当下头脑中闪现的一切,一气呵成、肆无忌惮地书写。

当然,我们也有学员清晨起床自由书写,晚上睡前再写日记,这种组合有一加一大于二的效果。写日记和自由书写,并不是必须二选一,你完全可以两件事都去做。不管怎样,先写起来吧!你是否心跳加快,准备撸起袖子大干一场?现在要开始自由书写了。

写作练习：自由书写

第一步：请你合上书，自由书写 15 分钟。

第二步：写完 15 分钟后，问自己：

  我能一直快速不停地写吗？

  有没有停下来回看写的内容是否通顺？

  有没有试图修改某些文字？

  有没有一个声音开始在脑海中评判？

  ……

从今天起，每天自由书写 15 分钟，它将为你带来更加美好的生活！

第 2 章
通过检查分析发现自我问题的根源

> 由书面飘荡的文字,深入内在潜意识的微茫,洞悉内心深处的渴望,发现自我问题的根源,思考切实可行的途径,寻获疗愈解决的方法。人生那些最重要的问题,不会因为我不问而消失,只会由于我一直逃避而遗恨。

自由书写,赤裸而诚实地展示你脑海中呈现的所有东西,让你如实示现自我。仅仅依靠自由书写,对一个人的重建,已经有巨大的帮助。自由书写向你提供了关于自我的原始素材,就像刚从泥里拔出来的萝卜、白菜,但是如果你不会对这些素材进行加工,只会生吃,那么实在是对它们的极大浪费。检查分析就是帮你加工自由书写素材的方法,教你透过文字,看到自己没有意识到的深层潜意识,洞察最真实的自我。

检查分析

在自由书写之后,对记录下来的内容进行思考和分析,就是检查分析。弗洛伊德本人从1897年7月7日开始记录他的梦境并进行自我分析。而精神分析社会文化学派的代表人物卡伦·霍妮,则是首位系统提倡自我分析的精神分析家。霍妮把专业精神分析疗法中分析师和来访者两个角色合二为一,交由来访者一人承担,并将自我分析分为自由联想记录和检查分析两个步骤,我称之为"自由书写"和"检查分析"。

霍妮相信人类天生具有使自身潜能得以全面自由发展的愿望，这使得一个人具有进行检查分析的可能性，我喜欢把她的这一观点直接用"天行健，君子以自强不息"来表达。另外，霍妮认为检查分析得以实施的原因，还在于"关于你的一切答案，其实都在你自己那里"。你才是你自己最大的权威，只是在很多时候你不愿意向内看自己，才向外寻求分析师来分析自己。

那么检查分析有什么危险吗？会不会出现某些无法应对的隐藏力量？会不会患上抑郁症？会不会自杀？霍妮的答案是：不会。因为人类天生具有自我保护的本能，那些让你的内心过于痛苦、无法接受的东西，你在没有准备好之前，是看不到它们的。所以，你尽可以放心地来做检查分析。

在《让文字在指尖流淌：写作心理自疗课》这本书中，我详细地介绍了检查分析，分享了通过检查分析深度了解自我深层心理的八个方面，分别为情绪情感、关系人际、身体感受、自动思维、上瘾行为、自我认同、自恋自尊、价值金钱。我描述了这八方面现象，并且阐释了造成这些现象的心理机制，有兴趣的话你可以找来阅读。

综合近几年的工作经验，我把检查分析归纳为以下步骤。

第一步：静心一刻。在自由书写后，把自己调整到清醒状态，以舒适的姿势坐着，闭上眼睛，深呼吸几次，尽可能释放压力，放松自己。检视身体，让肩膀、双手和腹部都尽量放松。

第二步：让理性参与工作，重读自己自由书写的文字。

第三步：主动出击，寻找分析点，从以下三个层面进行。

  1. 觉察并感受当下。体会一下自己有什么样的身体感觉，自己的内心感受是什么，有什么想法忽然闯入脑海。以接纳的态度观察，把它们记录下来，不管感受是好还是坏。

2. 反观重读过程。问自己：刚才读自由书写文字的过程中，什么地方吸引了我的注意力，唤起了我的好奇心？我的情感在哪个地方很强烈，让我读不下去，产生停顿？我有没有读到话题前后不一，忽然转换的地方？把它圈出来。

3. 查看字词。细细检视自由书写的文字，有哪些错写或漏写的字词、重复出现的字词、体现情绪的字眼、说明身体感受的词句、人称代词或某个名字？把它们圈出来。

第四步：在所有记下来和圈出来的地方，确定一个点为本次检查分析的分析点。一次最好只做一个分析点。

第五步：针对确定的分析点问自己一次为什么，然后用心倾听，无论心中有什么答案出现，都接受它。接下来几分钟里，针对刚才出现的答案，继续问自己为什么，连续五次追问。不断把前一个答案当作问题，问自己为什么，如同顺着台阶下楼，并以一种接纳与不评判的方式观照。

通常问自己第一个为什么时，你的反应是觉得这么问很无聊，甚至认为根本不需要回答。但是顺着这个答案不断往下追问，五六个问题问下来，最后的答案对你来说会非常重要，多半让你震惊。

第六步：你的答案越来越深入，你会发现其中隐藏着自己最真切的心灵渴望。请以开放的态度来感受它们，并平静地总结和接纳。

例如，针对一段自由书写文字："财务工作真是无聊，我每天帮人粘票据、报销、做账、做报表，我不想这么面对一堆数字而活，我喜欢自主性高的工作……"连续追问自己五个"为什么"，假设我们确定这段文字的分析点是"自主性高"，就此展开问答。

问：为什么我喜欢自主性高的工作，而不喜欢自主性低的工作？

答：因为这样在工作上我才知道我在做什么。

问：为什么对我而言"知道我在做什么"这么重要？

答：因为这样我才能对自己的工作产生成就感。

问：为什么我这么看重成就感？

答：因为我会觉得更有自信。

问：为什么我在乎更有自信？

答：因为我会受到尊重。

问：为什么我很强调受到尊重？

答：因为我会感觉自己是个有用的人。

问：为什么我必须是个有用的人？

答：因为这样活着才有价值。

刚开始做这个练习的时候，你不会一下子就能层层深入，更经常出现的是在同一个层面反复转圈，说来说去都是一个意思，不能产生更深一步的洞察。这没有关系，只要勤加练习，熟练之后，洞察慢慢地会多起来。

对于上面的检查分析六步骤，有学员说："有一点和自己潜意识对话的味道，放松、不着急，等答案自己冒出来。回来做了一次，最后的发现确实让我很意外。感觉找到自我分析的门道了。"在这个方法中，我对古典精神分析进行了改良，融入东方正念的思想，减少侦探式的逻辑思考，不紧迫地去追问答案，而是希望你放轻松，等待答案来找你。

检查分析的练习需要在你精力旺盛、心情舒畅、头脑清楚的时候进行，并留出专门的时间，而不要在焦头烂额、诸事缠身的时候去做。你一定要郑重其事，以既往不咎、不羞愧、不责备、接纳自我的态度，问自己五个为什么。

检查分析的操作虽然简单，但是非常必要。因为人生很多重要的问题，不会因为你回避就不存在。如果不去认真地追问自己，那些问题会影响你的生活质量，你也永远没机会听到答案，当你离开这个世界时，会因为不肯倾听自己内心的声音而留下遗憾。

检查分析做到最后，回答的往往是三个经典问题："我是谁""我从哪里来""我要到哪里去"。在你抽丝剥茧地问自己五个为什么的过程中，通常能够找到问题的答案。我们来看两个写作班学员所做的检查分析。

◎ 玛吉的价值感

玛吉是一位受人尊敬的培训师，她有一天自由书写的内容是："昨天情绪有些失落，进展不太理想，感到颇有些挫败，这让我想到每天如此忙碌，值不值得？我开始怀念前段时间优哉游哉地做饼干，那时似乎也忙忙碌碌，不过因为做完马上能收到结果反馈，还是蛮开心的。这么说来，我是很需要别人的反馈，而且是正向反馈的。难怪我之前总是一有人夸我就十分开心，这种依赖于外界评价的快乐，是不是自我价值低的表现呢？

"冰箱里的咸蛋黄、豆沙和饼皮还等着我，还有我的椰奶，今早把它做成椰奶面包吧，配方得去掉鸡蛋，不然老公没法当早餐吃。我是不是应该视椰奶为粪土，扔了拉倒，干吗为了不浪费椰奶非得给自己找点活干呢？

"回到依赖他人评价、自我价值低这个话题上，我为什么写到这个话题就没有了思绪，得转换话题呢？难道是潜意识一到这个话题就没法自由流淌了？过去这段时间我已经不再那么对老公的评语敏感。写到这里，好像又想转换话题，我猜我那么看重别人的评价、自我价值低，多半跟童年被寄养在奶奶家，安全感低有关系……"

这段文字在写到"是不是自我价值低的表现呢"时忽然有了一个转换，变成

"冰箱里的咸蛋黄",可以看到玛吉在逃避写到的话题,思绪跑开了。然后,她发现自己跑掉了,就继续写回到自我价值低这个话题,最后联想到童年被寄养在奶奶家的经历。

被寄养的经历,似乎导致她需要依赖他人的夸赞,才能感受到安全和快乐。她在椰奶能不能浪费和自己能不能少做事的选择中,本能地选择做事,而不是优哉地待着,似乎体现了她的潜意识里,一罐椰奶的价值比自己的轻松愉快更重要。通过这段分析,她有了觉察,意识到尊重自我的感受比被他人赞许对她更有价值。

◎ 静医生的被忽视感

静是一位医生,以下是她2017年10月的一次自由书写和检查分析。

自由书写内容:"上次回家路上,我对蕾说希望自己能达到的境界是不与B姐争长短。提高自己的境界,不值得为了这样一个人降低自己的标准,也不值得为了这样一个人动气。可是,当蕾前天晚上直接叫A君'大夫'的时候,我跟她在群里说了几句,不太同意她的某些观点,感觉自己有点不对劲,后来我发现她做了跟B姐一样的事情。我跟她认识这么长时间了,她每次叫我的时候至少还要加上姓,不会直接喊我大夫,跟A君才认识几天,就已经直接喊他为'大夫'了,好像他的位置在蕾的心里已经排到我前面去了,这让我感觉很不舒服。A君当然是很好的,我也是很欣赏他的,但重要的点不在这里,重要的是我发现自己很难接受自己在蕾心里的位置排在他后面,这个发现让我特别惊讶。"

检查分析:

1. 读这段文字,身为女医生的静对自己在朋友蕾心里的位置排在另一位男医生"A君"的后面，感觉很不舒服，就这一点她有了一个联想。她想起了小时候，妈妈心里最重要的是儿子，她觉得也没有什么好嫉妒的。但是我们可以看到，蕾直接称呼"A君"为"大夫"，而称呼静的时候还要加上姓，不会直接叫她"大夫"，这么一个小小的、看起来毫不起眼的事件已经唤醒了她成长过程中的某种创伤情感。

2. 接着，她回忆起了更多的童年往事，发现了一件让她觉得很"蹊跷"的事情——印象里妈妈老对她倒苦水，好像妈妈的苦水没有其他地方可倒，只有她才愿意听妈妈唠叨。她甚至想不起来，妈妈是否对其他人这样倒过苦水。而且因为妈妈给她倒苦水的这段记忆是母女间还算温馨的时刻，这让她一直以为自己和妈妈很亲近。

3. 为什么只有自己在接收妈妈倒的苦水呢？难道她是为了得到妈妈的关注，所以才投其所好，愿意听妈妈说那些话吗？她对自己的行为产生了怀疑。

4. 而后，她想起来前几天，自己看了一本书《极简医学史》，对她产生了很大影响。她学医很多年了，所接受的医学教育从一开始就告诉她人体解剖是什么样子，治病的机理是什么。至于以前的人是怎么认识人体、怎么治病的，她并不知道，也从来没有想去了解。看了那本书，她才发现原来自己以为理所当然的事情，并非理所当然。几百年以前的那些治疗方法，有的在我们今天看来是极其荒谬、不可想象的。

5. 联系到自己，她也发现了自己早期接受的某些观念——女性天生似乎就低男性一等，不管是能力还是智力都不被看好，这在重男轻女的原生家庭中尤其突出。而实际情况是，静在兄弟姐妹中学历最高，工作能力最强。现在回看那些观念和想法是多么荒谬，而它们曾经在静的心里深深扎根，以前从未被质疑过，现在突然想起来，静对自己的既往人生竟然有了一种很颠覆的感觉。

6. 最后，她发现自己小时候老在做妈妈喜欢的事情，老在听她讲别人不愿意听的事情，表面上看起来是顺从，可是实际上是不是一种反抗呢？她更进一步地询问自己为什么。这段检查分析就到此为止了。可以预见，她还会继续追问下去："为什么？"

你需要不定期腾出专门的时间，去做检查分析的练习。检查分析是洞悉潜意识的工作，通过自由书写，你的潜意识流淌了出来，继而经过检查分析，你看到并理解自己的潜意识。潜意识是人不知道的本能与欲望、记忆与想象，它们被藏在内心深层，通常不被察觉。不过，一旦掌握检查分析的方法，则很容易读懂自己的潜意识，将潜意识意识化，了解真实的自我。正是在潜意识这个点上，我寻获了写作和心理治疗的交汇处，锚定了写作治疗理论基础的立足点。

写作治疗的理论基础

写作治疗将写作学与心理治疗学的原则整合成统一的概念和实操，它的原理在于，写作与心理治疗共同的源泉都是潜意识。无论写作还是治疗的过程，都是理解和运用潜意识的过程。写作的障碍是心理的障碍，更多发生在潜意识层面，写作与心理治疗共同的行动是跨越心理障碍，克服阻抗，持续朝向目标前行，最终完成作品，自我实现。

写作治疗的理论基础是创意写作和精神分析。

◎ 创意写作的观点

人人都能成为作家

写作治疗必须在写作的架构中进行，这里写作的架构是指创意写作。20世纪20年代末创意写作诞生于美国艾奥瓦大学。其"作家教作家"的创意写作工作坊模式被视为"世界上从未有过的对当代作家最大的文学支持体系"。经过近百年的发展，目前欧美许多大学都开设了创意写作课程，在美国几乎所有作家都接受过创意写作的训练，美国战后普利策奖获得者多数出身于创意写作训练班。

作家是可以教出来的。创意写作书系的注译者刁克利教授指出，每个人都有自己的故事可写，每个人都可以把自己的回忆和一生的经历作为创作的素材。大作家的作品万变不离其宗，都是各种传记和回忆录的变体。关键在于学会使用这些素材进行文学创作，这就像一个人要学会从自身的经历中汲取人生的经验和做人的道理。写作的独特性在于：你的经验和道理可以与人分享。同时，我们每个人都有与生俱来的表达欲望，这是生命最原始的冲动，也是写作的动力所在。

美国作家多萝西娅·布兰德是《成为作家》的作者，她认为，写作确实存在一种神奇的魔力，这种体验过程在某种程度上是可以传授的。在书中，她明确指出，作家是可以教出来的，写作不是技巧的问题，首先需要解决的是心理的问题。

写作具有心理疗愈的功效

第二次世界大战后，创意写作在美国十分兴盛，这与美国退役军人的就业安置有关。很多退役军人经历过战争，产生了一系列身心问题，导致他们重新融入社会就业有困难。但是他们有对战争的切身体会，由此可以进行更真实、更有说服力的写作。通过写作不但能解决身心问题，还能够促进就业，于是针对退役军人的创意写作课程应运而生。

越战结束之后，大量美国士兵身心痛苦，更加引起心理学界的重视，最终在心理疾病诊断手册中，加入了"创伤后应激障碍"（PTSD）这一心理疾患。老兵们开始以回忆录写作来对战争创伤进行疗愈,文学评论家菲利普·贝德勒说:"在越南战争之后,所产生的各种最为明显的、令人意想不到的结果之一是,它使得相当一部分参与这场战争的美国人开始了写作生涯。对于那段在美国人生活、历史和文化上都极为痛苦、混乱的时期,很多有着亲身经历的人都力图通过文学的方式来理解它,并且探寻它的意义。"著名华裔作家汤亭亭就开设了退伍老兵写作工作室,专门教授退伍老兵写回忆录,帮助老兵们通过写作的方式来理解痛苦,并且探寻它的意义。

相较于美国士兵,一百多年以来,中国人经历了更多苦难。我们是一个伤痕累累的民族,一代又一代人遭受了创伤,却无力言说,那些惨烈的往事,对当事人造成深重的伤害,太需要我们动手写下来,记录历史,疗愈伤痛了!

解决心理障碍

把自己真实的回忆写下来,一个普通人完全可以达成。每个人只要识字,就可以成为作家,关键在于你能否坚持写下去。你之所以没有成为作家,是因为你无法坚持写。你无法坚持写的背后,隐藏着你大量的心理障碍,一旦扫除这些心理障碍,人人可以成为作家。你自认为的障碍,比如没有时间、没有钱、身体生病等,往往只是表面的说辞,并非真实原因;真实原因藏在你的潜意识中。

例如,我正在写《用写作重建自我》这本书,只要坚持写下去,我肯定能写完它。可是,此刻我写不下去了,因为隔壁小孩一直在哭闹。表面看来,小孩哭闹的噪声令我不能耳根清净,所以没有心情写下去。可是,这仅仅是表面。作为一个多年从事心理咨询和持续写作的人,我已经培养出对潜意识的敏感觉察,所以我在抱怨隔壁小孩哭闹导致我无法写下去时,也觉察到真正阻止我写作的障碍不是小孩的哭闹。那么,为什么呢?

邻居小孩其实每天都爱哭闹，之前我的写作并未受其影响。写到专注时，我根本注意不到他的声音，所以，小孩哭闹并不是我今天写不下去的真实原因。而我注意到写不下去的时候，我的脑海中流淌着一段《牡丹亭·游园惊梦》的旋律，尤其是那句："原来姹紫嫣红开遍，似这般都付与断井颓垣。"我不由得想起，先生今晨说一个月后要搬家。虽然听起来是一个月后的事情，但是在潜意识里面，我焦虑起来，感到自己精心布置的家，将会一片狼藉，脑海中的这句曲词很好地表达了我的潜意识焦虑，所以才会不断地在心头萦绕。

我在意识上怪罪隔壁小孩哭闹影响了我的写作，抱怨他导致我无法实现自己的愿望或者原定的计划。但是实际上，是我内心的障碍——因要搬家产生的潜意识焦虑，导致自己心烦意乱，才对隔壁小孩的哭闹声非常敏感，进而责怪小孩哭闹让我耳根不净，写不下去。

人们总会坚信一些表层的原因，把自己不接纳的情况归罪于他人，试图改变他人，改变外在的环境，来解决自己的问题。但是自己的问题只有自己能够解决，深入观照自我的内心，你会发现那些阻碍你实现目标的更重要的原因，就在自我内在深层的潜意识中。

布兰德总结了写作过程中潜意识与意识的分工：

潜意识自由丰富地流动，打开记忆的宝藏；意识控制、联系、辨别潜意识提供的素材。

潜意识给艺术家提供所有典型化的类型——典型人物、典型场景、典型的情绪反应；意识选择、决定哪些可供使用。

潜意识害羞、难以捉摸、不易控制，但是学习利用它甚至引导它是可行的；意识爱管闲事、固执己见、高傲自负，但是通过训练使它臣服于先天的禀赋是可能的。

作品的诞生主要依托于潜意识。决定一个人能否写作，并且持续写作的，是此人的潜意识，而不是意识。更好地了解和运用你的潜意识，是帮助你成为作家的最佳途径。

◎ 精神分析的态度

作为一种心理治疗方法，精神分析由弗洛伊德创立，是心理治疗三大主流疗法——精神分析、认知行为、存在人本之一。精神分析是与潜意识沟通、理解潜意识，从而达成与心理最深层情感联结、思考自我特定经验的一种方式。它的旨趣在于深入探索人的内心，并试图用语言交谈，将那种内蕴和秘密的东西表达出来，也就是把潜意识意识化。精神分析的核心是对潜意识精神生活的重视。它包括：

承认潜意识的存在；
承认潜意识与过去的关系；
承认潜意识的力量决定许多症状和行为；
承认绝大部分的精神生活都是潜意识的；
承认童年经历与遗传因素一起塑造了成年人；
……

精神分析自创立以来，对人类的文学、艺术创作和评论，都产生了深远的影响。弗洛伊德认为文学创作和精神分析共享潜意识的材料，如梦、幻想等。他把潜意识看得比意识重要，认为人的行为动机主要来自于潜意识，艺术家的创作是潜意识的。文学作品诞生的内因是潜意识、本我与超我的冲突、本能欲望的升华。

本我与生俱来，是人最为原始的满足本能冲动的欲望，如饥饿、生气、性欲等；超我代表道德价值。人的本能欲望，围绕着性和攻击的表达，多半不为社会所接受，你当然不能想跟谁做爱就跟谁做爱，想砸汽车就砸汽车，本能欲望和道德节操，必然会有冲突。这种冲突除了被压抑在潜意识中，还有一个出口，就是升华为艺术创作。

你不能实际地去做那些为社会所不容，也为自己的道德标准所不容的事情，但是你可以用象征的形式，通过艺术创作去释放那些本能冲动。作家通过写作宣泄、释放了被压抑的潜意识，从而使得自己内心深处本我和超我的冲突得到化解，让心理获得平衡，这会产生心理疗愈的功效。

写作治疗的理论基础，除了弗洛伊德的古典精神分析，还融合了现当代精神分析的各个流派，包括：自我心理学对防御机制的重视和自我认同概念；客体关系学派以"内在小孩"广为传播的"退行自我"概念，以及真假自体、过度空间、容器等；自体心理学对健康自恋的肯定、对自体价值感和意义感的追寻。

不仅是理论建构，在工作方法上，写作治疗也广泛借鉴了精神分析的方法，尤其是自由联想和共情神入。弗洛伊德发现了系统探索潜意识的方法，就是自由联想。自由联想要求你说出脑中想到的任何东西，即使是你羞于启齿的想法和情感，这导致你会有一种自发的自我审查和自我评判，阻止自己说出甚至想到它们。弗洛伊德说："在自由联想时，你永远不要屈服于这些评判，而是必须把它们说出来，尽管把它们说出来你可能感到恶心。事实上，正是因为它们让你恶心，所以你必须把它们说出来。之后你会发现，学会理解这些指令，是你唯一需要遵循的。所以，不管脑海中出现什么，都把它们说出来。"

自发和诚实是自由联想的精髓，你要把真实的东西说出来，不回避，不掩饰，这真的需要极大的勇气，对身心都是考验。我记得自己在最初做自由联想时，第二天眼皮里面就长了麦粒肿，刺激我的眼睛不断流泪，但还是要跟分析师进行自由联想。接着我自幼生过的小病，全部卷土重来，鼻窦炎、咽炎、附件炎、皮肤过敏……每样病都生了一遍，真叫一个痛苦！不过，度过一段艰辛的时期后，忽然顺畅起来，身体好像脱胎换骨，从此很少生病。而我也不再自我抑制，想到什么都能够及时表达，明显感觉自己变得更有力量。

自由联想说起来简单，做起来难，你一定以为写下自由联想的内容难上加难吧？事实是：非也。记录下自由联想的内容即自由书写，比自由联想要容易做，因为自由联想是两人之间的合作，除了联想，还要讲给另外一个人听。而自由书写是独自一人的内省，你写下来给自己看。除非愿意主动给别人看，否则并不会有暴露自我的风险，心理压力减少很多。

至于共情神入，是精神分析的另一种重要方法。共情是人类生而具备且必不可少的能力。你要实现一种换位，站在对方的位置，体验对方的处境，感受对方的情感和想法。由科胡特创立的精神分析自体心理学派，不仅视共情为一种收集来访者资料的方法，还把共情视为必要的治疗手段。在写作治疗中，共情是四大工具之一作品疗愈的关键。同时我也认为"共情"是最大的写作技巧，对作品共情而非评判的态度更是作家成长的关键。

在写作的道路上，几乎所有人的"头号敌人"，都是自我否定和自我评判。共情培养你对作者和作品不评判的基本态度，帮助作者悦纳自我，缓解羞愧。在你对作者共情式的表达与看见中，作者感受到了自我的价值，确定了写作的意义，自尊获得提升，自恋得到滋养。

有太多写作班的学员在被共情式书写回应后，获得极大的心灵滋养和疗愈。我今早还收到李殊同学的邮件，说："感谢同学们对我的真诚反馈和回应。那些深埋的悲伤被看见，关于自然，关于斗笠，关于老井，关于一个男老师温暖的背，甚至关于我并没有写的那条大黄狗，关于爱的创伤、渴望与联结。而看见，正是疗愈的开始。在团体里，我们通过视频见到面，通过文字走进心，彼此看见和疗愈，每一个人的情感都在流动，如一条条小溪蜿蜒流淌，最后汇集成大江大河，让这个团体成为一个巨大的储水能量系统，并坚信它最后会开闸，去浇灌旱田。"

人人本是作家

一个人的写作能力，其实分为写的能力和改的能力。人们总有一个误会，以为自己阅读到的文章是作者写出来就成形的。然而，基本上所有我们阅读的文章，都是经过"写初稿＋修改"两个过程的。写的能力就是写出并且持续写出初稿的能力，而改的能力是对初稿进行修改并定稿的能力。这两种能力相对应的写作技巧分别是写的技巧和改的技巧。它们综合起来，才是完整的写作技巧。

你自幼所学习的写作技巧，比如如何遣词造句、谋篇布局等，都是修改的技巧，是针对意识层面进行的一些工作。但是如果你没有写出来的初稿，后面的修改根本无从谈起。所以你首先要具备的写作技巧，是写出"初稿"的技巧，创意写作帮你解决的，就是如何"写出来"的问题，更多是针对潜意识的工作。

但是写作治疗比创意写作更进一步，给出了写出初稿的具体技巧，这就是写作治疗的四大工具——自由书写、检查分析、入兴贵闲和作品疗遇，它们是心灵成长的工具，也是可以操作的写作技巧。

另外，写作治疗比创意写作的"人人可以成为作家"的观点更进一步，认为"人人本是作家"。跨越心理障碍的过程，是展露真我的过程，也是让本自具足的"作家自我"浮现出来的过程。在写作的过程中去除对于本真自我的遮蔽，遇见真实的自己，如同米开朗琪罗雕刻大卫像时所说："我在大理石中看到了被禁锢的天使，只有一直雕刻，才能将他释放。"

随着现代教育和电脑的普及，写作越来越成为人人可以做的事情。阻碍你持续写作、成为作家的，不是你的词汇不足或语法差劲，而多半是你的心理障碍。这些心理障碍的真实动机，并非你表层意识所认为的，而是源于你深层心理的潜意识。我研究写作治疗由此落脚，在潜意识这个点上，连通创意写作和精神分析。因为精神分析的核心，是对潜意识的探寻。

第 3 章

入兴贵闲，回到初心，滋养内在小孩

> 自我的养育之道是回到初心，滋养我的'内在小孩'，因为她才是我创作的主角，创意的源泉。可是伴随着学习、工作、生活压力的增大，她被压抑在多重社交面具下，已经快要窒息了。一定要花时间与她独处，尤其是在我感到抑郁、耗竭的时候，只有下足功夫宠爱她、滋养她、解放她，才能保持写作的活力，修复童年的创伤。

入兴贵闲

除了自由书写和检查分析之外，你每周至少要腾出 2 小时的时间，进行一次入兴贵闲的练习。

"入兴贵闲"出自刘勰《文心雕龙·物色篇》中的一句"是以四序纷回，而入兴贵闲。"意思是虽然外在的物象变化纷繁，但是作者要写出有质地的文字，却贵在内心的闲静。

我提出"入兴贵闲"的观点，基于两点认识。

第一点："兴"是指向潜意识的。作品的诞生主要依托于潜意识，中国文学的辉煌起点、人类第一本诗歌总集《诗经》的主要写作技巧"赋比兴"中的"兴"，就是直接指向潜意识的。"兴"是起的意思。给作品起调、起情，称为"起兴"。起兴的内容与诗歌的内容几乎全无联系，朱熹在《诗集传》中说："兴者，先言他物以引起所咏之词也。"即是说起兴这种表现手法，是先说另一事物来引起所要吟咏的事物。如《诗经》首篇开头，"关关雎鸠，在河之洲。窈窕淑女，君子好逑。"前两句雎鸠鸟互相唱鸣的"关关"之声起兴，引出后两句男追女的爱情桥段。起兴的文字与后面作品要表达的内容没有关系，那么起兴的目的，我认为正是与潜意识连通，让潜意识流动起来。

"兴"从两方面激活潜意识，一是声音，二是情绪。比如"关关雎鸠"与"君子好逑"，在内容上似乎没有联系，但是真正的联系在声音上，在由声音透露的情绪和情感上。作者先将自己对爱情的渴望，投射于听到的雎鸠鸟的"关关"叫声和由叫声幻想出的鸟儿互相和鸣的亲昵情感上，然后再引出君子求淑女的爱情桥段来吟咏。

第二点："闲"是进入潜意识最重要的状态。什么是闲？"闲"是会意字，本意指栅栏，"门里面有个木"，只要立在那里不动，就实现了功能，所以"闲"是指"无事"，与"忙"相对；或者放着不用，比如有点闲钱；与正事无关，比如说几句闲话；或者安静、清静，比如你羡慕某人活得闲适、闲逸。

在我的书《让文字在指尖流淌：写作心理自疗课》的41—46页，我介绍了"闲"，以及"闲"与"无聊""无用""虚静""养气"的关系。在勤奋写作上，有一个悖论，就是你必须认真地让自己闲着，无所事事、悠悠荡荡、流连自然、游戏爱玩。实际上做"入兴贵闲"的练习，是在减少文字对你的影响，放松理性的控制，让潜意识去完成更有价值的工作。

"入兴贵闲"的具体做法是：

一个人独处，将自己与他人的接触减至最少，独自行动，不说话，不阅读，不看电视，不玩微信等；找点乐呵的事情去做。找什么呢？最好找你小时候非常渴望，感觉比较奢侈，没能实现的事情。长大成人的你现在满足小时候的愿望，不为别的，只为自己幼稚地快乐着。也许是蹲在树下看蚂蚁，也许是一个人去海边，也许是烤面包、做蛋糕，也许是吃巧克力攒糖纸，你放飞自己去做，彻底弥补童年的遗憾。

做这个练习的难度很大，你几乎做不下去，因为让自己主动处于"闲"的状态，一个人待两小时，不许看手机，也不许阅读文字，你可能就要疯掉了，一阵一阵地焦虑不自在，强烈地想要摆脱练习。其实说实话，我觉得你根本无法完成这个练习。你做练习的时间，很容易被其他事情侵占。要想不半途而废，就要深入了解为什么这个练习非常重要。

生活在被文字重重包围的世界中，你对文字司空见惯、难以逃避。你时常不假思索地用活动和文字填满沉默空间，让自己听不到内心的声音。尝试与文字隔离，很快你就会发现自己在以令人吃惊的频率使用文字：你在内心默默地告诉一个熟人想对他说的话；你审核自己的内心并给自己提一些建议；你滔滔不绝地为自己辩解，大段地进行内心独白；你试图记住一首诗或歌词，甚至认真地构思起一个故事的情节等。

我要求你回避阅读，是想把你推回自我内心的静寂之中。你会发现通过进入无字的状态，有意识地拒绝说话和阅读，自己反而获得了更多的文字。就像《道德经》所说："凿户牖以为室，当其无，有室之用。故有之以为利，无之以为用。"开凿门窗建造房屋，有了门窗四壁内的空虚部分，才有房屋的作用，因此"有"带给人便利，而"无"才是最大的作用。

"人兴贵闲"帮你主动留白一个无字的空间，以便创造一个文字丰沛的空间。在这个空间，潜意识的情感、思想、记忆，如活水般通畅地流动起来。从你内心涌动出来的文字，会把一块块阻塞思绪的淤泥推向一旁，进而排除出去。

另外，进行没有功利心的"人兴贵闲"，也是写作治疗的固本之道。我们已经介绍过的几大工具中，自由书写帮助你让堵在心口的话流淌出来，通过语言进行心灵的排泄；检查分析帮助你思考分析，看清自我，找到对自我最有价值的事情；而入兴贵闲则帮助你内在放松，滋养你的内在小孩。

每个人的内心，都住着一个小孩，这个小孩是害羞的，不懂得社会规则，但是"内在小孩"是创作的主角，是你的创意源泉。创作本质上是游戏，你的"内在小孩"喜爱游戏，可是伴随着学习、工作、生活压力的增大，她被压抑在坚硬的社交面具下，已经快要窒息了。你必须花时间与她独处，下足功夫让她去玩乐，宠爱她、滋养她、解放她，才能保持写作的活力，并且修复曾经的童年创伤。

心灵成长说到底就是内在小孩的成长和壮大。你要有点自我分裂，分成一个现在成年后的"我"，和小小的没有长大的"我"。没有长大的"我"是"内在小孩"，成年后的"我"像温柔的父母，无条件地接纳和喜爱幼小的、没有长大的"我"。做"入兴贵闲"的练习，不需要你花很多钱，但是要花时间，全心全意地陪伴你的内在小孩，就像父母陪伴自己的孩子一样。花时间跟孩子一起做游戏，而不是花钱买玩具，才是父母最难得的奉献。

总之，每周花两小时独自一个人待着，去做一些与文字无关的事情，好好宠爱你的内在小孩，尤其在你感觉抑郁、耗竭的时候，更要有意识地去做"入兴贵闲"的练习。它能帮助你听到自己被压抑的真实声音，找回自己的直觉，信任初始的意念，而不是第二、第三个念头，有效克服你怀疑自己内在声音和真实感受的习惯，重新找回对自身感受的信赖。

为情而造文

写作治疗的根基和血脉传承于中国古典文化，我本人在南京大学中文系接受了中国最优秀的古典文学教育，这样的受训背景，使我在进行心理治疗实践时，每每意识到古人对于写作的心理疗愈功效的深刻思想。正是从这些思想中，我确立了写作治疗的核心——为情而造文。

早在战国时期，《管子》就有"止怒莫若诗，去忧莫若乐"的说法，意思是要平息怒气，什么都比不上诗歌；要除去忧愁，什么也比不上音乐。这里的"乐"指音乐，诗既包含读诗，也包含写诗。汉代的《毛诗序》说："情动于中而形于言，言之不足，故嗟叹之，嗟叹之不足，故咏歌之，咏歌之不足，不知手之舞之，足之蹈之也。"意思是情感在心中萌动了，就会用语言来表达，如果感觉语言还表达得不够，就会感叹，感叹也不足以表达，就歌唱起来，歌唱还不够，就情不自禁地手舞足蹈起来。所以内心情感的宣泄，首先靠语言表达，而语言表达无外乎说和写两种形式。

从这些不难看出，古人把"抒情"置于写作的核心位置。中国文学的起点《诗经》，正是世界上第一部抒情诗集。晋代陆机在《文赋》中提到"诗缘情而绮靡"，认为诗歌是因情而发的，是为了抒发作者的感情的。南朝刘勰在《文心雕龙》这部中国写作学的巨著中更是提出"为情而造文"的观点，认为《诗经》的产生，正是"为情而造文"，是诗人心中蓄积了愤懑不平之气，因而吟唱出来，用以讽劝那些在上位的人。而后代辞赋家之流，胸中本没有感情郁结，却随意施展夸张文饰的手法，是"为文而造情"，是为了创作才造作感情。

中国文学的传承是"抒情"，作者是为了抒发内心郁积的各种情感而写作的。宋代的陆游说："盖人之情，悲愤积于中而无言，始发为诗。不然，无诗矣。"这与"愤怒出诗人"的说法无二。清代的李渔在《闲情偶寄》中，详细述说了写作为什么对自己的身心健康如此重要："予生忧患之中，处落魄之境，自幼至长，自长至老，总无一刻舒眉。惟于制曲填词之顷，非但郁藉以舒，愠为之解，且尝僭作两间最乐之人，觉富贵荣华，其受用不过如此。未有真境之为所欲为，能出环境纵横之上者。"

"抒情"是中国写作从古至今的传统。有人把"写作治疗"和另一种心理治疗方法"叙事治疗"混为一谈。二者的差别，首先就在于写作治疗的核心在于抒情，而叙事治疗延续了《荷马史诗》的叙事传统，强调"故事叙说"，以"讲故事"的方式展开治疗。

讲故事就意味着有人说故事，有人听故事，发生在二人或者多人之间，所以叙事治疗是家庭治疗的一个流派，实属当然。而当我们写作时，写的行为发生在一人身上。你独自写着，记录下自我内心流淌出来的思绪，你的文字首先是给自己看的，可以给他人看，也可以不给。所以写作治疗更偏重于自我疗愈。

另外，讲故事给别人听，需要故事符合逻辑，以便于听众能够听懂。而写东西给自己看，抒发出自我的情感才是最重要的。从"抒情"这个原点出发，中国的写作治疗必定在许多概念和形式上不同于西方的"叙事治疗"，需要发展本土的观点和方法，走自己的道路。我在汉语世界探索写作治疗，摸索出了一些经验，但是距离发掘出中华文化最核心的特征，与现代性和心理疗愈的目标相整合，还有很远的路要走。今生不知能走多远，但是我知道这是我一生的志业，余生必会竭尽全力践行之。

写作疗愈身心的历史

尽管中国古人留下了灿烂的思想，但是要成为在心理治疗临床上有效的概念和实操，依然必须借鉴西方的写作和心理学发展经验，从现代心理学的视角出发去全新地整合与消化。为此，我和写作班学员崔勤勤一起翻译梳理了国外写作治疗的发展情况。

写作是一门古老的手艺。自古以来，人类就不断通过这门手艺获得自身存在的价值、发现生活的意义、探索自我的真相并进行心灵的疗愈。最早以文字进行身心疗愈的是 4000 多年前的古埃及人，据说他们把文字写在一种草纸上，然后溶解在溶液里让病人喝下，相信可以快速起到治疗的效果。第一个有记载的诗歌治疗师，是公元 1 世纪一位叫作索拉努斯的古罗马医师，他把悲剧开给患有躁狂症的病人，把喜剧开给抑郁的病人。在小说和散文这些文体诞生之前，写诗歌就等同于写作。古希腊人的医药之神阿波罗，同时也是诗歌之神，可见古希腊人认识到，医药和写作是彼此相关的。

历史上，无数的诗人、作家以及哲学家，都认识到了写作的治疗作用。亚里士多德在《诗学》中，探讨了"宣泄"对情感的治疗作用。他认为写作具有情感宣泄的作用，而情感获得宣泄，会有利于人的身心健康；哲学家克尔凯郭尔说："我只有在写作的时候感觉良好。我忘却所有生活的烦恼、所有生活的痛苦，我被思想层层包围，幸福无比。假如我停笔几天，我很快就会得病，手足无措，顿生烦恼，头重脚轻而不堪负担。"

1751 年，本杰明·富兰克林建立了美国的第一所医院——宾夕法尼亚医院。他为精神病人引入了很多辅助治疗，包括写作和出版他们的诗篇。写诗是病人们的治疗活动之一，他们把诗作发表在富兰克林办的报纸上。

我认为把写作运用在心理治疗上，始于精神分析的鼻祖弗洛伊德。在 19 世纪末 20 世纪初，弗洛伊德提出著名的"文艺升华论"，认为艺术家把压抑的性能量移置到更加高远并且为社会文化所认可的目标上，比如写一本书、画一幅画等，这是一种能量的宣泄与释放，是性本能这种能量的升华。

除了提出"文艺升华"的理论外，弗洛伊德更是首位将写作治疗运用于实践的人。心理治疗实际上包括"治疗他人"和"治疗自己"两部分，因为心理治疗师首先也是人，要不断地了解自我、治疗自我，才能更好地去治疗他人。弗洛伊德通过精神分析这种与来访者谈话的方式，实施治疗他人的工作，同时，还进行他自己的"自我分析",对自己展开心理治疗。在1897年7月7日那天,41岁的弗洛伊德于父亲去世几个月后,开始了他的"自我分析",此后42年一天不断,直到1939年去世。运用"自我分析",弗洛伊德不但疗愈了自己的丧父之痛,并且一生著述等身,精神分析的开山之作《梦的解析》,便精选自他的自我分析文字。

弗洛伊德的传记作者欧内斯特·琼斯说:"可以这么说,《梦的解析》是从他的'自我分析'中精选出来的。父亲去世后的几个月里,悲伤的情绪一直笼罩着他……他说他当时强迫自己去写那本书以求从悲伤的情绪中挣脱出来。"看来,弗洛伊德最初每天书写的主要目的,是为了走出悲伤,获得心灵的安宁。这一点印证了亚里士多德"写作能宣泄情绪"的观点。因而,我认为,弗洛伊德是第一个在心理意义上运用"写作治疗"的人。他用谈话对来访者进行治疗,用写作对自我进行治疗。在弗洛伊德之后,精神分析社会文化学派的代表人物卡伦·霍妮,写了一本《自我分析》的书,把自我分析分解为"自由联想记录"和"检查分析"两个步骤,大力倡导这种"先书写后分析"的心理疗愈方法。

除了精神分析师把写作引入心理治疗外,很多心理学家也以让来访者记录下自己的梦境、写日记、写信等方式,辅助临床治疗。最著名的对写作的治疗作用进行系统观察和量化研究的,是美国得克萨斯大学的詹姆斯·彭尼贝克(James Pennebaker),他首次提出了书面情感暴露的范式,给一系列关于书写表达的研究提供了思路与借鉴。

1986年,彭尼贝克通过科学实验的方式,研究书写情绪对身体健康和免疫功能的影响,发现书写情绪和压力可以提高艾滋病、哮喘和关节炎患者机体的免疫功能。另一项由他主持的研究显示,压抑负面的、跟创伤有关的想法会对人的免疫功能带来危害,相比而言,那些书写出创伤的人就没那么常去医院。自从30多年前彭尼贝克提出表达性书写这一方法后,涌现的几百项研究证明了它在以下方面有效：减少压力，提升睡眠质量，调节免疫系统，治疗慢性疾病，治疗焦虑、抑郁等心理问题，提升学习成绩和思维能力，提升自我价值感和意义感，提升社会适应力，改善人际关系，提升幸福感……

彭尼贝克在其撰写的经典作品《书写的疗愈力量》⊖一书中，对此做了介绍，表明了写下关于创伤事件最深层的想法和感受会改善心境、带来更加积极的态度，并且能够促进健康。彭尼贝克还在1999年提出，表达性书写的最优写作条件是"匿名性"和"为自我而写作"。他认为一个人写作的时候，如果心里想着读者，就会影响表达和对事件的理解。而每天20分钟"为自我而写作"，可以治愈很多疾病。

另外，彭尼贝克的同事罗杰·布斯（Roger Booth）博士也发现，写作可以使乙肝疫苗产生更强的抗体反应。《美国医学协会杂志》（*The Journal of the American Medical Association*）1999年发表了一篇关于写作的生理疗效的开创性研究报告。这个研究由雪城大学的约书亚·史密斯（Joshua Smyth）博士所带领，研究中107名哮喘和类风湿性关节炎患者连续3天每天书写20分钟，其中70人书写他们生活中最有压力的事件，其余的写情感中立的日常计划。在经历了这样的写作练习4个月之后，70位书写压力的病人，相比于37位对照组的病人，在客观的临床评估中状况更好。此外，那些书写压力的病人中改善的更多，恶化的更少。"因此，写作帮助病人变得更好，防止他们的情况恶化。"史密斯说。在一项关注亚裔乳腺癌幸存者的研究中，美国休斯敦大学研究人员发现，将治疗中的恐惧情绪和诊断的益处写下来，能帮助乳腺癌患者康复。"癌症病人就像伊拉克战争后的老兵，可能出现创伤后应激症状。很多时候，得到确诊的癌症患者面临极大的情感创伤。进入治疗后他们会失落、抑郁、焦虑，不知如何面对未来。研究表明，当患者写下他们最深的恐惧和乳腺癌诊断的好处，他们的生理和心理健康都会受益。"休斯敦大学文化与健康研究中心主任说。

⊖ 本书中文版机械工业出版社已出版。

为了进一步探索写作对创伤的疗愈作用,"阿姆斯特丹写作计划"的研究人员用量化研究的方式,发现了仪式性的写作,特别是书信写作对处理创伤事件的好处。在研究中,治疗师就书写的主题、方式、频率、所花的时间,以及书写的地点给出精确的指导。其中一位研究者兰格在家庭治疗中应用写作治疗,并通过案例研究的范式,展示了写作这种有力又友好的治疗方式,如何让人在书写中面对自我,进而带来认知的改变。

与美国注重临床量化实证的研究方式不同,在英国,将写作应用于心理治疗的发展,更加侧重质性研究。英国"文学艺术与个人发展协会"将写作定义为创意写作,而不是报告性的写作或者治疗笔记,协会发表了一系列论文,将自传性和表达性的写作与个人发展和疗愈联系起来。

吉丽·博尔顿(Gillie Bolton)是英国写作治疗领域的领军人物。她主要在健康领域工作,并且有教授创意写作的背景,曾经主持伦敦国王大学的写作治疗项目,并在英国谢菲尔德大学开展用写作治疗进行的内省式练习。她本人一直是写作治疗的实践者,从小就通过写作来治疗自己的抑郁问题,还在丈夫的建议下写了自己的自传,写完后又用诗歌的形式重写一遍。在这个过程中,她感到自己获得了某种程度的疗愈。1999年,她出版《创意写作的治疗潜力:书写自己》(*The Therapeutic Potential of Creative Writing: Writing Myself*)这本书,讲述了自己跟不同的团体和个人进行写作治疗的过程中,参与者反馈在精神和身体上都得到了好处。

博尔顿强调,最重要的是让人探索他们不知道自己需要探索的领域,很多时候人们在书写中,就会看到自己真正的问题出在哪里。当被记者问到为何不去找治疗师时,她说:"我不能像信任一张纸那样去信任一个治疗师。文字写在纸上可以重读重写,但是说过的话是覆水难收的。写在纸上就不一样,你并不一定要跟人分享,如果你愿意,你甚至可以把它烧掉。"

通过以上介绍，你不难发现写作治疗确实有助人获得力量、强壮身心的作用。我希望你动动手，写起来，亲身感受写作治疗的魅力，让这种最经济有效的心理疗愈方式，好好地为你所用。

写作治疗处理情绪五个步骤

写作在心理疗愈方面的作用，首推它有益于情感表达。我们说"为情而造文"，写作的根本动力就是巨大的情绪能量，因为有了情绪，人无法安宁，才要借助写作来表达。没有情绪则不会有写作。所以对于一个写作者而言，情绪没有好坏，所有情绪都是推动写作的能量。我们欢迎情绪，接纳并珍视各种情绪。我们需要处理的问题是如何最有效地使用情绪能量。

我把运用写作处理情绪，总结为五个步骤。

第一步：书写表达。把情绪写出来。把情绪带到表面，是你处理情绪的第一步。被强烈的情绪控制时，谈不上理性分析，你只能先表达情绪，但是不用试图去解决情绪。

第二步：看见理解。当你用文字把情绪表达出来后，就看到了它们，情绪无所谓好坏，都是你的一部分，所以接纳这些情绪的存在，去探索在这些情绪背后你真实的需要是什么，即"为什么我会有这样的情绪感受"。

比如你跟恋人约会，对方迟到了一小时让你空等，你告诉自己："他（她）工作很忙，路上交通拥堵，我等一会儿没有关系，我觉得没什么。"然而你的实际感受是非常愤怒。这个时候，你可以写一写自己的愤怒，把愤怒带到书面上，看到愤怒，接纳愤怒，然后去理解你想把对方撕成碎片的愤怒背后，更真实的需要是希望被对方重视、希望被爱的需要。

第三步：反观自我。反思相关的过往情感经历，成长过程中类似的记忆。

第四步：接纳处理。接纳自己的情绪，寻求途径，以最利己利人的方法去处理引发情绪的相关事件。

第五步：引向写作。情绪是推动写作的能量，"愤怒出诗人"，把你的情绪能量引向创作，转化为创意过程和可见的作品。

学员习作：《我的愤怒》

作者　小邹

我的愤怒就像是我未诞生的孩子，它的心跳连着我的心跳，它的呼吸牵动着我的呼吸，我很难说清楚，它长什么样，鼻子怎样、眼睛如何、胖或瘦、高或矮、白皮肤还是黑皮肤，毕竟我还未曾见过它。

我不确定我是否有勇气深爱它，也不确定是否有信心养育它，因为我也恰似一个孩子。万一我的愤怒比我高大，比我勇猛，我又拿什么去滋养和培育它？万一我的愤怒需要爱，需要力量，我又拿什么去喂养和给予它？毕竟我也恰似一个孩子，正好它要的，就是我缺的。

既然如此，我就只好假装未曾感知到它、未曾孕育过它，我躲着它，期盼它慢点长，渴求它再孕育个十百千年而不长大。

可笑的是，我骗不了自己，每当我的手不经意间触碰到我的小腹，我就能确切地感知到它，清清楚楚，不容置疑，它的生命就在那里，无声无息，却铿锵有力。

我也不可能不去猜想，倘若再孕育个十百千年，出来的到底是婴儿还是妖儿。

我陷入了沉思……

我决定去哄哄它，我决定去看看它，我决定去承认它，我决定去爱它。

我开始上胎教课,知晓了孩子是如何孕育和成长;我开始算日子,看它什么时候能瓜熟蒂落;我开始准备衣物,以确保它的降生不至于让我手足无措……

而当我去做这些的时候,我的心开始变得柔软,变得坚定,变得有力量,我不再焦虑它长什么样,不再担忧它会出什么状况。

因为我深信,既然我是它的母亲,我孕育了它,上天自然就给了我母亲的能量,让我足以应付所有。

我坦然了,释怀了,转身回望镜子里的自己,欣喜地发觉,我已然长大,不再是个小孩。我笑了,轻抚着我的愤怒,喃喃说:"孩子,谢谢你。"

第 4 章

在作品疗遇小组中相互抱持

> 我写作是为了不再孤独，为了被人所爱。在结合原创作品与心理团体的作品疗遇小组中，我和你，以文抒怀，敬邀作品，相遇相知，从对方身上看到自己，从自我领悟中感动他人，从共通的人性和情感的联结中获得心灵涵容。山一程，水一程，在这里，风雨共一程。

我在前面三章介绍了三个写作治疗的工具，它们都要求你独自操作，不用邀请伙伴参与。但是，一个人写作是孤独的，单打独斗进行自我探索，也会出现视角的局限。你不仅需要自己埋头书写，还需要嵌入一个团体，与人进行交流共鸣。作品疗遇发生在写作治疗的团体中，是你与一群志同道合的伙伴的相遇。

作品疗遇

越长大越害怕孤单，每周二的相聚，好像很稀松平常，但不知不觉好像已经习惯并开始期待。

期待课堂上能静下来听自己内心的想法。

期待课堂中能通过对话了解到另一个生命的故事。

期待课堂后，这些一直在身边的人真的离自己又近了一些。

逝去的时间让我们成为现在的自己，消耗的光阴让这个团队成为这样的团队。

很幸运，遇见了黄鑫，她引导我遇见我自己，找到疗愈自己的通道，看清活着的自己有卑微、有迷茫，也有努力、有想法。

很幸运，遇见了这个团队，遇见了这里的每一个人，这些熟悉又陌生的伙伴，现在想起来，都是鲜活而立体的，没有伪装，但也不能完全看透。人，怎么可能被看透呢？只要彼此是熟悉的，是信任的，是曾一起互疗的，这就是一份小确幸啊。

——写作班学员　袁袁

以上这段文字，是一位学员在参加写作治疗作品疗遇小组后的感言。人是群居动物，离不开团体，写作治疗是个人自我疗愈和写作成长团体的组合。平时你一个人自我分析，把治疗师和来访者的角色一身担。而加入作品疗遇小组后，你与其他小组成员定期会面，在有导师带领的团体中，与伙伴互相支持，起到"1+1>2"的效果。

作品疗遇小组是私密安全的"容器"，为你提供展示作品、分享情感的伤痕的空间。同伴像镜子一样真诚地回应，共情而非评判地帮助你从不同角度了解自己，看到自我更多的面相，也知悉他人生活的困境，从人性的联结中获得相遇与治疗，从而激发更大的写作热情。不是所有的写作班都是作品疗遇小组。写作治疗作品疗遇小组是写作与团体治疗高度结合的产物。团体治疗与个体治疗、婚姻家庭治疗并列为国际三大主流心理咨询方式，有整套的心理学理论和临床实践做支撑。

你决定参加一个写作班，满怀期待（比如：对抗孤独，自我探索，想写得更好、获得响应，结识老师、得到权威鼓励，找些伙伴分享低落情绪），但是如果带领者引导不当，你很可能会感觉更加孤独，对自我的认知凌乱模糊，写得更糟甚至中断写作，得到一堆批评意见、对你写作创意的嘲讽，最糟糕的是可能连你的自信心都连根拔起。于是你退缩回自我的世界，不愿再向人敞开心扉、展示作品，对于公开发表作品显得"一朝被蛇咬，十年怕井绳"般心有余悸。

回想我上作家班的情形。南京大学派出了全国最顶尖的教授师资，我的老师在古代汉语、现代文学以及文艺评论方面，都是国内响当当的专家。但是这么优越的环境，并没有教会我该怎么写作。我们的课堂通常有两种情况。一种是老师拿出一部名家作品，为我们解析其精妙，"这里写得怎么好，那里运笔如何妙……"老师的丰富学养加上名家名著，课上得实在精彩，我听得津津有味，可惜听完课回去自己写，一个字也写不出。我的写作能力不仅没有提升，反而被压抑。心中有了高妙的名著示范，我连自己配不配写作都产生了怀疑。所以这种课程本质上不是写作课，而是作品赏析课，可以增强我的文学鉴赏能力，但是无情地碾压了一个人在写作道路上最重要的东西——自信心。

另一种情况，是老师让我们把自己写的文字拿过来，老师点评或是同学互评。这样的课堂，真像车祸现场啊！在老师眼里，我们的作品统统不入流；在同学那里，则恨不得把这些作品撕成碎片。现在我从心理学的视角来看，他们是不懂得倾听和共情，充斥着评判与指责，这些表现与人品好坏无关，是一个人自我内在的严苛超我向外在的投射。然而，评判并不能真正帮助人写作成长，只有倾听和共情，才能帮助作者增长写作能力。

刘勰在《文心雕龙》中说："缀文者情动而辞发，观文者披文以入情。"意思是作家创作，总是由内而外，先有客观现实的感发而产生内在的情态，这种情态通过辞章表达出来，而阅读文章的人通过文辞来了解作者所要表达的感情。作者由内向外，读者由外向内，作者和读者的心灵，相遇在共通的情感上。这是我引入写作治疗的第四个工具"作品疗遇"的根据。

"疗遇"这个词我从我的督导杨蓓老师那里听来，据说由台湾已故心理学家余德慧提出。初次听到这个词，我就有一种相遇的感觉：通过写作和作品的共鸣，带来人与人之间心灵的相遇。

所以写作治疗并不仅仅关注写作的过程，还非常重视写作的结果即完整的作品，重视作品的分享。

我创制作品疗愈小组这种模式，深层的思维要点在于：

1. 写作治疗的核心在抒情；
2. "真·诚"是写作与治疗的首要条件；
3. 最大的写作技巧是"共情"；
4. 对作品共情而非评判的态度是作家成长的关键；
5. 完成的作品与创作的过程同等重要。

作品与过程并重

无论身为一个作家还是一个心理咨询师，我都很难想象一个人进行了成功的写作治疗，但是没有写出完整的作品。这是因为：

一、完形。格式塔心理学认为，人的心理意识活动都是先验的"完形"，即"具有内在规律的完整的历程"，人对外界事物和运动的知觉都是完形的作用。一个作品的写作一旦开启，就有一种天然的要完成它的趋势，如果没有完成，就像是一栋"烂尾楼"，对作者而言是一个夭折的"孩子"，会造成"未完成"的心理创伤。根据心理意识活动的"完形"特征，一部作品需要被完形。

二、以共情替代评判。一提到作品，你会马上想到对作品高低好坏的评价，和各种评判的标准。正是这些评判和评价，在作者创作的过程中起到伤害创造力的作用，对作者鲜有积极的帮助。所以，从促进作者酣畅淋漓表达自我的角度来说，随心所欲地写才是最重要的，而别管最后写成什么样子的作品。在写作治疗初级阶段，我持有这个立场。然而，伴随着写作治疗的深入，你一旦开始写，自然有渴望，想写出成形的作品。这个时候你把写出完整的作品作为目标，是进入写作治疗中级阶段的标志。

写作治疗重视作品，以对作品的共情镜映替代评判建议。这是产生效果的关键。共情是站在对方的位置，体会对方的情感，这是精神分析治疗的重要方法。将共情运用到写作治疗中，能给予作者极大的滋养，提升作者的自信心，让作者感受到被尊重、理解、包容，有了人与人心灵相通的支持，激发出更强烈的创作热情。在作品疗遇小组中，成员被要求不评判，只对作品共情。

三、修改。完整的写作过程包括酝酿、书写、修改和完成四部分。修改是写作的重要组成部分。你还记得"推敲"这个典故吗？讲的就是创作者几十上百遍地修改作品。可以说作品不仅是写出来的，更是改出来的。修改的过程，帮助你一层一层地剥开记忆，接近真我，是自我澄清的过程。你完成了修改，即是完整了作品。

四、大多数写作的障碍，不是技巧的障碍，而是心理的障碍。完成作品的过程，是跨越障碍，降服心魔的过程。

五、实现社会性。写作是孤独的，作者在自我的世界里沉浸，很容易出现过度的个体性而缺乏公共性。作品提供了作者与世界联结的通道，作者发表作品，借由作品的传播，把自己由孤立的状态带入公共的人类世界，获得公共性，体验到自身存在的实在感、归属感和价值感。

写作最大的技巧是共情

你千万不要见了"技巧"两个字，就觉得高不可攀，似乎是一长串的形容词、一些华丽的辞藻、一些古怪生僻的字眼、一些拗口的句子，然后觉得自己很低能，无法创造出那些东西，于是害羞地说："我不懂写作的技巧。"很多找我学习的人，起初都以为自己要来学习的写作技巧是这些表面上如何遣词造句、掌握更多华美的辞藻等。

其实，写作的技巧只在写作中。你可能一发表就是高质量的作品，但绝不可能一写就写出高质量的作品。掌握写作技巧需要你首先放弃走捷径的想法，只有在不断写的过程中锻炼、体会、掌握，最后才能创造出你的写作技巧。

写作技巧是活的，你不能把技巧理解为"公式"，以为是一些可以储存的攻略，先收起来，等想写的时候拿出来照搬，就能妙笔生花。我可以负责任地告诉你，那样绝无可能。当然，所谓的写作"技巧"，也被世人过于夸大了。世上有大把的人不能把自己心中所想讲明白，所以你只要能把自己想表达的意思用语言表达清楚，就已经拥有了写作的技巧。

我在"检查分析"这一章已经谈到，一个人的写作能力，其实分为写的能力和改的能力。这两种能力相对应的写作技巧，也分为写的技巧和改的技巧。如何遣词造句等，都是改的技巧，而如何写出初稿，并持续写出文字，是写的技巧。没写出来何谈修改？所以首要的写作技巧，是帮你克服心理障碍，让你持续写出文字的方法。写作治疗的四大工具：自由书写、检查分析、入兴贵闲、作品疗遇，都在这一部分体现出价值。

之前我谈到了写作治疗的核心是抒情，写作是"为情而造文"，作品疗遇是"情动而辞发，披文以入情。"所以情感在写作治疗中居于核心地位。因而，共情被我认为是最高级的写作技巧。共情他人让你与他人的情感相连，写出感同身受的文字；共情自我让你触摸到自我真实的感受，与自我的情感建立联结。一旦与自身的情感相遇，重新拥抱被隔离在昏暗中的自我，富有生命力的文字自然会蓬勃而出。

组建作品疗遇成长小组

我很认同写作班学员李青对作品疗遇的定义，她说："作品疗遇，是将原创作品与心理团体结合在一起的心理疗遇小组，该小组以团体成员的非虚构原创作品为依托，通过大家对作品的镜映、共情式回应，以及针对刺点进行共情式写作，以实现对作品的完形，让作者与听者相遇，让情感与情感共融，从而达到从别人身上看到自己，从自我领悟中触动他人，在相遇中获得联结，在联结中获得疗愈的效果。"

你可以邀请几位同道，组建一个自助性的写作治疗作品疗遇小组。小组是一个容器，抱持着作品和作者。抱持的具体表现，在于成员彼此之间以共情替代评判，这是作品疗遇小组产生效果的关键。根据我的经验，每个人都会从作品疗遇中获益，这些获益像暗河，在潜意识的层面流动，包括让你的写作能力获得提升，对自我和他人有更深的理解、更多的宽容、更大的尊重、更多的共情、更亲的情感、更近的关系和更高的写作满意度。当然最重要的，是支持你持续写下去，写出更多的作品来。

无论组建团体还是进入团体，首先，你都会感到焦虑和恐惧。你需要被关注、被肯定、被鼓励，需要有人对自己有信心、有人陪伴，让自己感到不是全然的孤独，需要有人尽可能坦诚地回应，对你说真话，帮助你写出力所能及的范围内最好的作品。但是你又容易受伤，担心自己的隐私被强制袒露，无法设防，担心别人不理解自己和作品，担心自己会被他人批评、鄙视、嘲笑、羞辱或被团体拒绝，也担心别人都比自己厉害，你永远无法写出人家那样美妙的文字，那么情何以堪？其实这些担心，所有人都会有。它们是你在投入一个新的团体时，激活的自己早年生活中的团体经历中的一些焦虑体验。你只需要让自己放松，带着好奇的心，全情投入团体。伴随着时光流逝，这些焦虑会逐渐淡化，被投入写作的快乐和你自身发生的积极改变所取代。

其次,你需要知道为什么要组建或者加入一个作品疗遇小组。小组的作用是:

1. 给大家展示作品的空间;
2. 给写作一些必须有的善意压力;
3. 提升写作能力;
4. 陪伴心灵成长。

再次,世界上有太多的事情比写作容易——说话比写作容易,阅读比写作容易,吃巧克力比写作容易,在人群中无所事事地起哄也比写作容易。所以,作品疗遇小组如果没有事先拟定的守则,很快就会变成社交场所,让你暂时感受很愉快,但是对于真正的创作和治疗好处甚少。所以为了帮助团体集中精力工作、正常运行,帮助你最大化地受益,你还需要制定一份课程守则。守则需要小组全体成员一条一条充分讨论,形成共识,然后共同坚定执行。

守则需要重点强调:

1. 不评判。包括对作品和作者。写作课不是文艺评论课。你可以与同学分享各自写出的文字,但是不需要相互比较。评判好坏只会增加你的自我怀疑和自我否定,这是你在写作的道路上最大的障碍。记住,保持自信才是最重要的!人们习惯于用评判来进行交流,而很少懂得倾听与表达感受。其实,你只需懂得如实回馈你听到了作品中的什么,就能给作品最好的共鸣和呼应。
2. 不建议。包括不建议同学去做些什么事情或是如何修改作品,不推荐文章和书籍。建议意味着不接纳对方,意味着我知道而你不知道的高人一等,那些"为了你好我建议你……",通常只是建议者实现自身对他人的掌控。

不建议则是接纳事物按照本来的面目呈现,时刻保持开放的状态。

3. 不分析。可以自我分析,但是未经授权,不要分析他人。

最后,用写作重建自我是一个漫长的过程,你不能依赖作品疗遇小组,指望只是通过团体互动就能实现自我重建。团体可以为你提供一段学习经历,但是你终究必须依靠自己,亲自一个字一个字地写,才能实现目标,最大受益。

学员习作:《什么是作品疗遇》

作者 何小勤

在我的印象里,作品疗遇的现场是这样的:一群爱好写作、喜欢心理学的朋友,聚在一起,以文字为媒介,用作品说话,带着感受和情绪,不带评判和分析,相互镜映、共情、书写,在很多意想不到的时刻擦出奇妙的火花,发生心灵的相遇,从而达到疗愈的效果。

作品疗遇的过程,是一个不断写作的过程。

你必须要写,不断写出文字,最好每天可以进行一段时间的自由书写,每次10—20分钟就可以了。这是一个有用的写作练习,可以帮助你提高自己的表达能力。写的时候散漫自在,想写什么就写什么,可以书写进入你头脑的任何东西,整个书写过程最好不要停顿,不用考虑内容、结构、书写风格、语法问题和道德评判。最重要的事情是让自己放开去书写,在规定的时间里保持连续书写,哪怕这些文字没有任何意义。你可以带着激烈的情绪去书写,也可以冷静理性客观地去书写,怎么样都行,关键是不要给自己强加任何可以觉察到的限制,给自己的心理放个假,让自己的心灵有一个空间。这是最基本的训练,也是可以写出自己原创作品的基础。

你拿出来在团体里分享的作品，应该是自己的原创非虚构作品，是一个完整的故事也好，是一篇讨论、支持或反驳某个观点的议论文也好，是一篇对实体事物科学解说的说明文也好，是散漫无结构的自由书写也好，或者是一个聚焦于某个重大人生主题的文章也好。当你拿出它在团体里朗读的时候，这个作品可能就代表了你当时的某种感受、某种情绪、某个观点或者某种认识，不管它代表了什么，你拿它出来都是有意义的。当你朗读自己的作品的时候，其他团体成员就会认真倾听、记录，然后进行回应、镜映。有的人可能说到了你的心坎上，有的人说的可能没有抓到你的关键点，也有的人说的甚至可能让你感觉不那么舒服，这些对你、对 TA 都是有意义的，都可以作为你或 TA 下一步继续写作的素材。更难得的是，在作品疗愈的现场，我们有一个自由书写的环节，这个环节就是让其他团体成员把自己代入朗读作品的成员的位置，把自己当作是 TA，写出自己的共情文字并且读出来，体会自己的感受和情绪，然后本次朗读作品的成员回应、反馈，这一来一往之间，往往会擦出奇妙的火花，甚至出现心灵相遇的时刻，彼此都获得心理的疗愈和成长。

作品疗愈的过程，也是一个心理成长的过程。

作品疗愈，说到底是通过作品对话，对作品进行共情而非评判，获得心理成长。听到一位团体成员朗读 TA 自己的作品，经常会激发出其他成员各种各样的情绪，有的是正向的，有的是负向的，这些都很正常，也不必担心。可以带着觉察去看看别人的作品是如何影响了自己的感觉，导致自己出现了这样那样的情绪。如果再进一步去探索，我们可能可以看到这些情绪背后的思维模式、我们的过去是如何影响了我们现在对事物的感知方式，我们可能就会觉察到我们在用过去所学到的知识去应对现在所面对的可能完全不同的人、事、物，可能会发现自己用昨日之老眼光看今日之新世界的模式其实是有一定的偏差的。意识到了自己在认识上的偏差，我们的那些根深蒂固的观念就有可能会出现松动甚至发生变化，我们给自己争取了一定的心理空间，获得一定程度的心理成长。

如何给作品疗遇小组定性呢？作品疗遇小组不是单纯的写作团体，也不是单纯的心理成长团体，而是这两者的结合。你既可以说它是一个结合了心理成长的写作团体，也可以说它是一个通过写作来进行心理成长的心理团体，总之，参加这个小组，你可以有多种收获：一种是收获自己的原创作品，一种是获得自己的心理成长，此外，还可以得到一帮志同道合的朋友，一起写诗赋词、朗诵吟咏。你完全可以根据自己的喜好来选择自己到底要什么。

那么，参加作品疗遇小组有什么要求吗？可以说几乎没有，你可以没有写作基础，也可以没有心理学基础，只要你愿意写、愿意跟大家分享、可以接受在团体里朗读自己的原创非虚构作品，就 OK 了。

第 5 章

写作治疗的目标阶段

> 写作带来心理疗愈，心理疗愈反过来激发写作。我过去写不出东西，与技巧无关，而是心理问题。只要克服那些写作道路上的心理障碍，人人都可以成为作家，也可以成为自己的心理治疗师，因为写作和心理治疗共同的根源，在于潜意识。当我逐渐领悟这些道理，好像挖到了巨大金山的矿脉。

用写作疗愈心灵，重建自我，以及写出原创作品，是有路径可循的。这条心灵的路径，从当下第一次自由书写开始，到你写出家族回忆录为抵达，期间你会产生各种内心阻抗，也会受到很多现实困难的阻挠，你有上千个理由放弃，但是只有一个理由继续，那就是为了实现梦想坚持前行，为了一个更加美好的自我不懈努力。

写作治疗的三阶段

走上写作治疗这条路，你会经历初阶、中阶、高阶三个阶段，一步一个台阶，向上向前。贯通这三个阶段的是紧扣作品的作品疗遇小组。高阶后有两个发展方向，"作品雕刻"帮助你成为作家，"写作疗愈师"培养你胜任写作团体带领者的角色。

- **初阶：表达性治疗，自由写作。**

在写作治疗初始阶段，你必须尽情地表达，无拘无束地自由写作。最重要的是为心灵松绑，自由不羁，释放真我。这个阶段以自我疗愈为目的，目标是掌握自我分析的方法，进行自由书写，并不要求创作出完整的作品。

- **中阶：表达性＋指令性治疗，诗歌散文写作。**
  在初阶的基础上深入，进行一系列指令性练习，与自由书写双管齐下，相辅相成，促使你整合自我，发现个人生命的价值和意义，改善关系；同时诗歌和心灵散文的主题写作激发你的创意灵感，让你收获原创作品。

- **高阶：表达性＋指令性治疗，家族回忆录写作。**
  陈述自我和家族的故事，发现、思考、理解、阐释家族一代代人的命运轮回，从自体成长的纵向发展，到家庭互动的横向系统，融合写作、精神分析与家庭治疗，对自我生活画面形成立体综合的理解，记录一个家族的传承，写出一本家族回忆录。

- **作品疗遇成长小组。**
  连续12周的写作心理成长团体，是写作治疗独一无二的特色课程。紧扣作品的创作向前推进，只对原创作品开放。小组针对学员作品，既给予抱持镜映的反馈，又深度共情作者，在文字的共鸣中心心相遇。

概言之：

- **三个阶段**——初阶、中阶、高阶；
- **两条通道**——表达性治疗和表达性＋指令性治疗，这两条通道各自独立，又相互支持、相互影响、不断交合；
- **一根主脉**——作品疗遇成长小组；

高阶后两个发展方向：

- **作品雕刻**——帮你把已经发表的作品，在写作技巧上进行雕刻，发掘你独特的写作风格，实现作家梦。

- **写作疗愈师培训**——协助你进行更多心理学训练，成为专业的写作疗愈师。学员融会贯通主流心理咨询理论与技术、创意写作、团体带领等，将会成为国内践行、传播与传承写作治疗的重要力量。

在写作这件事情上，你只要持续写下去，就能写出作品。有人甚至极端地说，即使把一头猪绑在椅子上，让它每天敲键盘三五个小时，连续敲一年，也能敲出一本书来。之所以没能写出回忆录，是因为你无法坚持每天把自己绑在椅子上，敲三五个小时的键盘。而无法坚持写作的背后，是你大量的心理障碍。这些心理障碍就是你的心魔。

你的心魔主要来自于童年创痛。没有一个孩子的成长经历是完美的，每个人小时候都经历过一些创伤，这些创伤来源不一，可能是被父母、老师、社会所伤。你的主要养育者对你缺乏温暖的回应，使你因为被拒绝、被比较、被苛责、被批判而感到紧张；你曾经在一些事情上很有活力，喜欢某种游戏、倾心某样乐器，或者是一个爱搞怪的捣蛋鬼，但是你的活力不被赞赏，反而受到否定和打压，甚至被虐待……这些创伤最大的共同点，是大人不支持你做原本的自己，而要求你成为他们所期望的人。

童年的创痛被你关押在内心最幽暗的地方，你试图忽略它们的存在，不给它们放风，不许它们自由行动，甚至"忘记了"它们，只当它们早已过去，不值一提。但是创伤的负性能量并不会平白消逝，它们是你内心的阴暗面，在幽暗的牢房里潜伏，成为藏在心房的妖魔。坚持写作就好比唐僧取经。真经就在西天，你要取到真经，没有捷径，必须一步一个脚印，踏踏实实走过漫长的取经之路。路途并非一帆风顺，经常会遇到挡路的各路妖魔。它们要吃掉你，或者瓦解你的意志，这些妖魔实际上是你内在的心魔向外投射到的人、事、物。你要取到真经，必须降妖伏魔，渡过九九八十一难，最终到达西天。

写作治疗的过程，就是擦亮照妖镜，照出心魔，让你看到它们、降服它们的过程。在写的过程中，你必然会遭遇很多阻碍，这些障碍是你潜意识里的阻抗。弗洛伊德说："任何阻碍分析工作进程的情形都是阻抗。"用到写作治疗中，任何阻碍写作进行的情形都是阻抗，包括你写不下去、忘记自由书写、拼命阅读别人的书却不写自己的作品、生病而停止写作，等等。

阻抗是你保护自己不再遭受童年创伤而发展出来的心理机制。为了自我保护，你会无意识地在前进道路上设置很多路障。你必须克服这些路障，才能成功到达目的地，完成作品并获得心理成长。在跨越路障之前，首先要搞清楚你的写作目标。只有明确目标，才能跨越阻碍，坚持写作。

你有两大目标——心理成长疗愈和写出原创作品。心理成长疗愈自不待言。至于写出原创作品，则要区分是想写出疗愈式作品，还是商业式作品。在写作治疗的范畴内，你的目标应该是获得满足自己精神需要的疗愈式作品，写作活动使你在精神生活、内在心理层面受益，而不见得能帮你在物质、商业、现实、名利层面赢利。当然很多成功的商业作品，本身也带有疗愈性，而即使是疗愈式作品，也不可能完全不考虑读者，完全失去商业价值。我做出这种区分，核心在于不同的写作目标会带来不同的写作态度和侧重方面。

疗愈式作品的创作过程，是充分表达自我的过程，你的关注点在于自身，你的视线向内；商业作品的创作过程，则是根据读者需要制造具有商业价值的产品的过程，你的关注点在于外界，你的视线向外。一个是为自己，内省、疗愈，一个是为外界，迎合、成名。虽然你的疗愈式作品也可能被人赞赏，使你获得名气，但你的写作态度，是为了表达自己内心涌动的情感而创作，而非为了商业的利益。

一如弗洛伊德所说："我们写作最主要的目的是要满足自己内心的某些需要，而不是为了别人，虽然当别人看到了我们的努力、认可了我们的成就时我们会产生强烈的满足感,但写作终究还是自己内心的碰撞,是为我们自己而写。"既然是为自己而写,成为自己的作家,那么写作治疗就要求写真人真事、真情真境,采用非虚构写作,"真·诚"成为写作治疗的根本要求。

前三个月你可能遭遇什么

在尝试动手之前,总有人会问我:"一旦开始写作治疗,会发生什么?"我总结自己和写作班学员的经验,给你提供一些参考。下面所列举的,只是比较有共性的地方,而实际上,写作治疗是充满个性的行动,你开始写之后会发生什么,与你个人的成长经历息息相关,也和你目前所处的外界环境有关。所以没有人能准确告诉你踏上这条路会遇到什么,只有你亲身尝试,才能看到那些属于你自己的独特风景。

◎ 第一个月(1—4周)

这是入门时期,为写作预热。你开启了自由书写,让潜意识流动起来,进入有感觉就书写的表达式写作。这段时期是你的情绪宣泄期,你可能会纠结犹豫、情绪爆发、向内转变视线、向外攻击、焦虑缓解、压力降低、目标确立。

纠结犹豫

你在写与不写之间纠结,好像一只脚站在门槛内,一只脚站在门槛外。一方面你想开始写,另一方面又对未来感到疑虑和恐惧,你觉得:"真的有必要写吗?""要一直写到什么时候才有成绩啊?""我也不知道自己到底想写到哪一步。""我想象的那一天,那种场景真的会到来吗?"

或者是"最近我好像没有时间"等外在的条件不允许你开始写。其实外在条件不允许,通常是你没有下定决心投入之前,给自己找到的延迟行动的理由。要是真的万事俱备了你才能开始写，大概你这辈子都不会有机会写了。

也有的时候，你会产生"我只是想记录点家庭琐事，用得着这么麻烦吗""写作就是写作，真的需要理解潜意识吗""我的心理很正常，只是有点小忧伤，没必要进行什么心理疗愈""写作需要很多文学功底吧，我对文学了解得太少了，能行吗"或者"如果我没有写作的才华，难道按照这些做，就能写出来吗"等想法。

在开始阶段，犹豫自己要不要写，要不要按照本书推荐的方法写，都会让你感到纠结。这个时候，你可能有一种眩晕感，类似于高原反应，也可能有某种程度的反抗心态。有时候你觉得："边走边看吧，试试行不行好像也没什么大不了？""我的选择是否正确，还需要继续吗？""我已经这么忙了，要把时间花在这个不知道有什么结果的事情上吗？"有时候，你甚至会产生强烈的抗拒："我为什么要写作呢？现在每天看到的文字够多了，我写了就是给自己看吗？""就算是写了有很多人看，可我其实并不喜欢出名的感觉啊！"你的感觉忽然变得很糟，只想尽快离开写作这件事情，"等过一阵子再说吧"。

这些想法都很正常。它们有的是畏难情绪，有的是踏上旅途前的恐惧。万事开头难，这是你还没有下定决心的状态，或者是对自己是否能够写出作品、是否能够获得心理成长没有信心的表现，是你在潜意识里，逃避真正地进入写作治疗。

情绪爆发

入门之后，伴随着自由书写，你的情绪开始爆发。通常首先出现的是愤怒，有时候你的愤怒非常强烈，简直是一种爆炸式的体验。你对伤害过你的人涌起愤怒。愤怒之后，往往伴随悲伤和惆怅。你对自己无力掌控那些伤害你的事件感到哀伤，对遭受伤害感到委屈和心酸。也有时候先出现的是悲伤或者恐惧等情绪。

首先涌现出来的情绪，与个人的成长经历、人格特质有关，对每个人而言各不相同。不过总之在这个阶段，你内心有多种多样的情绪风暴，都被释放出来，你遍尝愤怒、恐惧、痛苦、兴奋、沮丧、欣喜、嫉妒、期望、自由等情绪。你既通过自由书写表达以上情绪，同时又因为自由书写，感受到了这些情绪带来的痛苦。我特别提醒你几种常见的情绪：

1. 愤怒：你的愤怒通常被压抑，你当它没有发生、否认它、埋葬它、忽略它。甚至你在生气时，还会气自己为什么要生那么大的气。很多人成长在不允许表达愤怒的家庭，被教导生气是件恶劣的事情，不应该生气。然而愤怒是最真实的情感，不能表现或发泄愤怒会导致疾病或身体机能的失调。埋藏已久的愤怒通常积存在身体的同一地方，伤害你的内脏器官，比如女性很容易将愤怒积存在乳腺或者子宫等生殖器官里，最后变成肿瘤和癌症。所以当你想指着谁大骂时，说明愤怒已经积蓄很久了，你不必有羞耻或犯错的感觉，想办法尽量释放它。我们要知道，写作的敌人是懒散、冷漠和绝望，而不是愤怒。愤怒是一股巨大的动力，推动你去写作。愤怒是一封邀请你动手写起来的请柬。

2. 惊恐：心想事成的大门突然敞开，你祈求的现在应验了。但是你不见得能够消受，反而感到惊恐。人们总是习惯于把追随心中的梦想说得很难，总害怕失败，但其实更怕成功，因为并不认为自己有足够的资格成功，所以当成功来临时，会感到害怕，想要逃跑，想一想"叶公好龙"的故事就明白了。当你写出一些佳句，或者马上要完成一部很好的作品时，你都会突如其来地感到惊恐。

我记得在我的《让文字在指尖流淌：写作心理自疗课》这本书上市前一晚，躺在床上睡觉的我，突然感到心跳异常快速，呼吸困难，有一小段时间，几乎有垂死的感觉。我知道自己有些惊恐发作，于是努力保持镇定，做深呼吸，才慢慢地平静下来。能够出版国内第一本写作治疗方面的书，对我是莫大的荣誉，也是莫大的压力。我有九十九次失败的经历，只有一次成功的经验，我对失败很熟悉而对成功很陌生，所以相对于害怕失败，我更加害怕的是——成功！

3. 羞愧：只要一书写，羞愧就会窜出来。在袒露内心真实想法时，会冒出"别人一旦知道这些，会怎么想我"这样可怕的问题。我们在孩童时期，总是努力以成就某事来吸引父母的注意，也许这件事情是捣蛋破坏。如果看到父母的反应是冷漠或者愤怒，那么你就会意识到自己的创意不能赢得父母的赞赏，也逐渐坚信引起他人注意是一种危险的举动。羞愧是童年时受过的羞辱的再现。如果一个孩子曾因自以为很有才华而被人取笑，那么成年后，开始创作一件作品时，童年时内心的羞愧感会浮现出来，甚至非常强烈。

4. 罪恶感：人常会因为自己本身的才华和天赋而背负一种罪恶感。如果你写出了美妙的文字，你的朋友会觉得你背叛了她，遗弃了她。你也觉得自己犯下了不可饶恕的罪行，是个忘恩负义的自私鬼。你非常害怕自己会伤害到别人，已经形成对自己的才华持有负罪感的惯性，不得不常常遮掩自己的光芒。

你重视对他人的责任却忽视对自己的责任，以为那样能使你成为好人，其实只能让你成为不开心的人罢了。你的创造能量常常不加珍惜地用于别人身上，也许帮助了别人，但是伤害了自己。事实上，你能对朋友做的最好的事情，就是把自己的创造性发挥出来。通过你的行动，带动他们的行动，帮助他们由自我怀疑通向自我表达，而不是因为他们的畏惧犹疑，偏离了你的轨迹。

5. 抑郁：你陷入低谷，无所事事，闷闷不乐，情绪低落，感觉自己被慢慢地榨干了，"这有什么用呢"的想法不断冒出，你的心情越来越糟糕，甚至有可能耗竭轻生。

6. 嫉妒：你认为自己应得却未得，在看到别人得到时，感到万分沮丧，并且痛恨对方的成功。其实你是痛恨自己因为害怕而不敢争取，得到了也不敢拥有，对于真心想做的事情不够勇敢地采取行动罢了。嫉妒是一种因匮乏而导致的情感。放大这种情绪时，往往放大了对方已经占据的那个位置，认为那是唯一的位置，导致自我视野狭隘，剥夺你看到其他可能性的能力。其实宇宙是富足而多元的，每个人的梦想都有栖身之所。

自由书写之初爆发的情绪，通常是负性情绪，毕竟被人压抑的情绪，也基本上是负性情绪。由于这些情绪在被压抑多年后第一次爆发，所以强度最大。之后伴随着每天的书写，情绪的强度会逐渐减弱，你整个人也将越来越平静愉悦。

视线向内

在入门阶段，你面临两大挑战，一个是要应对涌现的负性情绪，另一个就是要把向外的视线转为向内的视线。人生有两种视线——向内看和向外看。向外看，是把注意力放在外在的人、事、关系上，通过获得外界的赞赏，或者跟别人的比较，比如攀比各种名牌服饰、夸耀住的大房子等，来获得安全感、掌控感、价值感、爱的感受。向内看，是把注意力放回到自我内在，关注自我内心的感受，看见自身的丰沛，令灵魂安住于心。一开始写作治疗，你就要把视线从外在的世界抽离，转而凝视你的内在。

向外攻击

没有预先做好"向内看"思想准备的人，视线一旦看向自我，马上感觉不太舒服。人都希望被别人关注，但却无法真正认真地看自己，因为我们通常对自我有许多不满意、憎恶，真正地看自己会激起强烈的自我厌弃、自我贬损、自我羞愧等。真正地看到自己，会让你觉得自己哪里都不好，激发起强烈的羞愧感。为了屏蔽这些感受，你会责怪外在的人、事、物，以一种攻击的形式向外发作。因为责怪外界总比直面真相、看到自己需要担负的责任要容易。

另外一种向外攻击的情况，是当你把未消化的过去的经验、情感伴随着自由书写，像井喷一样爆发出来后，随着自然的气势一股劲地发泄完，你有种无法言说的难受，整个人都好像空了。你陷入自我厌弃，突然觉得自由书写的方法有问题，出于自我防卫的心理，频繁表现出不愿书写、抗拒书写。这时候你需要做的是不要逃离，坚持书写、书写、书写。

目标确立

一旦你的视线开始向内看，你就解决了写作是为了自己还是为了别人的问题，也确立了你的写作目标。你是为自己而写的，写作的过程是自我发现的过程，你要发现自我生命的价值和意义，发现自我内在的那个作家。你的写作目标，从写作的视角，是收获原创的作品，而从心理治疗的视角，是自我成长和疗愈。

◎ 第二个月（5—8周）

这段时期你在写作上继续磨炼笔头，每天坚持自由书写，你在心理成长上，熟练掌握自我分析，越来越了解自我，更能做出决断并坚持你的主张，伴随着这些，你会发生一系列的身心反应和关系变化。

身心反应

你逐渐看清楚真实的自我，发觉并享受真正的自我，丢弃了以前虚假的自我。"假自我"的消失，让你感到不适。这个时期往往会产生身心失调，患上重感冒或突发哮喘，某些已经减轻症状的慢性病卷土重来，许多老毛病复发……荣格曾经提出，人在自性化的过程中，有些脑细胞会死亡，还可能出现躯体疾病、血液低黏滞度、咽喉炎、心绞痛等。你正在经历这个过程。

关系变化

另外在这个阶段，当你提高了自我意识，可能会感觉有些朋友很无聊、有些场景很沉闷，原先你热衷于参与交往的人和事，现在形同鸡肋。也许你还看到了一些家庭的真相，发觉自己可能不如哥哥弟弟那样被父母宠爱，或者其他的家庭秘密。这些，都使你不由得心中泛起阵阵悲伤，甚至想回到从前，在过去的昏暗中，迷迷糊糊地生活，依旧保持以往的关系。

◎ 第三个月（9—12周）

这段时间你先是很想放弃，自我否定，讨价还价，游移不定。最后，你积极行动，执行自己的各种创意，作品诞生，与人分享。

声言放弃，自我否定

反复无常的成长阶段，会导致你产生强烈的想要放弃的冲动，你心里有了蜷缩回自己熟悉的往日生活的想法。而经过两三个月的自由书写，强烈的情绪经过不断宣泄后已经变弱，你写作的动力也没有最初那么强烈。你开始声言放弃写作。

在这个阶段，你的进展未必像你自己以为的那么糟糕，反而极有可能取得了很大进步，甚至马上将要取得一些成就。然而，你漠视自己写出了不少文字、写作越来越顺畅这个事实，觉得自己既没有努力创作，也没有什么作品，如果有人提醒你看看自己写的文字，你会轻蔑地道："这算什么呢？其他人都比我好得多……"

创作道路上的头号敌人，就是自我羞愧。有时候越是进步，羞愧感越是让你否认自我的进步。明明你已经写下数万文字，却总感觉自己没写几个字；已经写出了精彩的诗歌篇章，却说自己无非是在瞎胡闹。你既不敢承认自己的进步，也不能认真对待自己的进步，反而否认事实，不断地自我贬低，谦虚到了"猥琐"的程度。否认自己取得的成就，部分是因为主流文化对你的影响。我们的文化鼓励谦虚，你从小听到的训诫都是"谦虚使人进步"，于是即便是实事求是地肯定自己的成果，都会令你觉得不应该。

但更多是因为你害怕成长，即心理学上称为"阉割焦虑"的恐惧。你害怕肯定了自己的成长之后，紧接着得到的，不是奖励而是攻击和惩罚。你习惯于把自己放在过去没有成长的位置，因为过去的模式对你而言是熟悉、安全的。假如你确定自己已经走到了新的阶段，就会缺乏安全感，所以惯性拉着你不要承认进步，最好回到过去，说自己没有进步。

这时你要回看自己一路走来的写作治疗之路，意识到自己走了多远，有了多少进步。要看到自己的进步，需要自我赞赏，自我肯定。这一点非常重要，否则明明是进步了，自我感觉没有前进，甚至后退了，这种与事实相反的感觉，会使你生活在对自我的错觉当中。你必须给予自己理解和同情，假如实在是无法肯定自我的成长，也可以允许自己暂时逃离，在远方绕几个弯弯，然后积蓄能量，回来提笔再战。关键是你要知道目前这种状态只是暂时的，自己处在了一个自由书写的瓶颈期。学员木槿花的文章《我的自由书写瓶颈期》里，写到了这个时期的状况。

我知道自己进入了瓶颈期。

就好像在九重天上，那里的天是浅紫色的，雾气氤氲，万事万物若隐若现，浮动在天地之间，我看到了一串串风铃木，还有瀑布般的紫藤萝，闻到了木槿花的香味，脚踏在棉花糖似的云朵上，天路茫茫，不知道出路在何方。

就好像在一片密林里，但不是原始森林，没那么阴森恐怖，更没有毒蛇猛兽，遑论闷热潮湿。是竹林，就是《笑傲江湖》里婆婆的那片竹林，可以抚琴品曲，煮茶赏花；是《射雕英雄传》里桃花岛的机关桃花林，盛开的桃花在黄昏中就像批了一层头纱，神神秘秘，保护着自己，防备着来访者，唯有性情相投的人能从空隙中发现康庄大道。

就好像一叶扁舟在一片水域中，能看到水静静地流淌着，但不知道流向何处，不知道出海口，也不知道停靠的港湾。那片水域和那片天空，一定是半灰半粉混着浅蓝色以后的样子，色泽温柔得刚刚好，不绚烂夺目，也不落寞孤单。

我知道自己处在这样的环境中，我心安理得。

讨价还价，游移不定

你非常抗拒自己亲手启动的改变，想回到曾经的状态；你在恐惧与喜悦之间摇摆，伴随着此消彼长的反抗和希望；你不停地讨价还价，有时候今天出门遇到红灯还是绿灯，都能让你决定坚持还是放弃写作。你时不时地感觉迷失了方向，不知道自己到底要去哪里，产生游移不定的感觉。

执行创意

如果你没有放弃而选择继续，会经历自尊心下落的考验。但是接下来，你会产生全新的自我感受，还有更强的自主性、适应力、对作品的期许和激动。你会积极行动，用心写作，执行具体的创意计划。最后，你完成了自己用心创作的作品，这是写作的核心收获，你与人分享收获作品的喜悦，作品疗愈小组的伙伴是你热情忠诚的读者。

写作治疗的定义和特点

至此，我粗略给你搭建了一个写作治疗的框架，希望你已大致了解写作治疗是什么。我给写作治疗的定义是——写作治疗是一种疗愈心灵与培养作家的方法。以文字为媒介，运用写作这一书面表达行为，激发人自身的潜能，增强反省性，在写作的框架中产生心理疗愈的作用，并创作出原创作品。写作治疗采用非虚构写作，理论扎根于创意写作和精神分析。

写作治疗具有但不限于以下的特点：

1. 方法简单。完全可以自主学习，对每个人都有效，并不是专为作家设计的。
2. 亲身行动。写作治疗必须在写作的架构中进行，你必须亲自动手去写，从每天 15 分钟自由书写开始。写了，才有后面的一切，理论概念并没有亲身实践重要。
3. 最小花费。只要一张纸、一支笔即可。
4. 安全可控。写下来的东西只有自己能看到，写作者可以决定是否暴露自己所写的内容以及暴露多少，完全掌控局势。
5. 连通理智与情感。人的左脑储存了知识和强大的评判系统，而右脑储存你的情感困惑、创伤体验。左脑的钥匙开不了右脑的锁，所以即使你听了很多名师的课程，仍然感觉无助，大师的远水解不了自己的近渴。而通过写作治疗的亲身实践，则能够有效连通左脑和右脑，理智和情感。
6. 什么时候开始都不晚，持续终生可行。
7. 既可以独立操作，也可以组成小组，都能从中获益。
8. 慢。写作治疗有其自身的特点，就是比较费时，写的速度比说的速度要慢。但是减缓速度，其实是极其有益的，可以让你更容易发现那些通常被忽略的思想和情感。这个时代的病症就是追求"快"，所以尽量让自己慢下来，顺其自然地成长，本身就是在治疗现代病。

那么，你需要做的就是：

1. 每天 15 分钟自由书写，最好是在清晨起床就写（无条件坚持）。

2. 不定期检查分析，深入了解你的潜意识。

3. 每周 2 小时入兴贵闲，滋养内在小孩。

4. 条件允许的话与几个笔友组建一个自助性质的作品疗遇小组。

写作具有心理治疗的功效，心理治疗反过来激发写作。一个人只要坚持使用写作治疗的方法，学会理解和使用自己的潜意识，就能与内在自我进行深度的联结，创造更加健康的生活，也能激发创作灵感，收获独一无二的原创作品。长期进行写作治疗，则会改变你的人生，帮你达成自我实现。目标需要你自己去实现，责任在你自身，资源也都在你的身上蕴藏。写作治疗的成功，永远来自于你的坚持！

第二部分

探索·遇见
深入探索自我的诗歌散文写作

第6章

我以我梦入诗

> 梦是了解潜意识最直接的途径,是潜意识的自动表达,是珍贵的写作素材。梦幻不是泡影,我记录梦境并进行解析,以此掌握与潜意识连通的密码。昨夜梦我用以造诗,读我诗带来更深一层释梦。现实与幻影,心有灵犀一梦通。

浓雾锁江,水天渺茫。

孔明备好酒菜,邀来鲁肃,于四更时分,率了20艘首尾相连轻快舰船,向曹营进发。

这20艘船上,各以青布为幔,束草人千余,按甲乙丙丁顺序,分布两边。

五更时,船队抵近曹营。是时,重雾迷江,数丈之间不见人影,孔明令船上擂鼓呐喊,舱内酌酒取乐。

曹营闻鼓,待要出兵,又恐有伏。于是,调来水旱弓弩手万余,向江中放箭。矢如雨发,不多时,各船草人身上,已齐整整插满了箭枝。

船儿缓缓回到吴营,五百士兵肃立岸边,等待取箭。孔明携手鲁肃,施施然上岸。

飞箭插身的草人,被士兵搬下船来,取出箭枝,丢弃江边。

……

东风越吹越急,曹营的火越烧越大。

樯橹灰飞烟灭,转眼间,不可一世的曹操,品尝到了惨败的苦果。

> 被丢弃江边的草人"甲一",望着大火映红的江面,忽感万箭攒心,疼痛无比。狂风中,他站立起来,面对滔滔江水,叹息道:"人啊,号为万物灵长,却钩心斗角,互相残杀,何其可悲!"
>
> ——《草人》

这段文字是我的第一本书《草人》的楔子,它记录了我的一个梦境。

那时,我刚结束一次让我遍体鳞伤的创业。我的合作伙伴既想借助这个创业项目摆脱打工仔的身份,又想在项目成功之前保住原本稳定的高薪工作,于是和我约定,所有对外的事项均由我来承担,他在暗中为我出谋划策。我四处化缘,伤痕累累,但是合作伙伴却稳坐中军,毫发无伤。最终,他升了职,我结束了项目。结束后,我便做了这个梦。

草船借箭的故事大家都知道。聪明的孔明,在船舱内轻摇羽扇,饮酒听乐,而舱外扎成人形的稻草人,却承接着所有破风而来的利箭。梦中"草人"的意象,就是我自己。那箭头穿心的剧痛,把我从梦中唤醒,久久无法释怀,好像听到草人的声音,说:"我被刺入了千万支流矢,箭被拔出,抱走,我被扔在江边,腐烂。但是,我想告诉世人,这里有一个英勇的战士,她挡下许多飞箭流矢,她曾经存在过,她有她的故事……"

最终,我提起笔来,以一场写作,消化所有咽不下去的人生"隔夜饭"。这一场由梦引发的写作,带给我第一本正式出版的书,治愈了我创业失败的痛苦。我们探索自我,首先从对"梦"的书写和省思开始,因为梦被精神分析家推崇为"通往潜意识的神圣之路",是了解潜意识最重要的渠道。我们可以把梦由幽暗阴晦处置于书面上,进行深度探索,增加对潜意识和自我的理解;也可以跟随梦的指引,与梦中的意象对话,展开灵感迸发的写作。

当一个人做梦时,就从可见的外部生活,进入不可见的内心世界,梦中所见,其实就是潜意识所现。探索潜意识所现，就是聆听内心最真实的声音，了解自我最强烈的渴望。接下来，让我们跟随内心的声音，展开积极的行动，开始自我重建的工作！

把梦置于阳光下释读

自由书写一段时间后，你发现自己的梦多了起来，这是正常现象。自由书写会激活潜意识，许多被你压抑的情绪和记忆都浮现出来，它们寻求表达，这正是你了解自己、进行自我分析的良机。

1900 年弗洛伊德出版的《梦的解析》一书，不仅是他自我分析的记录，更是一本人类第一次以一种现代心理学的眼光理解梦境的著作。释梦是精神分析的重要工作。早先的心理治疗室里时常放置一把躺椅，就是为了让来访者自由联想，讲述梦境。

弗洛伊德把梦的含义分为显性的和隐性的，显性的含义是做梦人自己知道的梦的表层意思。比如我梦到吃蛋糕，而今天是我的生日，含义就很明显。隐性的含义是潜意识的愿望和想法，它们经过了伪装，需要被解读。

弗洛伊德认为解读梦的核心原则是"梦是愿望的满足，是潜意识的伪装"。人内心深处的一些愿望，不能直说，需要伪装一下来表示。例如我的这段梦境记录：

"今早我梦见自己和一组小学生一起去秋游，我们进入一个大溶洞，先是走路，接着变成坐在一条船上，船下是溶洞的地下河，梦的最后我们在一个转弯处一起上岸，大家继续沿着溶洞向前探索。"

这个梦的背景，是昨晚我刚刚结束了一期为期 12 周的写作治疗小组，组员全部是小学教师。梦中的溶洞，意味着我们好像共同进入了潜意识的通道，中间经历一些波澜，最后到了一个转弯。转弯意味着暂时结束一个方向，表明课程结束了。所有人一起上岸，继续沿着溶洞向前探索，隐含结束了也不要解散、大家继续向前走的愿望，表明我对分离的不舍。

这个梦的伪装之处，在于我的深层愿望是小组不要解散，继续向前，但是在现实中又做不到，因为我正在写作手头这本书，不能增加工作量了。所以这个不为我的理智所接纳的愿望，就伪装一番，在梦里登场，以转弯、上岸、继续沿着溶洞向前探索这些隐喻来表达。潜意识伪装的内容很广，包括你的童年愿望、内心的恐惧、内在的冲突、遭受过的心理创伤等，它们常被伪装转换成梦中的画面，好让做梦的你不至于睡不着觉。

弗洛伊德总结了做梦者为了伪装而在梦里采用的一些特殊的心理机制，包括浓缩、移置、象征性表达和次级修正。

- **浓缩指梦中的一个意象结合了不止一个内容**。比如我梦到我拥抱一个人，这个人有着张三的发型、李四的脸庞、王五的服装，三个不同个体浓缩在一个形象当中。而实际上，这三个人都是我以前单位的同事，所以实际上我拥抱的这个人，就是"以前单位的同事"，更进一步讲，是以前单位的同事关系。那些曾经与前同事之间的人际关系中不愉快的感受，现在时过境迁，我与他们拥抱和解了。

- **移置是把与一个人相关的情感转移和安置到另外一个人身上**。比如身为一个已婚大婶，我喜欢上了单位新来的小鲜肉男同事，恨不得嫁给他，所以我梦到自己热心给另一个女人做媒，撮合她跟小鲜肉相亲，其实就是把我想嫁给这位男同事的不被现实接受的情感，移置到另一个女人的身上。

- **象征性表达是指用简单具体的视觉形象来代表一系列被高度投注的复杂情感**。比如，弗洛伊德认为花朵一般代表女性的性器官，棍子代表男性的性器官，这就是对男女生殖器官的象征性表达。梦所使用的语言是象征，梦的语言是形象化的，是象征性的画面也就是意象，而不是我们日常使用的文字。虽然弗洛伊德给出一些通常意义上梦到什么对应什么，但是他也强调对于梦的解析，梦的象征是被做梦者独特运用的，释梦时只有聆听做梦者自己对梦的内容的联想，才能觉察梦的真实内容。比如说，"少林寺"通常是中国功夫的象征，但是对我来说如果梦到少林寺，则代表我与父亲一起唱歌，因为我第一次和父亲同唱一首歌，就是在他带我游览少林寺时同唱"少林！少林！有多少英雄豪杰都来把你敬仰……"所以即使两个人都梦到同样的形象，比如"鲜花""少林寺"等，它们在梦中象征的含义也可能绝不相同。

- 次级修正就像导演剪辑电影毛片一样，做梦者会努力连贯、剪辑、改造自己的梦，好让自己能够承受。

释梦是与潜意识的深度对话，以上简略介绍了弗洛伊德的观点，然而伴随着精神分析疗法100多年的发展，荣格和他的分析心理学对梦的研究更加宽广深邃，如果你有更多探索自己梦的愿望，可以找专业的精神分析师释梦，通过释梦，遇见一个意想不到的自己。因为本书的主题为写作，我介绍的释梦方法比较简单。

简单释梦的方法：

第一步：进行这项工作之前，先记录你的梦境。安静下来，独自待着，用自由书写的方式快速记录你的梦境。你记下的也许是一个新鲜刚做的梦，也许是一个你经常做到的梦，也许是很久之前做了但是难忘的梦，总之把你记得的梦记录下来。

第二步：通读一遍记录的梦境，把自己交付给这个梦，感受这个梦境的整体氛围是忧伤的还是恐惧的，是焦虑的还是压抑的，等等。

第三步：思考一下梦的显意，以及这个梦是否跟自己做梦时的身体状态有关。假如你梦见自己在冰天雪地里，可能是因为空调吹的风太凉冻醒了。还要考虑这个梦是否与白天发生的什么事情有关，比如我梦到和一组小学生去秋游，是因为刚刚结束了一期小学教师组成的写作治疗小组。人在白天经历的事情，会在梦中以伪装的形式出现。

第四步：自由地对梦中出现的各个方面做联想。其实梦中的每一样东西，都代表了你的某个自我面向。因为梦是一个人心智的产物，是你自己在心里组织的这个梦，自己写下了梦境的脚本，所以不管梦境如何，有多么糟糕的事情出现，都是你自己的创造，不妨任意去联想。

第五步：找出联系。这个梦似乎跟过去的什么回忆有关？发生在生命的哪个阶段？又和现在的什么东西相像？牵扯出自我的什么感受？你会如何解释这个梦？

第六步：梦是没有底的。无论怎样解析，都不可能知悉一个梦的全部含义。找出当下自己觉得最有意义的含义就可以了，剩下的放在那里，允许一些疑问和未知存在，培育梦的感受，经过一段时间，在某一时刻你会恍然大悟，"啊！原来这个梦说的是……"

◎ 举例：学员"自由女神"的梦

写作班学员"自由女神"同学，记录下自己的一个梦，并且尝试对这个梦进行解析。

梦境记录：

（2017年9月8日）刚刚从睡梦中醒来，感觉有些着急、恐惧。我家的阳台上不知什么时候进了四只猫，三只大猫，一只小猫。我鼓足勇气把其中的一只抓起来，把它带到客厅，给它猫粮，它吃起来。我想把它带到外面去，把猫盆放到外面,它就是不去。我又抓起来准备扔到外面,它就紧紧地趴在我的手臂上不走。我想办法把它扔走,然后下楼了。外面雨下得非常大,我上楼回家。看到门开着,那个猫又睡在客厅里。我问谁把它放进来的,没有人吭声。家里人很多,好像在排什么节目,我们公司找了一个女的代表去参赛。她原来在公司干过,现在离职了。这时候我家大宝对我说:"妈妈,我有些害怕,怎么它就不走呢?"后来就醒来了!

"自由女神"同学释梦:

心里总感觉瘆得慌、不舒服,有一种很深的、怎么摆脱都摆脱不掉的感觉。其实我家也养了一只猫,而且梦中的那个猫咪跟它的外形几乎一模一样,但是现实中的猫咪非常可爱,比较独立,梦中的猫则让我感觉厌烦,特别想摆脱,而且赖着主人,这样的依赖和现实正好相反。我好像有一个很深的恐惧,又说不出来是什么,这种感受之前也有过很多次。

为什么是四只猫咪?这个四代表着什么?我想到了"死",不太好的那个数字"4"。我又想到我家有四口人,我、老公,还有两个孩子,不知道是不是跟这个有关?那四只猫咪很脏,我想扔的是一只大一点的猫咪,忽然想到那只猫咪好像是我老公,最近我和老公之间产生了一些争执。

最近我要去参加一个学习,老公不太同意,他很生气,接连几天不理我。我刚开始没去跟他计较,觉得他像小孩子,但是两三天过后,他依然那个样子,我心里也越来越不舒服了,感觉他的那种状态特别像一个小孩子,要赖着"嗯嗯"不往前走,而且还不让我往前走。我心里完全不接纳他。

我下楼了,外面没有人,天黑黢黢的,雨下得非常大,于是我又回到家里,那种感受让我很难受,特别瘆得慌,浑身的汗毛都竖起来了。我想让猫咪走掉,但是它赖着不走,我自己向外走,又感觉外面的环境很严峻,外面下着大雨,我走不出去,又回头,就像我对现在的生活状态很不满意,但是好像无力去冲破。最后那个女的代表公司去参赛,她在我们公司干的时候跟老公闹离婚,很惨的一种感觉。我在梦中的情绪是恐惧,瘆得慌。

看完"自由女神"本人的释梦,我们基本上都理解了她梦醒后恐惧的情绪来自哪里。梦中的猫咪是老公的置换,而梦到的那个女代表,则是代表离婚和很惨的感觉。"伊的秋"同学赠给"自由女神"同学一首诗,表达自己对这个梦的感受。

扔不掉的猫咪
扔不掉的你
演不完的梦里
你扮着恐惧

我是你养在屋里的花
从未经历风雨
你怕我长高长大
挤压了你的天地

多少次
我想在暴雨中出走
不为别的
只因你以爱之名
挥舞着修枝剪叶的心
让我不寒而栗

让梦引领你去写作

有了梦的引领,写作变得有了路径,因为写作的根源在于潜意识,而梦带领你进入潜意识的世界。在那里,语言变成画面,感觉得到加强,情节奇诡丰富,某种意象在你醒来的瞬间萦绕脑海，无法释怀，带给你一定要写点什么的强烈愿望，由此灵感，衍生出一部作品的构思。

所谓意象，是寓"意"之"象"，指主观情意和外在物象相融合的心象。例如我的《草人》这本书，是由"草人"的意象衍生而来。"草人"这个意象，在我的梦中由两部分内容交汇产生，一部分融入了我内心的意蕴和情调，另一部分则是有一个早已存在于"草船借箭"典故中的稻草人的外在物象。

让梦引领你去写作，主要是跟随梦中的意象延展想象进行写作，具体包含两个方面：一方面，让意象从梦中进入你的意识层面，告诉你自己真正渴望的是什么，带给你强烈的动力去写作。你可以试着与自己梦到的某个意象进行交流。步骤是首先安静独处，放松下来，将头脑中的杂念清空；然后，运用想象，与那个强烈扰动你的意象进行一场对话。你可以问一问：

- 为什么你今天找到我？
- 你想对我说些什么？
- 你需要什么？
- 你想要我怎么做？

不带偏见地聆听你自己与意象的对话，仿佛静听一个朋友的回应，悉心感受内心浮现出的回答。意象想要的，就是你自己内心真正渴望的。意识到自己内心真正渴望的，就是动笔写作的最佳时机了。

另一方面，你也可以调取梦中的意象，为你提供更加丰富多样的写作方向。写作时，一个意象的作用远大于一长段文字描写。在特征的描述方面，长篇大论不能表达的，一个意象则可以。意象不仅能够包含很多内容，还可以设定基调和情绪，甚至可以起到预言的作用。具体的做法：

第一步：先记录下你的梦境；

第二步：慢慢读你写下的内容；

第三步：选中一个令你感受深刻，颤动心房的画面；

第四步：你的脑中已经呈现了一个意象，充分调动想象力，自由书写描绘这个意象；

第五步：你已经描绘了它，继续自由联想，这个意象还没有被展开的部分是什么？注意让你脑中的意象引领你，去感受而不要动脑去思考，让意象引领你的笔，写下任何涌现的词句。

假如你没有梦，也可以闭上眼睛，做一会儿白日梦。白日梦如梦寐恍惚。无论你的身体在什么物理空间，无论在办公室、公交车还是在家里，无论是被领导呼来唤去、周围噪音不绝还是有成筐的家务要做，你都可以暂时脱离当下的环境，喘口气做个白日梦。然后把释梦和写梦的方法，同样用于白日梦。

进入主题写作时刻

以前，你可能把写作当作断断续续、偶尔为之的事情，你的写作时段没有保障，对于要写的东西，觉得有了十足的把握才能动笔。现在，你只要开始自由书写，就觉得自己是在写作了，只要这么自由轻快地写，字数攒多了，作品就出来了。但是，我要告诉你，写作没有这么简单，要自由书写和主题写作双管齐下，才堪称写作，而用写作重建自我，同样需要自由书写加上主题写作。

从心理疗愈层面来讲，主题写作更能帮你发现自己的阻抗。因为主题写作有明确的写作目标，这个目标可以是写一本书、一篇文章、一首小诗……在主题写作时，理想状态是你笔直向目标前进，越来越靠近目标，最后实现目标，完成作品。但是，在真实写作的状态下，你必然会有写不下去的时候，你的心理障碍让写作产生卡顿。探索心理障碍背后的原因，就是探索疗愈自我的过程。

举两个写作小组学员的例子。学员要进行一篇科普文章的主题写作。既然写科普文章，当然要先有主题。现在有一男一女两位同学，他们都有很好的感受性和文笔，在"清晨课"里五分钟就能自由书写一首绝佳的诗歌，却在主题写作的第一步"确定主题"这里卡壳了。女同学的反应是大脑一片空白，什么都想不出来，而男同学则怒气冲冲，被情绪冲昏了头脑，找不到主题。

深入分析各自背后的原因，这位女同学从小家教非常严苛，经常被父亲叫到面前，针对各种问题进行训斥，一训斥就一两个小时。她非常厌烦，但又不能不听，于是形成"解离"的心理防御，身体虽然在原地，可是心却跑掉了，父亲的话从耳旁掠过，大脑一片空白。所以在写宣讲道理的科普文章时，她自动地进入听父亲训斥的模式，头脑变得一片空白，不能产生任何主题。

那位男同学呢，则是家中的独子，有三个强势的姐姐。自幼家中遇到事情需要拿出主张时，姐姐们就说："你是男人，你说怎么办。"可是他每次给出的主张，都不被姐姐们采纳和尊重，反而被反驳和贬低，事情的走向，最后时常被姐姐推向与他的主张相反的方向，这令他非常愤怒。因而一到要确定主题时，他就激发起原始的愤怒情绪，导致理性停摆了。

这些情况在自由书写时可能不太明显，但是到了主题写作时，就凸显出来。一旦明白了自己为何会有这些写作的障碍，接下来针对障碍，进行相应的心理工作，就变得有的放矢。

从写作的层面来讲，自由书写只是写作的一部分，并不是写作的全部，自由书写为主题写作做了准备。自由书写属于无结构的表达性写作，你想到什么写什么，不需要逻辑和理性，任由自己的思绪流淌，无论多么荒诞离题，天马行空，都不需要修改。你的目标是"写"这个行为本身,你不需要给别人看自己写出的文字,更没有义务让你的文字讨别人喜欢。

虽然我认为在早晨自由书写最好,但是"在特定的时段写作"并不是自由书写的关键。你可以在刚起床时、等公交时、坐地铁时、临睡前等任何时段书写,事实上我们很多写作班学员也是这么做的,她们利用碎片时间,随时随地掏出手机,自由书写一段。自由书写最重要的,是"自由",你想到什么就写什么,无所顾忌,随心随性。

但是主题写作与自由书写不同。主题写作需要你给自己确定一个特定的时段,进行有主题的创作。你选定一天中的一个时段,下定决心在这个时段,自己必须写作!比如你预先选定晚上9点到9点半是主题写作时间,那么每天到了这个时间,不管你在干什么,都要去写,一定要写,不因任何缘故影响写作。

相比于自由书写的"自由",主题写作最重要的是"自律"。自由书写时间让你觉得舒服,主题写作时间让你觉得严苛。你可能会希望始终停留在自由书写阶段,非常抗拒主题写作这个要求。我理解你的反应,这是正常的。

我们的创造力来自于"内在小孩",他是我们的本我,追求快乐原则,喜欢自由舒服,不喜欢有规矩、被约束。所以你想要由着自己的性子,兴之所至,顺其自然地写,对于例行公事一般的写作,非常憎恶。到了主题写作时间,你的"内在小孩"像被父母催促写作业的孩子,觉得现在一点都不好玩了,因而总想破坏规矩、讨价还价、偷懒耍赖。于是你突然产生"今天很累了,我要好好爱自己,先睡一觉""我对写作没有多大追求,何必折磨自己"或者"我现在没有心情写作,要不先打一会儿游戏再写"等念头。

你必须学会对各种借口置若罔闻,到了主题写作时间,就排除万难,坚定不移地开始写。只有每天都在一个特定的时段去写作,才能让你的写作连贯,有了连续性。只要坚持不懈，你会发现主题写作时间并不是束缚，潜意识一旦习惯了在固定时刻被召唤，到了那个时刻，你自动地就想写，身心形成默契，你的写作会流畅而有力。

你必须下定决心，到了主题写作时刻，不找任何借口，无条件去写。这一点至关重要！如果你不能管束自己进入主题写作时刻，那么不管你自由书写积累了多少字，你都是在做写作的前戏；如果你不能坚持主题写作时间，说明你的内在动力，还没有强烈到能驱动你写出成形作品的程度；如果你坚持不了主题写作时间，表明你的意志力还需要锻炼，真正的写作是件苦差事，远没有那么风花雪月。

为了帮助你顺利进入主题写作，我创制了一些写作治疗练习，从本章开始，每一章都有。跟随这些练习步骤进行书写，你可以写出作品的初稿，在初稿的基础上不断修改，即能获得一篇原创的作品。而且，这些练习也是帮助你进行自我心灵探索的绝佳工具。你的主题写作过程，是探索自我、了解自我、发现自我、与真实自我相遇的过程。

写作练习：以梦造诗

【练习说明】

梦是潜意识的宝库，梦境用一个个意象画面，表达出你内心的象征。这个练习教你运用自己的梦境，跟随逐步递进的意象、明喻、暗喻和象征，进行诗歌创作。并且伴随着写作，你从意象到象征，一步步走进更深层的潜意识，看到写出来的文字，你对梦的含义也就越来越清楚了。

为了让你追随直觉，减少思考，保证书写的连贯性，我会为练习步骤设定时间。你最好买一个计时器，写的时候预先设定完成时间，按照提示语写作。

【练习准备】

这个练习首先要求你准备好笔和 3 张白纸。

【练习步骤】

练习第一部分：在第一张纸上。

第一步：写下你的一个梦中意象，你想到什么就写什么，比如"怒放的菊花"。

第二步：为了使这个意象更加视觉化，接下来应用一个明喻。所谓明喻，是以形象上不同的另一东西做比，常用"好像""比如"等喻词引出。例如："怒放的菊花丛，灿烂得好像金子一样。"这样我们就形象地看到了菊花盛放的景象。（5 分钟）

第三步：写一个暗喻。暗喻虽然也是将形象上不同的两类东西做比，但是不出现"好像""比如"等喻词。例如："菊花是月亮，把大地照得金灿灿。"（5 分钟）

第四步：暗喻如果被深刻运用，意象的象征性就会凸显。一个含义深刻的暗喻，其实就到了象征的层面。写下关于这个意象的象征，要把不可见之物与可见之物联系起来。例如："菊花披着黄金甲。"这里有一种奢靡的感觉和肃杀的暗示。句中金甲的暗喻，承载了一种象征的含义。（5 分钟）

在第一张白纸上，依次列出你的意象，和关于这个意象的明喻、暗喻、象征。

练习第二部分：在第二张纸上。

第一步：把白纸对折。

第二步：在白纸的左边，从上到下写一列此刻你脑中自然浮现的 10 个名词，它们之间不需要有任何逻辑关系，只要是你此刻想到的就

行。(5分钟)比如:

老虎

宝剑

内裤

笔记本

兵马俑

门

衬衫

书

狗

口红

第三步:想象你的意象(菊花),和与这个意象相匹配的10个动词,把动词列在白纸的右边。(5分钟)比如:

开

绽放

败

落

闭

掉

吐蕊

凋零

摇摆

缩小

第四步:写好后,把纸展开。

练习第三部分：在第三张纸上。

第一步： 用第一张纸上的意象（菊花）造一个句子，把它写在纸上第一行。比如：菊花残满身伤。

第二步： 将第二张纸上任意的一个名词和动词画线连接起来，不用思考，随意划出三组，比如：老虎——掉，衬衫——绽放，兵马俑——缩小。

第三步： 以一种杂耍的、无厘头的、灵活的方式，用一组连线的名词和动词组成一个句子，把你的创意从逻辑和意义的束缚中解放出来。可以先用名词后用动词，比如：（老虎——掉）老虎把我掉在地上；（兵马俑——缩小）兵马俑借用时间的年轮无限缩小。也可以先动词后名词，比如：（绽放——衬衫）天使绽放他的衬衫。把这三句话写在第一句用意象造的句子后面，形成诗歌的第一小节。（5分钟）如：

菊花残满身伤

老虎把我掉在地上

兵马俑借用时间的年轮无限缩小

天使绽放他的衬衫

第四步： 同上，用第一张纸上你的明喻造一个句子，把它写在纸上第二小节第一行。然后把名词和动词随机连线三次，把造出的三个句子写在明喻的下面，形成这首诗的第二小节。（5分钟）

第五步： 继续用暗喻造一个句子，把它写在纸上第三小节第一行。然后把名词和动词随机连线三次，把造出的三个句子写在暗喻的下面，形成这首诗的第三小节。（5分钟）

第六步： 收尾，用象征造一个句子，把它写在纸上第四小节第一行。然后把名词和动词随机连线三次,把造出的三个句子写在象征的下面,形成这首诗的第四小节(5分钟)。

第七步:这样,一首诗的草稿就写出来了,它包含了从意象到象征的逐渐深入。

第八步:诗歌由三部分元素组成:象征运用、语言凝练和节奏韵律,现在你的诗已经有了象征,接着推敲草稿,锻字炼句,让这首诗的语言更加凝练。

第九步:大声朗读这首诗,用耳朵发现眼睛找不到的节奏和音律,让你的诗押韵,富有韵律。

最后,一首取自你的原创梦境的原创诗篇诞生了。恭喜你!它是潜意识送给你的礼物。

学员习作:《金刚》

作者 陶梓

一

金刚坐在城市的废墟上发呆
天幕是上帝的影子悬停在暮色中
靠枕起身迎上
麦当劳的小丑驻足仰望

二

异域的金刚像座黑色的巨塔
躲闪着城市的霓虹

无数条光带凝视着它

车龙蹒跚流淌

三

未知的力量从城市的深谷中弥散

水墨色的云满是疑惑

皮椅被摧毁

音乐盘旋着发呆

四

生命里那股幽暗漆黑的能量

透过红茶暗暗观察

音乐越来越疑惑

天幕已在仰望更深邃的星空

第 7 章

轻轻呼唤我的名字

> 茫茫人海，有人唤起我的名，这来自祖先或父母的赐予，寄托了什么情感？什么期望？什么意志？盘点我所有的名字，发现名字对我生活的影响，探索生命成长周期与自我认同，寻获爱我的和我爱的声音。

对于我的名字"黄鑫"，我一直谈不上有多么喜爱。

在这两个字和我这个人建立联结，成为我存在于世的符号之后，我就好似被套上一身不甚满意的衣服，还要出门见人并被不断拍照，总感觉哪里错位，要经常摆手说"NO"，抗拒被这两个字浓缩代言的生活。曾经有人为了显示亲昵，拿姓来称呼我——"阿黄"，听起来跟叫一只狗差不多，又不是"阿紫""阿朱"，甚至不是"小青""小红"，我翻翻白眼，给对方一张黑脸。

名字是父亲给取的。"鑫"这个字，在我小时候并不多见，是"商店字号及人名常用字，取金多兴盛"的意思。20世纪70年代初属于计划经济，商店都是国营的，口号统一是"为人民服务"，主流价值观不鼓励"金多"，那时的人名字里如果出现"xīn"字，一般都是建设新社会或者改过自新的"新"，所以很多人以为我叫"黄新"。

但是父亲给我取名为"鑫"，寓意正在"金多"，只可惜此金非彼金，"金"在我的名字中与金钱无关，指代的是"千金"，三个金就是三个女儿，我的名字中包含大姐、二姐和我"三千金",的确"金多",到了多余的地步。父亲赋予我这个名字的意思是说:"你是我最后一个女儿,我这辈子只有三个千金,没有儿子了……"

我好像看到父亲一边在户口簿上写下"鑫"字,一边摇头叹息的场景,他的笑容苦涩失落,他的愿望直白明确。"鑫"字多用于男性名字,我的名字看起来十分像男人,这大概弥补了父亲没有儿子的缺憾。

请问贵姓

中国人彼此见面,总要先问"您贵姓"。

据说中华民族有一万多个姓氏,这些姓氏每一个都源远流长,从古到今,有意味深长的来历和故事。中国人对自己的姓氏,也有着天然的好奇心,喜欢追根溯源,认祖归宗。这种寻根的传统,在个体层面,可以帮助我们在飞速发展的现代社会,放缓踉跄奔跑的脚步,从浮躁飘荡中宁静下来;在民族层面,则使得中华文化的统一性和连续性,通过具体个人的姓氏传承,得到了体现。

中国传统文化的核心是以家族为中心。中华民族最重要的信仰是家族,这个信仰的标识,就是姓氏。姓是一个家族系统的血缘符号,追随一个姓氏,可以把我这个人和整个家族、民族、历史、文化联系起来。据我的父亲讲,我们"黄"姓祖先可以追溯到战国四公子之一的春申君,春申君名叫黄歇,是黄国贵族的后裔,黄国被楚国灭掉,亡国后的子孙以国名为氏,就是黄氏,中国古代原本"姓"与"氏"分开,黄氏姓"嬴",后来"姓氏"合一,就变成"黄"姓了。

钱文忠教授解读百家姓说:"姓和氏原本是两回事,姓是族号,表示的是血统,最早来自于部落图腾,就是原始人群居的亲属、祖先、保护神的标志和象征。比如,地球上有一些民族用熊做图腾,熊便是他们的保护神。因此,在中国的姓氏当中，用动植物名称做姓的比较多，这种姓氏也都比较古老。……姓有了，什么是氏呢？随着历史的推移、人类生活水平的提高，人口越来越多，同一个姓的子孙不断繁衍，人越来越多，待不下去了，于是就分出很多支系，迁到别的地方。迁走的这个就叫氏。所以，先有姓，后有氏。战国以后，大家开始以氏为姓，逐渐就姓氏不分了。"

原本大家的姓一样，用氏分，后来姓氏合一，就用名分，所以有了姓名。姓与名是分开的两部分，汉族人一般既有名也有姓，姓在前，名在后，反映了姓高于名的宗族观念。汉族人的姓名，是"我的家族姓氏"加上"我的名字"等于"我的姓名"。我的姓名远远超出了我个人的名字的意义，而是把我这一个体与整个家族联系起来，且明确我在家族中的辈分、地位、关系等。而有些少数民族，例如维吾尔族，没有姓氏只有名字。维吾尔族人的姓名采用父子连名制，也就是"我的名字"加上"我父亲的名字"等于"我的姓名"。

生活中，很多人对自己的姓名不喜欢，很抵触，想改动。但是改"名"的远比改"姓"的人多。改名字像是粉刷改造一栋建筑，而改姓则是拆迁搬移，是一种连根拔起、完全重塑的巨变。

因为姓表示血统，姓什么让我知道我是谁家的孩子、是哪家的人，一旦改姓，就意味着我在血统上的一个改变，仿佛血缘上的重新确认，通常只会发生在父母再婚、过继领养以及有些地方女性嫁人等重大情况下。

姓带给自我归属感、认同感和一种清晰的自我认定。一个人换掉姓氏，几乎伴随着换一对父母、换一种生活、换了个人生，重建自我的内心工程，十分浩大。有报道说王菲曾经改过4次名字。她最早随母姓，名叫夏林；15岁后改从父姓，才叫王菲；在香港出于发展需要，取了更为"港味"的艺名王靖雯；成为歌后之后，又改回王菲。她可以改几次名字，但是只改了一次姓氏。而从她更名换姓的过程中，我们可以看到王菲对自我的寻觅，时间上用了半生，地域从北京跨到香港。既要寻求成功，又要不改本色，幸好每一次更改之后，都蜕变出一个活得更好、更加回归自我的王菲。

轻轻唤着你的名

轻轻唤着你的名，没有人能夺走我声音里的情。
茫茫人海中，有人唤起我的名，像黑夜里摇晃的烛光，转瞬灭去；
那呼唤声，在黄昏初暮时响起，在午夜梦回的泪痕中消逝。

——余德慧《生命史学》

有否有什么时刻，你被人温柔地唤着某个名字？这称呼如此亲切，声音回荡摇曳，你的名字携带呼唤者的气息，落实到心底，投影为对自我熟悉或者陌生的认知。一开始，名字肯定是被人起的，也是被人叫的，虽然这是你的名字，但是本质上不是你的，它属于创造名字的人，寄托了对方的情感、期待和意志。谁给你起的名字？这个名字和它每个字的意思是什么？

我的两个外甥女，一个叫"宇婷"，寓意"在宇宙间亭亭玉立的女孩"，是祖父给起的；一个叫"子悦"，子夜出生的她带给爸爸无限的喜悦，是爸爸给起的。这两个孩子在家族中都十分受宠，她们的名字就包含了父母长辈的期望和情感。基本上，如"去病""家康""鹏飞""文魁"这些名字，一直会被很多人起，因为父母期待孩子健康快乐、长大后有所成就是人类的本能。

当你被赋予了一个名字之后，接下来的问题，是你的感受。你喜欢这个名字吗？你觉得这个名字对你的影响是什么？这些问题已经不是名字的问题，而是你对父母的期待是否认同的问题。名字不仅仅是一个代号，还带给一个人暗示，是一个催眠的符号。有的人非常认同父母对自己的期待，努力做到让父母满意，而有人则背道而驰，朝向与名字相反的方向发展。

名字与本人的发展比较匹配的一个例子是我在深圳北大研究生院带领的两位写作小组学员，名叫"鹏飞""文魁"，就名副其实，他们考上北大，成为学霸，实现了父母投射给他们的期待，对这些期待他们是认同的。

而朝向相反方向发展的，比如我遇到大量生于重男轻女家庭的女孩，父母起名"家勤""招弟"，期待这个女孩勤快、多做家务，后面带个弟弟出来并照料弟弟。可是她们长大后，或许痛恨做家务，作风强势、成为职场女汉子，甚至不婚不育，或改换名字，朝向与父母期待相反的方向倔强前行。那么，父母所起的名字，对她们几乎是一种诅咒。认同父母的期待等同于自我伤害，她们要以叛逆来呈现一种对命运的不甘心，要昭告世界"我命由我不由爹"。

改掉自己的名字，自己为自己命名，是自我意志与父母期待激烈战斗、殊死较量的过程。改换名字意味着不再认同父母的期待，要把不被自我接纳的父母期待从内心清场，俗话说"杀敌一千，自伤八百"，这个过程必定经历痛苦撕扯，充满纠结伤感。改一次名字就是对自我进行一次解构再重构，意味着与父母的分化，喻示了自我的成长与成熟，名字的变化标志了你如何从他人的期望走向自我探索、自我认同和自我实现的一种转变。

我们对自己的名字总是比对别人的名字更加敏感，有研究表明，与名人的名字或陌生的名字相比，自己的名字能更显著地激活人的左侧前额叶与颞上皮层，说明名字与自我是联结在一起的。歌德在《诗与梦魇》里说："一个人的名称不仅仅像披在他身上的一件斗篷那样可以随意解开和系紧，它还是一件完美适体的外衣，名称就如同他的皮肤遍布全身，没有人会擦伤或抓破它而不伤及本身。"名字好似每个人身上的紧身衣。以下这首名为《紧身衣》的诗，是写作班学员改改创作的。

紧身衣

紧身衣

按谁的身材制造

是我的身材

还是你眼中的我的身材

紧身衣

什么时候制造

是有了我以后

还是没有我之前

紧身衣

会自己生长吗

时光在流逝

身材在改变

紧身衣会随着我的身材一起变化吗

紧身衣

共有几件

现在身上的这件

是小时候父母给的

还是长大的过程中自己做的

还是……两件的叠穿……

紧身衣

是我的衣服

还是我的奋斗目标

> 是它来适应我
> 还是我去迎合它
> 用削足适履的方式去迎合它

心灵散文写作九步骤

从本章开始，你要进行心灵散文的主题写作。

心灵散文属于主题写作，并非自由书写。自由书写是表达性的无结构写作，你想到什么写什么，不需要修改，不要逻辑理性，任由自己的思绪天马行空，你的目标只是"写"这个行为本身。而心灵散文是以写作者本身为根基，面向世界发声，你需要主题、结构和逻辑，也需要修改、考虑读者，总之，你要对自己的文字负有责任。我把心灵散文写作总结为四大模块、九大步骤。

四大模块：酝酿主题，写出初稿，修改精炼，定稿发表。

九大步骤：

第一步：让事情或者观点找到你；

第二步：聚焦其一，确定主题；

第三步：构建情境，叙述故事；

第四步：袒露自我，展示细节；

第五步：抒发情绪，表达感受；

第六步：认知论述，引发共鸣；

第七步：概念结论，启示升华，静待冷却；

第八步：趁冷打铁，修改文章；

第九步：封笔定稿，获取标题，发布文章。

◎ 第一模块　酝酿主题

第一步：让事情或者观点找到你

闭着眼睛，放松地待一会儿，倾听内心的声音，感受哪种记忆浮现了出来。

它们是：

- 什么故事在你心头萦绕？
- 什么观点让你与人争辩？
- 什么画面在你脑海里翻来覆去地显现？
- 什么让你想到或者提到的时候非常兴奋？
- 哪位故人在你的梦里出现？

慢慢地睁开眼睛，快速书写，每个部分自由书写100字以内。

第二步：聚焦其一，确定主题

列出一个单子。正是这些在你心头挥之不去的经历、人、地方、事情、想法、情感，让你产生书写的欲望。从中找出你自己最想分享给别人的那一条，试着用几个词概括它，接着扩展成一段话，然后喘口气，看你写的东西是否吸引自己，如果能够吸引自己，那就确定这个主题，如果不够感兴趣，就换一个新的。

个人随笔写作的起点是自我，你要先树立自我，再追求读者。先找到自己的兴趣点，只有真正让你感兴趣的东西，你才会写得兴致盎然，读者也才能读出滋味。

◎ 第二模块　写出初稿

让初稿喷涌而出，随心所欲地写初稿。不要试图控制，哪怕跑题。任由思绪引领着你，不要进行删改。要以第一人称"我"来写作，像是跟读者进行一次对话，对读者讲述什么。以"我"的视角来写作，虽然限制了你的创作自由，但是也为文章带来了新鲜感，因为"我"这个人是独一无二的，当我把个人生命经历中的一些细节写进文章中时，就赋予了文章"我"的独特性，从而使文章鲜活可信。文章变成一场"我和你"的对话，你必须揭露自己，坦诚地写自己的精神生活，"我有一个想法……""我感到……"这种句式会在文章中经常出现。

第三步：构建情境，叙述故事

第四步：袒露自我，展示细节

第五步：抒发情绪，表达感受

第六步：认知论述，引发共鸣

第七步：概念结论，启示升华，静待冷却

写下记忆中的场景，看看通过场景描述展现了什么内容和故事，为你的故事找一些特别的细节；接着表达你的感受；然后攀登抽象阶梯，抒发一些观点议论；最后，以上讲述让你总结出来什么？揭示了什么样的人类状态？从个人化转变为普遍化，用更宏大的概念做结论。

写好后，把文章放在一边，至少隔夜冷却。最好几天甚至几周都不要看它，努力忘记它。这期间有任何想法，都记在本子上，而不要急于整合进作品中。在冷却作品的时期，可以阅读自己喜欢的作家的作品，并画出那些钟爱的字句。你把文章放得越冷，回头越容易改好。

假如遇到写不下去的时候，你要降低标准继续写。写文章没有必要事实上也做不到完美，你要想："反正作品不是一次写成的，还需要反复修改，关键是能走过眼下的困难。"所以，不需要用著名作家的标准来要求自己，接受自己能力的局限，不要卡在某个地方让文章"胎死腹中"，能写下去是最重要的，只要把眼下这一章、这一段、这句话写过去就可以。

有时候你也许担忧降低了标准，自己会不会变成一个爱向困难妥协的人？遇到困难不是应该迎难而上吗？人不是每天进步一点点，不断挑战自我的极限，才能超越自我，活出生命的精彩吗？我这里说的写不下去时降低标准，是有要求的，要求是你平时多写多练，坚持每天自由书写。假如你日常根本不写，你又不是神仙，凭什么到了想写的时候，就能凭空地妙笔生花？而如果你有了每天清晨 15 分钟的自由书写，那么说明你非常自律，具有比较严厉的超我。人活到这个阶段，人格结构已经非常稳定，除非遇到特别大的颠覆性事件，否则你严厉的超我几乎不会改变。所以我才对你说有时候遇到困难，退后才是向前。降低标准仅仅是一种克服困难的变通方式。

还有一种情况是你虽然能够写下去，但是写得很慢，这是否说明你的写作能力差呢？有人觉得自己写文章总比别人慢，为此感到自卑，其实人的创作才能本身就有下笔快慢之别，这并不关乎写作能力的高低。我自己也属于写文章"很慢"的人，有时候一天呕心沥血下来，才写了几百字，还感觉累得不行。

后来我看到刘勰《文心雕龙·神思篇》有云："若夫骏发之士，心总要术，敏在虑前，应机立断；覃思之人，情饶歧路，鉴在疑后，研虑方定：机敏故造次而成功，虑疑故愈久而致绩。难易虽殊，并资博练。"意思是说："文思敏捷的人，心里熟悉创作的技术，很快地考虑问题，当机立断。构思迟缓的人，情思纷繁，徘徊歧路，要弄清疑点，深思熟虑，方能定稿。文思快所以能在匆促中写成，疑虑多所以要费时久才完篇；他们的快慢、难易虽然不同，但都靠学识广博，技巧熟练。"有人文思敏捷，有人构思迟缓，这只是人的特质不同，而要写好一篇文章，都要做到多写多练。

◎ 第三模块　精炼修改

第八步：趁冷打铁，修改文章

以全新的眼光看待冷却后的作品，不要持先入为主的想法，注意下列问题：

- 文章第一句话能够抓住读者的眼球吗？开头立即吸引读者很重要，第一句话就要开门见山，吸引人来阅读。当读过第一段，你的读者就应该知道，这篇文章值不值得花时间读完。
- 文章有没有中心观点？出现的观点是否过多？
- 结构是否清晰？还是根本没有结构？
- 理顺作品的起承转合，像元代乔梦符所倡导的"凤头、猪肚、豹尾"——开头像凤头那样美丽、精彩，文章主体像猪肚子那样有充实、丰富的内容，结尾像豹尾一样有力。
- 对文章进行裁剪，确立作品的脉络。
- 好的作品都是删出来的，修改精炼至关重要。你要不断地问自己，这段（句）话是否多余？删掉令自己陶醉但是写跑题的段落字句，对文章进行断舍离。
- 一遍遍地锻造文字，确定最合适的那个词，形成你的叙事风格。

◎ 第四模块　定稿发表

第九步：封笔定稿，获取标题，发布文章

你的文章写出了你想说的吗？需要进一步完善吗？如果答案是"是""不需

要"，那么你要懂得停止，为这篇文章的写作画上句号。放下笔的能力和拿起笔的能力一样重要。一篇文章仅仅是你一段时期的思想表达，体现的是你在那个时期的写作水平，你不需要也绝对不可能做到完美。

另外，你至少要给文章预备三个标题，再把标题抛给尽量多的人，听取他们的反馈，选取获得最多赞赏的那个标题。定下标题后，从头到尾大声朗读你的作品，让耳朵找到你的眼睛看不见的错误。最后，一篇个人随笔散文诞生了。无论它令你满意还是令你沮丧，都是你对这个世界的纯然原创的理解和表达。

寻找叙述者口音

一篇心灵散文的成败，首要取决于它的口音。心灵散文用第一人称写作，所以口音是作者最自然的表达形式，是叙述者最精彩的谈话状态。作者要在作品的第一句话中，就传递出叙述者的口音。寻找叙述者口音，是写作开篇就要做的事情。

你的口音需要果断、具有无畏的勇气。叙述要清晰坦诚，避免前后矛盾、吞吞吐吐。心灵散文的作者在作品开始，其实就已经昭告天下，"我讲的都是真话"，所以你只能写出真相，奉献最真实的自我。既然反正是在真实的基地上打滚，那就有什么写什么呗，既不要装腔作势，也不向读者讨好卖乖，以你的真心和率直，讲述一切就好了。

一种口音记载着一个人的历史，你的身份和过往、风格和思维，全部呈现在口音里。你能否做真实的自己、接纳自我、大大方方地说明自我，决定了你的叙述口音。如果你依托真实的自我进行书写，不管你袒露了多么卑鄙、猥琐、羞耻的事情，你这个人终将获得读者的认可。读者不是傻子，你是流氓不见得被读者讨厌，装圣人就很讨厌了，读者会抛弃虚假的你。口音发源于作者的核心自我，是作者的真实呈现，传达给读者作者的模样和状态。

写作练习：名如其人

【练习目的】

借助名字打开记忆，对经历过的人生进行盘点和梳理。

【解决问题】

1. 了解祖先、父母借由我的名字寄托的情感、期待和意志；
2. 清晰地看到自己人生的阶段发展，在此过程中思考"我从哪里来""我是谁"等问题的可能答案。
3. 寻找个人随笔的主题，让写作变得真实易上手。

【练习步骤】

第一步：回想我的生活，把我从出生到现在为止，所有被叫过的名字，填写进下面的《名字概览表》。（10分钟）

《名字概览表》

改编自埃里克森人格发展八阶段

发展阶段	心理冲突	我的名字（大名、小名、学名、乳名、化名、法名、英文名、昵称、绰号……）	主题
1 婴儿期 （0—1.5岁）	基本信任 VS 不信任		
2 早期儿童期 （1.5—3岁）	自主 VS 害羞和怀疑		
3 游戏期 （3—6岁）	主动 VS 内疚		

（续）

发展阶段	心理冲突	我的名字（大名、小名、学名、乳名、化名、法名、英文名、昵称、绰号……）	主题
4 学龄期 （6—12岁）	勤奋 VS 自卑		
5 青年期 （13—18岁）	自我同一性 VS 角色混乱		
6 初期成人期 （18—25岁）	亲密 VS 孤独		
7 成人期 （25—65岁）	生育 VS 自我专注		
8 成熟期 （65岁—）	自我调整 VS 绝望		

第二步：描写一个名字，这个名字曾经让我感到我的生活或者我的故事很重要。（自由书写5分钟）

第三步：描写一个名字，这个名字曾经让我感到我的生活或者我的故事根本不重要。（自由书写5分钟）

第四步：描写一个名字，这个名字给了我启发或者鼓励。（自由书写5分钟）

第五步：描写一个名字，因为我喜欢它的读音。专注于写下它的读音和由此产生的联想。（自由书写5分钟）

第六步：任意选定一个发展阶段，问自己：这个阶段中我印象最深刻的事件是什么？这个阶段中对我影响最大的人是谁？为什么？我怎么评价自己的这个阶段？它对我的意义是什么？（15分钟）

第七步：根据直觉，从《名字概览表》"心理冲突"一栏里面，挑选出三个看似与我最相关的词语。

第八步：造三个句子，每句话中至少包含一个刚才挑选的词语。

第九步：另外再造三个句子，每句话中至少包含一个前面步骤中描写的名字。

第十步：最后，问一问自己，我从书写中发现了什么文章的主题？这些主题可以是横向的，着重说明我的人生发展某一阶段的生活；也可以是纵向的，跟从我的名字一路延展而来；也可以是在横向与纵向交叉点上的。

【练习结语】

其实名如其人，如果发现自己更偏爱哪个名字，也许就发现了自己更期待成为那个名字状态下的"我"。

第 8 章

仔细聆听身体的声音

> 身体是我们最初认识的'我',一路走来事无巨细,都陪我在场,一起行动、一起感受、一起笑、一起哭。身体感官连通当下与过去,身体感官连通作者和读者。从身体感受出发,与身体对话,聆听身体的声音,发觉自我被遮蔽的思念、感受和愿望。

今天早晨,我在梦里,好像听到耳畔响起"嗨啦啦啦啦"的歌声,"嗨啦啦啦啦,嗨啦啦啦!嗨啦啦啦啦,嗨啦啦啦!社会主义好,社会主义好,社会主义国家人民地位高……"

这是儿时睡觉前,母亲总爱唱给我听的一首歌。在歌声的牵引下,我好像回到母亲身旁,看到她年轻美丽的面庞。她是乐观文雅的知识分子,精致的上海女人。即使在20世纪70年代,全国妇女一片灰黑蓝的时代,也穿着向阳花绵绸旗袍。母亲身上质地柔暖的旗袍,包裹我的皮肤,是世界上最温暖的怀抱。

不管长到多大,我的童年记忆都会沿着身体感官,如攀着慈母手中的线,在起心动念的瞬间,回到爱我的人身边。那些幼时通过眼耳鼻舌身意种植下的独特感受,蔓延流转,成为如今摇荡心头的思念。我好想赶紧写完这本书,回家看母亲,吃一碗年迈的她用颤抖的手做出来的阳春面。

身体感官连通当下与过去

我曾经有过一次很诡异的感受,在我去精神病院实习的第一天。

那是午饭后,我坐在病区的走廊休息,整个病房都安静下来,与上午的紧张喧闹形成强烈的动静对比。医生、病人、护士统统午睡了,我一个人坐在楼道里,大楼的通风很好,我深深地呼吸着带有医院特殊气息的空气,忽然涌起一股冲动——如果能在这里有个单间,每天吃饭、睡觉、洗澡、写作,该多好!当我意识到自己有这种想法时,大脑"嗡"的一声,像被电到了一样。"嗡嗡嗡"的音波在大脑中扩散。一股麻痒的感觉,从腰部沿着脊柱往上。后背似乎被一只手推动,身体一下子挺直,如同矗立在池塘中的荷叶。我怎么了?

我的第一想法是:"神经!想住进精神病院,说明是个精神病人?"接着,我开始小心求证:"我是不是一个隐藏的精神病人呢?我是披着实习生的外衣来住院的病人吗?"我感到自己心跳狂乱。但是此外,我似乎又出奇地灵魂安宁。在这个被"84消毒液"的特殊气味包围的地方,我有种回家的感觉。最后,我遥远的记忆被唤醒:小时候,母亲在家拖地的时候,每次都往水里滴几滴"84消毒液",因为母亲在医院传染科工作,这种工作上的要求,被她带进了家里。从小到大,对我而言,家的气味中,包含了医院的消毒水气味。而这种嗅觉的记忆,在我进精神病院的第一天,在放松下来午休的时候,被唤醒了。呼吸着带有医院特殊气息的空气,连通到童年家里带有医院气息的空气,让我冒出在这里吃饭、睡觉、洗澡、写作的念头,和以此为家的感觉。

当下的感官细节,是打开记忆之门的钥匙。身体陪伴我们从小一路走过来,连通我们的过去和现在,记忆就留驻在身体的感官细节里,尤其是嗅觉这一最古老的感觉,比任何事物都更能诱发情绪的记忆,召唤出童年之地的芳香。比如小时候冬天用热水洗脸后,我涂上的郁美净雪花膏的沁人芳香,以及饭桌上那盘香煎小黄鱼的诱人香味。

在任何一个我们曾经经历的事件场景中,身体都是在场的,在场的身体必然会有各种感受和反应,身体储存了那些感受和反应。其实从一出生,甚至在出生前,身体就已经在储存和记录自身的感受了。一个人当下的身体感受,可以连通他的身体记忆,然后回到他童年的身体感受和更多对与那时相伴的情感事件的记忆。

写作需要感官细节来做身体和心理的连接触点,记忆储存在感官细节里面,而不在抽象的概念里。感官细节作为身体的记忆,是你的写作可以深深信赖的起点,它比你的意识记忆更真实可靠,也更长久。找到这个写作的支点,就可以跟随记忆,让思绪自由流淌。

普鲁斯特在《追忆似水年华》中写道:"起先我已掰了一块'小玛德莱娜'放进茶水准备泡软后食用。带着点心渣的那一勺茶碰到我的上颚,顿时使我浑身一震,我注意到我身上发生了非同小可的变化。一种舒坦的快感传遍全身,我感到超尘脱俗,却不知出自何因。……那情形好比恋爱发生的作用,它以一种可贵的精神充实了我。也许,这感觉并非来自外界,它本来就是我自己。我不再感到平庸、猥琐、凡俗。这股强烈的快感是从哪里涌出来的?我感到它同茶水和点心的滋味有关,但它又远远超出滋味,肯定同味觉的性质不一样。那么,它从何而来?又意味着什么?在哪里才能感受到它?"

一块玛德莱娜小甜饼有何神奇之处,让普鲁斯特产生如此剧烈的反应?这块小甜饼唤起了作者的童年记忆。回忆如潮水般涌来,那灰色的老房子、乡间的小路、陈旧的教堂、路边的杂货店,都历历在目,亲切温暖。"当时只道是寻常"的片段,在回忆中变得不胜美好。由于感受到了一块小甜饼的味道,往事点点滴滴,涌上普鲁斯特的心头。感受到小甜饼味道的那一刻,因为他感性直观、细致入微的描写,被后人称为"普鲁斯特时刻"。

身体的感官细节连通了一个人的当下与过去,用现代脑科学的发现来解释,神经学家达马西奥强调,我们自我意识的核心在于我们躯体内在状态的感觉:"原始感觉让我们直接感觉到活生生的躯体,这是一种无须表达、不加修饰、直截了当的彻底的存在感。这些原始感觉反映了身体各种各样的感受……和快乐与痛苦的程度。而且,这些原始感觉起源于脑干而不是大脑皮层。所有的情绪都是原始感觉的变奏曲。"

创伤心理学家范德考克在《身体从未忘记》⊖一书中写道:"我们的感官在我们出生之前就开始塑造我们了。在子宫中,我们的皮肤感到羊水的流动,我们听见血液流动和消化道工作的声音,我们随着母亲的移动而颠簸。出生之后,我们通过生理感觉来界定自我以及自我和环境之间的关系。这一切都从感受到我们的潮湿、饥饿、饱足和困倦开始。刺耳嘈杂、难以理解的声音和图像不断刺激我们尚未开发的神经系统。即使我们获得了自我意识和语言之后,我们的身体感觉系统仍然时刻给予我们重要的反馈:沟通内脏感觉、面部和躯体的肌肉动作,强化痛苦和舒适的信号,以及产生食欲或性欲之类的欲望。周围发生的事情都会影响我们的生理感觉。看见我们认识的人、听见特定的声音(音乐、警报),或感觉到特定的温度变化,在我们思考和行动之前,我们的注意力已经在我们没有觉察到的时候转移了。"

他继续写道:"正如我们看见的那样,大脑的工作持续模拟和分析我们身上和周围发生的事情。这些分析会转换为我们血液中化学信息和神经电信号,让我们的身体和大脑发生或微小或剧烈的变化。这些改变通常在我们意识到达之前就发生了:大脑的下皮层区可以以惊人的效率调整我们的呼吸、心跳、消化、激素分泌和免疫系统。然而,这些系统在面临长期的威胁,甚至持续的危机感时,都有可能不堪重负。这解释了为什么创伤幸存者往往会遇到各种各样的躯体问题。"

⊖ 本书中文版机械工业出版社已出版。

身体记录了我们在成长过程中所遭遇的一切，包含身体的，也包含心理的创伤。写作会唤醒长时间沉睡的记忆，记忆中埋藏创伤，这些创伤以身体的形式，频频向你发出信号，而你无意识地忽略这些信号，或者压抑、扭曲。范德考克认为："忽略或扭曲身体信息的代价是，不能够真正地体会到危险与伤害，而且同样糟糕地不能体会到安全与丰盛。自我调节仰赖于你和你自身的友好关系。没有这种关系，你只能依靠外界调节——从药物、物质（例如酒精），或他人的反复保证，或强迫自己服从他人的意愿。"

写作是疗愈创伤的有效方式。写作治疗的四大工具之一自由书写，在觉察自我、修复身体方面非常有效。神经科学研究发现，当你的脑子里什么都不想的时候，通常你会把注意力集中在自己的身体上，这个默认状态激活了脑区，一起构成你的"自我"感觉。有过自由书写经验的人，会以切身感受同意这个发现。当我们什么都不想，只是脑子里面有什么就写什么地进行自由书写时，会经常写到自己的身体，对自己的身体有很多自我觉察，而这正是创伤治疗最重要的第一步——在身体上自我觉察。

只有与自己的身体友好相处，创伤才能够修复，而友好相处的前提，是在身体上的自我觉察。持续每天15分钟的自由书写，让你对身体的觉察越来越微细，帮助你注意到感官细节，并能够用文字将它们进行描述。写出来就是把痛苦由"附骨之疽"的状态扔到外面来了，你的痛苦暴露于外，你与往日的痛苦回忆有了距离，更加容易看清自己作为一个人的真实样貌。只要坚持自由书写，痛苦就会减弱，身体的病况也会随之改善。

身体当中住着我们残破的心灵，各种心理的创伤全部反映在我们的身体上面。例如患有哮喘病的人，往往成长在被限制的环境，被"窒息的爱"包围，没有自由的成长空间，身体以哮喘的症状来表达他压抑在内心的哭喊。我们的内心，都住着一个受伤的小孩，残破的感受是内心小孩的形貌。对身体感官的呵护和有意识地激发，是滋养我们"内在小孩"的绝佳方法。

写作治疗"入兴贵闲"的练习，要你静默独处，回避文字，去取悦自己，做自己喜欢做的事情，最好是童年时期非常渴望但是没有实现的那些事情，其目的就是重新滋养你的"内在小孩"，去修复她的创伤，让她快乐成长。因为身体感受联结你的童年回忆，所以你不妨直接对应身体感受去做练习，让自己闻一闻铁观音的芳香，看一看大海蓝天，品一品米酒的温润，做一做精油按摩来喂养你饥饿的皮肤。激发身体的感受，从当下通向过去，滋养内心的小孩，在创伤疗愈中能起到事半功倍的效果。

每天15分钟的自由书写和每周2小时的"入兴贵闲"练习，是重要的疗愈工具，认真去做它们，会极大地助力你疗愈心灵，写出作品。如果你忘记了，请务必捡起来，写作治疗是我所知道的最省钱和简便的方法，只做这些基本练习，就能带给你人生的改变。而你最奢侈的付出，就是时间和坚持！

身体感官连接作者与读者

真正感人的作品，让作者和读者相遇在感官细节的描写里，这些细节描写碰触到双方的身体。读者通过作者提供的感官细节描写来熟悉故事人物。如果你的写作给出了很多生动的感官细节，读者会一边阅读，一边在自己脑海里拼凑细节、整理想象，不断熟悉人物，经由自己和这个人物相遇。他不需要作者告诉什么概念性的东西，来得到关于这个人物的重要信息，读者把读到的细节自己慢慢拼凑，就能在内心逐渐描绘出一个人物的肖像。

当读者沉浸在一部作品中时，尽管他用头脑理解故事、思考含义，但其实他的身体也一直参与其中，会有许多无意识的反应，包括心跳、皮肤、肠胃、呼吸等，读者的身体会与作品中的内容产生镜子一般的回应。比如读到令人胆战心惊的场景，心跳频率加快；感到紧张的时候，有些喘不过气来；恐惧时汗毛竖立，看到血腥的场面时想要呕吐；当然最常有的，是读到悲伤的时刻，不由得潸然泪下。我小的时候读书读到感动哭了，父亲就说我："读三国落泪，替古人担忧。"

身体才是连接作者和读者的最可靠的桥梁，读者的身体器官会对作者写的场景产生相应的化学反应。现代脑科学和神经科学家经过一系列研究，解释了人与人之间何以有这种感同身受的能力。1994年，意大利科学家发现了一组大脑皮层中的特殊细胞，这些细胞后来被称作"镜像神经元"，研究人员发现，当我们观察或模仿他人的面部表情时，或者在预期他人会感到痛苦时，镜像神经元系统就会启动。这种生物学的倾向，通过磁共振成像技术已经被不断地观察到，我们不但可以模仿他人的动作，也可以模仿他人的情绪状态和意图，在自己的神经系统中复制他人的神经系统。这似乎是我们理解他人感受能力的核心。心理学家认为这种内在的镜映能力，是共情反应的神经心理表现。

迄今为止的研究表明："镜像系统与模仿、语言发展、共有情感、共情、痛苦的调节，以及对自身和他人意识的发展等有关。这些反应不依赖于刻意去理解对方，也不依赖于从认知上试图解释他们的处境，是一种相互不自觉的、丧失反思性的反应。"

镜像神经元系统与我们进入他人情绪状态的能力之间的联系，解释了读者阅读时会与作品同调产生身体反应的现象，有科学家将镜像神经元比喻为天然的"Wi-Fi"，也有人说是"主体间的复写纸"，总之人与人之间其实是通过大脑皮层的镜像神经元，发生像镜子一样的情感反应，在身体层面互相连接的。因而进行身体的感官细节描写，是获取读者共鸣的不二法宝。

要展示而非讲述

对于写作而言，关键是要"展示"而非"讲述"。展示的意思，是展现、显示。"示"的基本解释是把事物拿出来或指出来，使别人知道，"示"本身就要求给人看那些眼睛可以看见的东西。作者要调用读者的视觉，使之在阅读文字时仿佛看到一幅栩栩如生的画面，是读者亲眼看到了一幅《清明上河图》在面前展开，而不是听你讲述一个宋朝繁荣街肆的概括。

比如在《三国演义》第三十回《战官渡本初败绩，劫乌巢孟德烧粮》里，战争最困难的时刻，曹操听说深知袁绍家底的许攸来投奔自己，这简直是溺水之人抓到了救命绳索。原文这么写曹操的反应："时操方解衣歇息，闻说许攸私奔到寨，大喜，不及穿履，跣足出迎，遥见许攸，抚掌欢笑，携手共入，操先拜于地。"这段话用曹操一系列的动作："跣足出迎""抚掌欢笑""携手共入""先拜于地"，形象地展示了曹操"大喜"的心情，读者仿佛透过这段话看到曹操光着脚急切地跑出去，拍着巴掌像迎接胜利的曙光那样，迎接许攸到来的鲜活情境。

又比如《水浒传》中十分经典传神的第十回《林教头风雪山神庙，陆虞候火烧草料场》，我们都说林冲是被逼上梁山的，"被逼"不是"被激"，意思是说林冲并非一时冲动，激情失控上了梁山，而是思维冷静，完全清醒，最终无奈上的梁山。作者只有让读者切身感受到林冲的清醒冷静，才能体现出"被逼"的状态。施耐庵在写草料场被烧、林冲知道了真相、把陆虞候和富安都杀了这一系列场景之后，原文是这么展示林冲的清醒冷静的："（林冲）把尖刀插了，将三个人的头发结做一处，提入庙里来，都摆在山神面前供桌上，再穿了白布衫，系了胳膊，把毡笠子带上，将葫芦里冷酒都吃尽了。被与葫芦都丢了不要，提了枪，便出庙门东头去。"

彼时在林冲这里，只剩下造反上梁山这一条路可走，但是施耐庵没有写林冲马上什么都不管不顾，冲出山神庙奔赴梁山，而是对林冲的一系列动作做了具体的交代：插尖刀，把三个人的头发"结"做一处，提入庙里，摆在供桌上，再换白色的衣服，"系"了胳膊，带上毡笠，吃尽葫芦里的冷酒，扔掉被子和葫芦，提了枪，出庙门向东走。

这一段写得冷到极处，令人窒息，却是于无声处响惊雷。"结"头发和"系"胳膊，都是细致的手部动作，如果林冲的内心激动，手上发抖，是做不了这样的事情的，由此可见其冷静。而换了衣服，带上毡笠，喝掉残酒，扔掉被褥葫芦，则是明显地描写林冲在取舍，说明他的头脑清醒，完全知道接下来自己要什么、不要什么，把有用的都收起，甚至连一滴冷酒也不放过，把没用的丢弃。接着林冲"提了枪，出庙门向东走"。为什么他要向东走？因为草料场在城东，他向西走等于进城去自投罗网。作者通过这一系列的行为展示，让读者完全感受到了林冲的清醒冷静。

毕飞宇在《写作课》这本书里说："在美学上，说空话有一个专业的名词，叫'席勒化'，把思想性落实到艺术性上，也有一个专业名词，叫'莎士比亚化'。联系到林冲这个人物来说，如果施耐庵只是拍案而起、满腔热忱地'安排'林冲'走'上梁山，我们说，这就叫'席勒化'，'席勒化'有一个标志，那就是这样的作家都可以去组织部。相反，由白虎堂、野猪林、牢城营、草料场、雪、风、石头、逃亡的失败，再到柴进指路，林冲一步一步地按照小说的内部逻辑，自己'走'到梁山上去了，这才叫'莎士比亚化'。在'莎士比亚化'的进程当中，作家有时候都说不上话。但写作就是这样，作家的能力越小，他的权力就越大，反过来，他的能力越强，他的权力就越小。"

如果你在展示，就是让人物自己说话，作者的权力很小。而如果你在讲述，则是作者在不断说话，说出来的话，通常是一些头脑层面的评判，作者看似权力很大，实际上写作能力很弱。只有让人物自己说话，"展示而非讲述"，才能带给读者感同身受的体会和共鸣。

如何避免"席勒化"，做到"莎士比亚化"呢？你可以尽量少用形容词和副词，因为这些修饰成分通常只是在重复名词或者动词已经传达过的信息，比如"鲜红的五星红旗"或者"愉快地笑了"。用一个生动的动词或者更准确的名词来表达，效果可能更好，比如"在日落之后昏暗的光线中，他几乎看不见东西"可以改为"在黄昏中，他几乎看不见东西"如果用了更恰当的动词，副词通常都可以去掉，比如"那是一个十分热的下午"可以改为"那个下午冒着火焰"。

另外，要展示而非讲述，还要注意"展示"的时候一般使用具体名词，"讲述"的时候一般使用抽象名词。具体名词是可以用视觉、听觉、嗅觉、味觉和触觉的其中一种或者多种感受到的，比如尖刀、头发、白布衫、冷酒等，都是具体名词。具体名词可以让文字显得生动而丰富。抽象名词是只能用精神感受的，它是一种概念，比如冷静、清醒、美丽、罪恶、愤怒、困惑、爱等，抽象名词可能让文字显得枯燥无味。

如果你在写作时发现自己频繁使用抽象名词，比如"冷静"，那么不妨自问一下，怎样才能向读者展示这种冷静，而不是告诉读者某人很冷静？林冲杀了三个人之后，施耐庵通过具体的例子，一系列的动作，展示了他的冷静，这样就不需要使用"冷静"这个词了。

感官细节是写作的支点

无论是曹操的"跣足出迎"，还是林冲的"将葫芦里冷酒都吃尽了"，写作中"展示而非讲述"这个关键的核心，是感官细节。当我读到曹操光脚向外跑的情节时，我的脚底似乎也触碰到了地面，而当我读到林冲把冷酒喝得一滴不剩时，我的肠胃似乎跟着冷缩，但是心头又有小火苗燃烧。这些文字之所以感人，是因为它们连通了我们的感官。

感官指眼睛、耳朵、鼻子、舌头等身体器官，它们带给我们视觉、听觉、嗅觉、味觉、触觉等感觉。如果你能把自己故事中人物衣服的布料是粗糙的还是柔滑的、在海滩上吹风是凉爽的还是身体长出红点疙瘩、在沙尘暴里嘴巴尝到什么味道这些感官印象传递给读者，让读者在阅读时在脑海中同步生起，并且在阅读完结之后，还可能在脑海中停留很久，那么就说明你的写作成功了。

在写作当中，有时候你发现自己似乎被隔离在故事之外，"进不去"要讲给读者的故事里，这时你可以有意识地尽量接近自己的感官感受，将各种感官调动起来，引导你的读者和你一起进入一个感官的世界里，故事就会由朦胧找不到核心，变为具体可感了。

又有的时候，你清楚地知道自己心中整个故事的地图，似乎进出自如，但是缺少一个切入点，像钩子那样拎起所有的故事情节。那么调动你的眼睛、耳朵，回忆属于这个故事的气味，穿过时间回到往日，伸手触摸某件家具、某条裙子的纹理或者某个人的肌肤，感受那个感官的细节，并且把它们记录下来。以感官的方式重构场景，能为你提供很好的帮助。

但是初学写作的你，很容易有意回避感官细节的描写，因为担心自己写得太过具体会显得"私人化"而令故事失去"普适性"。这点你完全不用担忧。写作需要作者展示个性，你正是通过一些特殊的细节，向读者呈现故事的人物和你自己的。展示感官细节可以引领读者进入故事当中，而不像阅读较为抽象的文字那样无关痛痒、隔岸观火。

细节生动与否能产生真实鲜活的人物与刻板的人物之间的天壤之别，当然你要选择感官细节，不要给读者扔出一堆，要选择代表人物精髓的那一小部分细节，可以是某人的一种怪癖、头发垂在脸上的样子、一件衣服、独特气味、走路的姿势，等等，抓住一点细致描摹，就能让人物显得栩栩如生。

写作练习：我记忆中的厨房

【练习说明】

不管男女老幼，我们都有对厨房的记忆，那里放着的东西，远不止食物。你对童年时代厨房的记忆里，埋藏着你最熟悉的气味和情感。

【练习步骤】

第一步：请闭上眼睛，回想你第一次见到的厨房，或者至少是从孩提时代起，你记忆里印象最清晰的厨房。

第二步：厨房可以有门和窗户，但你的回忆不能离开这个厨房，要把自己局限在厨房内。

第三步：开始想象厨房的样子，慢慢地引出一个它的概况，然后注意越来越具体的细节：

- 这个厨房有多大？
- 窗户在哪里？窗台上有植物吗？
- 阳光照耀时，厨房需要开灯吗？
- 灯光明亮吗？灯的形状如何？
- 看一眼水池，里面有蔬菜吗？
- 家中常吃哪些蔬菜？分别是什么颜色？
- 冰箱放在哪里？打开冰箱，一眼看到什么？
- 厨房里有你喜欢用的餐具吗？它是什么样子的？
- 灶台什么形状？有在煎或者在煮什么东西吗？
- 闻起来气味如何？
- 厨房里有人吗？是谁？在干什么？
- 有人跟 TA 说话吗？
- 说了什么话？
- ……

第四步：尽可能地把这个画面记在脑子里，然后，缓缓地睁开眼睛。什么都别想，自由书写 10 分钟，写下你记下的一切。不要在意错别字，只管一路写下去。（10 分钟）

【练习结语】

写作会唤醒沉睡的记忆。做这个练习,将使你回想起许多不曾想过的情形,来重建或者修正脑海中的童年时代的厨房。很多情况下,厨房会在某一点上被你重新理解。通过理解厨房,你明白了自己身上某个长期的行为习惯来自于哪里。或许,它就是你的情结。

学员习作:《厨房的味道》

作者　曾亮

记忆中的厨房是一个小小小小的空间,只能放一个橱柜,大大大大的橱柜占了房间的三分之一,另外靠窗的那三分之一是一个挨墙砌的灶台,左边是洗菜洗碗的水台,中间是炉灶,右边是水缸。灶台用白色瓷砖砌着,看着倒是干净得很,但我就不喜欢它,邻居们用水泥砌的灶台就好得多,至少脏了也看不出来,而白瓷砖上的灰尘总是那么惹人注目,而我又是见不得那些灰,我怕它会跑进妈妈炒菜的锅里、水里。

妈妈做菜很好吃,每到吃饭的时候,邻居家的姐姐就常端着碗来我家蹭菜。而我,则常常在妈妈做菜的时候,偷偷用手夹刚做好的菜吃,两个手指捻着菜,半仰着头,咂着嘴,吧唧吧唧嘴地偷吃。妈妈每次听到声音,都会回头一顿大喝,我从来不怕被骂,屡骂屡犯。除了吃饭的时候,平时玩累了,偷偷打开橱柜用手抓菜吃那更是经常的事,至于橱柜里有没有蟑螂,我是从不考虑的,我在橱柜里见过蟑螂,也见过老鼠,可那又怎样呢?它们丝毫不影响我对橱柜里食物的贪婪。

在那个食物贫瘠的年代,橱柜是我的快乐,厨房是我的快乐。

第 9 章

我要我本来的样子

> 我的样子来自于人们的眼神,我的样子泄露我内心的恐慌。为了成为世上最可爱的人,我学会了七十二变,变得似是而非,变得面目全非,变得面具贴身无法剥除。写出来吧!我的样子是文字的倒影,我的文字流淌自内心的圣湖。袒露我昨日的疤痕,在书写中绽放成花。

前段时间见到中学老友,谈及我目前的状态。我说:"唉!写作最难受的地方,是我每写一本书,腰围都要增加两寸,已经从原先的一尺六,到一尺八,两尺,两尺二,两尺四,真担心写完手边这本书,我的腰围会增加到两尺六[一]……"老友眼皮一翻,问我:"你有过一尺六的腰围?我怎么没见过?"被她一问,我当下怔住。

回想起来,我自幼是个胖妞,生下来四公斤多的体重,一路长大,一路长肉,没有瘦过。我好像根本没有测量到过腰围一尺六。可是,为什么跟她讲述自我的时候,我会真的以为自己有过一尺六的细腰呢?这可不是牛皮吹破被抓个现形,而是真心以为自己曾经那么苗条,看来我对自己的样子的认知,与实际不符。与朋友交谈时,我把自以为的当成了真实,直到被追问,才意识到"腰围一尺六"是我内心关于自己的"自我意象",而并不是有数据支持的真相。

每个人的内心,都有一幅自画像,勾画出对自己的外貌、身体、性格、体能

[一] 一寸合 3.33 厘米,十寸等于一尺,一尺合 33.33 厘米。

等的认知和评价，是一个人对自我所刻画和认可的肖像，在心理学中被称为"自我意象"。自我意象有时在意识层面，有时在潜意识层面，一个人是通过自我意象去感知自己，又以这个感知到的自己与他人以及世界建立关系、确定行动的。

生活中，我们总会说"瞧你的样子"，所谓的"样子"，指的是这个人的相貌和精神气质呈现的总和。人有讨好的样子、顺从的样子、倔强的样子、傲娇的样子、吹嘘的样子、自以为是的样子、彬彬有礼的样子、小心翼翼的样子等各种样子。一个人外在的样子，取决于内心的自我意象，是自我意象向外的投影、自我的呈现。

相由心生的疤痕实验

自我意象决定了一个人对自我和他人的感知，影响这个人的言行举止、人际关系、认知行动等各个方面。有一个著名的心理学实验叫作"疤痕实验"。心理学家们征集了 10 位志愿者，把他们分别安排在 10 个没有任何镜子的房间里，并被详细告知了此次研究和实验的方法和目的：他们将通过以假乱真的化妆，变成一个面部有疤痕的丑陋的人，然后在指定的地方观察和感受不同的陌生人对他们产生怎样的反应。

心理学家们运用从好莱坞著名电影化妆师那里学到的化妆技巧，在每一位志愿者的脸颊上涂抹了逼真的疤痕。然后用随身携带的小镜子，使每位志愿者都看到了自己脸上的疤痕。之后，心理学家收走了镜子。接着又告诉每一位志愿者，为了让疤痕更逼真、更持久，他们需要在疤痕上再涂抹一些粉末。事实上，心理学家并没有在疤痕上涂任何粉末，而是用湿棉纱将刚刚做好的假疤痕和血迹彻底清理干净了。然而，每一位志愿者都被蒙在鼓里，依然坚信自己的脸上有一大块伤疤。

志愿者们被分别带到了各大医院的候诊室，装扮成等待医生治疗面部疤痕的患者。候诊室里，全是陌生人来来往往，志愿者们在这里可以充分观察和感受人们的各种反应。据报道称，实验结束后，志愿者们各自向心理学家陈述了在不同医院候诊室的感受。他们的感受出奇地一致。志愿者A说："候诊室里那个胖女人最讨厌，一进门就对我露出鄙夷的目光。她都没看看她自己，那么胖、那么丑！"志愿者B说："现在的人真是缺乏同情心。本来有一个中年男子和我坐在同一个沙发上的，没一会儿，他就赶紧拍屁股走开了。我脸上不就是有一块疤吗？至于像躲避瘟神一样躲着我啊？这样的人，可恶得很！"志愿者C说："我见到的陌生人中，有两个年轻女人给我的印象特别深，她们穿着非常讲究，像有知识、有修养的白领，可是我却发现，她们俩一直在窃窃地嘲笑我！如果换成是两个小伙子，我一定会挥拳将他们痛揍一顿！"

志愿者说了诸多自己的愤慨感受。他们普遍认为，那些陌生人对自己厌恶、粗鲁、缺乏善意，而且眼睛总是很无礼地直勾勾地盯着自己的伤疤。但是实际上，他们的脸上干干净净，没有丝毫疤痕！这一实验结果让我们看到，一个人的自我意象中关于自身错误的、片面的认识，能够多么深刻地影响和改变这个人对外界和他人的感知。

虽然事实上"疤痕"已经不在志愿者的脸上，在陌生人看来，他们的外表正常，根本不会因为外表而嫌弃他们，但是当志愿者自认为脸上有条疤痕，也就是在他们的自我意象中脸上有疤痕时，他们投影出的自己，是个脸上有疤痕的人，继而以这个"有疤痕"的样子，去感受自我和外界。外在的疤痕有形可见，而真正的疤痕在肉眼看不见的内心，导致他们对自我的感受、对他人言行的解读，以及对自己如何与外界互动，都充满了误解和变形。

自我意象投影出你的样子

自我意象决定了你外在呈现给人的形态模样，也就是你的样子，而你的样子，也会反过来强化你内心的自我意象。

比如如果在你的自我意象中，自己是一个不会讲话的人，那么在人际交往中，你就会表现出笨嘴拙舌的样子。你总觉得别人都口若悬河、闪闪发光，而自己一张开嘴就把场面变冷、尴尬无比。你总是倾向于搜集自己跟人交谈失败的信息，来强化自己笨嘴拙舌的自我意象，跟人交谈时显得焦虑、自卑、紧张，即使有时候成功跟人交谈，也被解释为偶然而忽略；对失败则有特殊的敏感性，一旦某次交谈失败，就会耿耿于怀，懊恼不已，将失败解释为必然，更加坐实自己不善言谈的自我意象。

人是按照自己的自我意象去行事的。然而不幸的是，人的自我意象中充斥着错觉和幻想，所以我们以此为基础去建立人际关系和开展行动，往往与本人的实际情况不符，有时候严重不符到荒谬可笑的地步。比如有些女人觉得自己的身体比现实中要胖，即使别人一再说她"没有那么胖"，她还是认定自己的样子就是胖，就是要去减肥。那些整容上瘾的女孩更加明显，旁观者觉得她的五官很精致美丽了，可是她本人知觉自己的样子有瑕疵，需要去修整，于是一次又一次地做整形手术。

明眼人一看就知道不对劲，但是他们自己，却几乎永远陷入虚假的自我意象，无法看清楚自身现实的情况。所以老子说："知人者智，自知者明。胜人者有力，胜己者强。"意思是能了解他人的人是智慧的，能了解自己的人是明白的。能战胜别人的人是有力量的，能战胜自己的人才是真正强大的。

疤痕实验还带给我们更多心理层面的思考。志愿者的疤痕不是天生的，而是被他人画在皮肤上的。其实，我们内心的自我意象，也不是天生的，而是伴随着你的成长过程，尤其是童年、少年期的独特经历，他人对你的评价和反馈，以及你的成功、失败、欢乐、痛苦、荣耀、耻辱等经验感受，而不知不觉中逐渐形成的。

比如，我家女儿现在在绘画方面，表现出非常自信的样子。她的自信来自于内心有一个确定的自我意象，即"我是有绘画才华的人"。中国轻工业出版社出版的《温尼科特与为人父母者的谈话：爸爸妈妈的贴心书》一书，封面即采用她的画作。可是实际上，不得不说，她从小并没有显示出绘画的才华，甚至在少年宫上绘画班的时候，还被老师劝退，通知她"下次不用来了"。但是作为父母，我们始终对女儿的绘画采取正向激励的态度。女儿每画一幅画，她的爸爸就细心体会画意，据此写一首诗给她回应，我也跟女儿认真讨论画法，肯定她的创意、胆识、审美、专注力，等等。父母的激励和反馈，陪伴女儿成长，她对绘画由胆怯、恐惧、焦虑、逃避，逐渐变得勇敢、积极、快乐、投入，画得越来越好，获得的各种荣誉和奖励越来越多，人也越变越自信了。

女儿小时候曾经是自卑、胆怯的丑小鸭，十余年来在父母和老师爱的鼓励下，变成了自信、美丽的白天鹅。所以她关于自己是个"拥有绘画才华的人"的自我意象，不是天生的，而是成长过程中，根据他人的评价反馈以及自己由糟糕到美好的体验感受，逐渐成形的。

人的本性都希望被肯定赞赏，他人尤其是父母对孩子赞赏或是嘲讽抑或忽略的眼神，都会直接影响孩子对自我的感受，让孩子觉得自己是美好的或是丑陋的，相应地在内心画出一幅对自己的画像，形成原始的自我意象。

如果一个孩子在成长过程中总被批评、贬低，那么就会觉得自己不够好、有瑕疵，丧失父母之爱的威胁让孩子非常恐慌，为了获得一个欣赏的眼神，孩子开始扭曲自己本来的面貌，来迎合他人的审美和评判标准。这样长大的孩子，外表的样子可能很讨好、顺从、阳光、完美，但是内心却感觉荒芜、空虚、抑郁，充满自我责备，有一个糟糕的自我意象。当生活不能表里一致，很多时候都像在演戏时，人生变得艰难痛苦，需要心灵救赎。

疤痕实验中的志愿者，如果能够照到镜子，看到自己真实的面貌已经没有了疤痕，那么对自我和他人的感受，都会完全不同。这块镜子既帮他照见疤痕消失的现实，同时也帮他擦掉心里的疤痕，修正内心的自我意象。所以镜子是非常重要的物件，帮我们看到自我真实的样子，认识我的样子，改变我的样子。那面心灵的镜子，你是否很少来照，已经落满灰尘或者扭曲变形？通过写作，可以擦拭镜面，修正镜框，帮你重新照见自我。重新照见自我的过程，就是用写作重建自我的过程。

写出脆弱活出真我

写作是擦拭心灵镜面的工作，尤其是书写你的脆弱感，写出那些你在生命历程中感受到羞耻、恐惧、无能的时刻和事件。那些都是自我意象中你的脸上留下、身上结痂的伤疤，其中饱含负性的情绪感受。对自我的脆弱性保持开放，努力接纳并拥抱这些负性感受，能帮助你克服羞耻感和恐惧感，修正自我意象，活出更真实的自我并与人建立更好的联结。

在《书写的疗愈力量》一书中，作者彭尼贝克介绍了来自加州大学洛杉矶分校的马修·利博曼（Matthew Lieberman）团队的发现："见到蜘蛛时，那些极度恐惧蜘蛛且接触时能表达自己恐惧的人，比仅看着蜘蛛而不表达的人能靠蜘蛛更近。把恐惧转变成语言似乎有一些保护价值。利博曼把这个过程概括化地称为'情绪标签化'，也就是把负面情绪变成语言，似乎能够弱化它对我们的影响。他们发现，大脑当中有一个部分叫作大脑前额皮质，它的功能是抑制人们的情绪状态。当大脑的这个部分被启动，会产生强烈负面情绪的大脑其他部分（如大脑中的杏仁核）就会关闭。换句话说，当你把大脑当中强烈的情绪体验转化成语言和词汇的时候，会促进大脑帮助自己管理情绪的能力。"作者进一步总结："当人们表露深刻的个人经历时，大脑的激活、皮肤电反应以及与释放体验相关联的外显行为都有即刻的改变。表露之后，人的血压和心率立即降低，免疫功能马上增强。在随后的几周甚至几个月后，心理和生理健康状况都会有所提升。"

写出脆弱感，能让我们身体更健康，更有勇气直面生活的真相，更有弹性地面对生活的挑战。写作的过程必然会触碰到内心的伤疤，世界上没有不疼的成长，怕疼、想逃离是自然的反应，但是经过这些疼痛，会像写作班学员胡滨说的那样："忽然觉得，过去的伤痛不再仅仅是伤痛，更像是为了成为今天的我，经受的训练和考验。这时我的书写不再是奋笔疾书，而是隆重地凝望，不再死磕，而是深情触摸那结了痂的伤疤。多次问自己'还疼吗'，当然疼！心疼自己，边写边淌泪……试着对着镜子中的自己笑，'你不是还在奔跑吗？'欣赏自己，用坚定的目光注视着自己，'经历也给了我克服困难的意志……'"

人的脆弱感除了恐惧，还包括羞耻感。羞耻感是暗藏心底的被洞穿感和无价值感，心理学家戴维分析了各类情感的能量等级，发现在所有情感里面，最伤人的不是愤怒、悲伤、恐惧，而是羞愧。它会影响你的方方面面——从自信心、自尊心、自我意象，到理解并共情他人的能力、经营亲密关系的能力、做好父母的能力，再到工作的能力、学习新事物的能力以及关心自己的能力。

因为这份羞耻感，你会给自己画出一幅糟糕的自画像，破坏对自己的评价，认为自己肮脏丑陋、低人一等、毫无价值、不值得被爱、不配与他人为伍、孤立无援。假如长时间受羞耻感的折磨，你甚至会失去自我，戴上面具掩饰，假装成亲和讨喜、自信满满的样子，但是同时也会厌恶自己、自虐甚至自杀。

除了自我羞愧，羞耻感通常和你对某个或者某些人的憎恨连在一起，也许正是他们当初的行为，才导致你感到深深的羞耻。当你写作时，这些你不屑一提的人忽然跳了出来，成为扎在胸口的一枚钢钉。你可以试着写出你的羞耻与脆弱，用这种方法，拔出胸口的钢钉。尝试描写一下你憎恨的这个或者这些人，首先在心里记住，对方永远看不到你写的这些文字。接着开始想象，如果对方看到了你对他的描写，会有什么样的感觉？把对方的感觉写出来。再接着，写一写对方让你羞愧的那件事情，设想如果一个陌生人读了这个故事，你会有什么感觉？

这时候你也许有些释怀，觉得原来无非如此嘛。但你也有可能否定自己的写作，在写作道路上的头号敌人——自我羞愧会跳出来折磨你，让你认为自己的写作毫无价值，根本就是在制造文字垃圾，赶紧全部删除最为妥当。但是另一方面，你又渴望表露自我，人类似乎天生就有要表达自我深埋心底的脆弱感的冲动，你知道放弃写作无异于一场流产甚至谋杀，杀死自我重生的可能。你在两种心态之间摆荡，也许会陷入痛苦和迷茫。

为了帮助你疗愈最具杀伤力的羞耻感，在本章末尾，我准备了一个对于童年羞耻往事的写作练习。写出你的脆弱，拥抱那个受伤后藏匿起来的自我，通过写作"执子之手，与子偕老。"

写作练习：我的单人照

【练习说明】

照片是你走进记忆、自我探索、发现真我的重要工具。
充实过去的记忆、说清楚与之相关的感受将使我们得以安心。
照片帮助你对屏蔽性或者扭曲的记忆进行修复，这种记忆的修复，是一个人自我修复的标志和途径。

哀悼你认为自己失去了的那部分自我。

【练习准备】

选一张你本人的单独照片。

它可以是一张你八岁时留着长发的，也可以是你十八岁时咧嘴大笑的……任何时间和场景的照片都可以，要选你第一时间想到的那张自己的照片。

【练习目的】

练习你对于本人照片的叙述。

要记住，读者对你一无所知，练习的任务是要让读者像你一样，了解这张照片的意义和重要性。

【练习步骤】

第一步：仿佛你只是一个随机选出的观众，看到一张对你个人而言没有任何意义的照片，用你所能想到的最客观的语言，去直接描述你的这张照片，写一段300字以内的话。（10分钟）

第二步：试着用6—12个字写一个标题，阐明一个陌生人从照片上可以解读的内容。（5分钟）

第三步：作为照片中的本人，去描述你自己。（10分钟）

- 那一年我_____岁；
- 那时我长得像_____（一位演员或明星人物）；
- 那时的我是_____颜色的，是_____气味的；
- 那时我对人生的期望是_____；
- 那段时期，我的人生正处于_____；
- 那段日子，我把大部分时间都花在了_____上；
- 我对那段时光最留恋的是_____，最不愿回首的是_____；

- 今天我本不该拿这张相片的，因为_____；
- 今天我应该拿它给大家看，因为_____；
- 如果把这张照片放在我的回忆录里，它将被放在_____的地方；
- 如果现在走在街上，我与照片中的"我"擦肩而过，或许我会对TA说_____；
- 如果现在走在街上，我与照片中的"我"擦肩而过，或许我会对自己说_____。

第四步：试着用6—12个字写一个标题，从本人的角度，阐明这张照片对你而言有何意义。（5分钟）

第五步：同样是这张照片，有时候作为当局者与旁观者看到的内容大致相同，有时候则大相径庭。大致相同说明内容清晰明了，大相径庭则包含了许多。很可能你已经碰触了那些你知道、只是自己还没有意识到的事物。自由书写300—400字，让与照片主题相关的那些记忆、情感、理解和领悟，此刻伴随你的书写流淌出来。（10分钟）

第六步：给刚才写下的第一段300字加上开头"我曾在陌生人的眼里是……"；

给第二段描述加上开头"我曾在我的记忆里是……"；

给第三段300字加上开头"实际上现在看来我是……"；（10分钟）

最后，以当下写作者的视角，给你这篇近千字文章拟一个标题，全面真实地介绍你自己。（5分钟）

【练习结语】

照片是文字的有力补充，一张照片，胜过千言万语。

写作练习：那些曾经羞耻的童年往事

【练习说明】

羞耻的记忆持续地影响一个人的生活。对耻辱和缺乏能力的记忆，特别是发生在童年后期（6—12 岁）的，对人来说尤其痛苦。童年后期痛苦的记忆通常代表了痛苦和冲突事件的浓缩，涉及感到弱小、不被人爱或被羞辱的痛苦。这些记忆作为精神结构，持续影响你的生活。这个练习揭示出你先前不曾留意或不曾理解的自我的某种人格特质。

【练习步骤】

第一步：写一件曾令你感到十分羞耻的事情，发生在 6—12 岁，尽量客观，仿佛你在描写另外一个人。搜集具体细节，越多越好，甚至是起初看起来毫不起眼的细节。（10 分钟）

第二步：写完后，问问自己："这件事情为什么如此令我伤心？我为什么记住它？"看一看自己写的内容，是否能联想到那段时间对你的生活产生影响的其他因素。（10 分钟）

第三步：列出此后生活中发生的一系列承载了和这段回忆一样的情感主题的事件。它们与你现在的生活是否有联系？写下这些联系。（10 分钟）

第四步：哀悼。发生在自己身上的事情已经无法改变，伤害已经造成，无法挽回，没有人能对你当初遭受的羞辱以及因此产生的痛苦给予补偿，即使有人道歉也永远太晚且太少了。写下你的悼念，不断地以"我记得……"这个短语开头。（10 分钟）

第五步：改变生活的权力掌握在自己手中，不要逃避个人发展的责任，至关重要的是现在能做什么。写下你的行动计划。（5 分钟）

第六步：羞耻对自我发生作用时，往往起到了娱乐周围人的效果，你看起来像个傻瓜或者白痴，令他们捧腹，虽然自己哀伤。现在在曾经的羞耻事件中，找到一些幽默的东西，使当下的你和事件中的自己产生距离，帮助自我找到戏剧性的亮点，使自己给那个羞耻赋予意义。（5分钟）

第七步：通过写作会使自己受益匪浅，可以表达悲伤并获得理解。分享自己写下的内容。

【练习作用】

1. 与羞耻和解的最佳方法，就是自己主动把这件事情变为一桩趣谈，发展出"幽默"的防御机制。
2. 让处于静止状态的记忆活动起来，以重新理解自己试图忘记或歪曲的事件，有助于改善一系列强迫性重复的人际互动。
3. 拥有一篇文章的素材，这篇文章可以精确地描述出在你的一生当中产生过重要影响的核心主题、思想或情感。

【练习结语】

回忆的动人之处就在于可以重新选择，可以将那些毫无关联的往事重新组合起来，从而获得了全新的过去。——余华《在细雨中呼喊》

学员习作：《羞耻》

作者 青萍

第一步：

大约是小学三年级的时候，同桌男生是一个矮小、相貌非常丑陋的人。他父亲绰号"癞蛤蟆"，他长相很像他的父亲。不知为何，他对我总是充满敌意。

有一天上午，我似乎听到他和几个男同学在议论我。然后他回到座位，声音不高不低，对我喊："淫妇"。我问他为什么这样喊我，他说有一天他看到我跟一个男孩在田沟里搂在一起。

我惊呆了，回忆我是否真和一个男孩有这样的事。我不知道是否真有这样的事，但我认为也有可能是我和一个男孩打闹的时候，我们摔倒在田沟里。这件事是否确定发生过，在当时我不能确定。但是在此后的几十年里，我和一个男孩一起摔倒在田沟里的画面，无数次出现在我的脑海里。

从那天起，班上一些调皮的男生就对我喊"淫妇"。我知道这个词无比羞耻的含义，但我不知道应该向谁申诉。我觉得老师不会管我。如果我告诉父母，父母一定会说："你不惹人家，人家怎么会惹你？你也不是个好东西！"因为父母曾经这样对我说过。

有很长一段时间，我不敢去上学，也不敢不去上学。因为不去上学，妈妈就会责问、呵斥。我特别特别想让自己从所有人的视野里消失。

高二的时候，这个骂我的男生因为强奸幼女罪，被判刑10年。

第二步：

虽然很可能只是一个男生的恶意捏造，但被几个男生议论，他们每天这样侮辱性叫唤。当时我特别害怕被所有男生这样一直叫，叫到自己小学毕业。因为有一个女同学有"屁团长"的绰号，人尽皆知。

同时也认为自己真的不是一个很好的孩子。似乎自己不好的事现在被很多人知道了，暴露在光天化日之下。

而且害怕此事被父母知道，成为他们之后羞辱我的新借口。

直到今天，我可能已经从同学的伤害事件中解脱，认为这不是自己的错。但父母的认可和接纳，也许一直没有得到，可能这仍然是一个影响自己的因素。

第三步：

我记得你的羞耻，无比的羞耻

我记得你的惶恐、绝望

我记得你害怕，害怕到不知道怎样表达，没有哭，从来没有哭

我记得你要上学的时候，天空突然变得阴云密布。快到学校的时候，不敢去，不敢进到学校

我记得你怕见到那个丑陋的癞蛤蟆一样的男生，看到他丑陋的脸，还要跟他紧紧挨着坐同桌

我记得那些跟他在一起的男生，一个个都变得非常可怕

第四步：

初中、高中的时候，我在学校表现很好，但并不快乐。陆续有同学入团，我很羡慕。后来我有了入团的机会。学校派人到村里"外调"。接待"外调"的人是我一个女同学的父亲。女同学的父亲说，我不同意她入团，她好吃懒做。

后来我听同村人说，女同学的父亲说："我的女儿都没有入团，贫下中农的孩子都没有入团，怎么能让她入团？"

从此我没有再要求入团。我害怕又去"外调"，又遇到她的父亲，又让我"好吃懒做"的德行让学校的同学和老师都知道，成为笑柄，破坏我平静的校园生活和安宁的心境。

大学的时候，有男同学喜欢我，假期要去我家。我不愿意别人去，怕别人知道我在家过的是怎样的生活。后来有一位男同学不期而至，在我们家食宿一晚。我记得当时妈妈拿了花露水洒在床褥上，为他准备床

铺。"花露水"这一细节，令我深为羞耻。这是我至今记得的这件事的唯一细节。

第五步：

重新审视这些事件的细节，不要回避。

在写作这些细节的时候，已经有了不同于以往的视角，有了新发现。

也许平静看待事件中的每一个人，会发现每个人都有不得已的苦衷。他们当时并不是有意要伤害我。我在当时没有错，但也没有更好应对事件的能力。

第六步：

也许是那个男生内心邪恶，也许是我太有吸引力了。

"好吃懒做"是人的天性，即使我真的"好吃懒做"，也没有什么。

那个男同学也许对"花露水"同样印象深刻，并把它理解成受重视、受欢迎、受到用心招待。

第七步：

这是令我深为羞耻的事情，尤其是第一件事。我没有告诉过任何人，虽然事件中我毫无过错，但是它们成为我说不出口的羞耻和包袱。当我按部就班地写到最后的"幽默"部分，真的，真的，我就这样把它放下了！

（半年后作者的话）

今天重读一遍，冲击力没有当时那么大了。只有亲身体验过，才知道尘封未处理过的创伤，对人的影响有多大。哪怕我已经这么大年龄，有心理咨询师资格证，生活中经历了太多创伤，有些比这个大得多，但经过这个写作治疗，我才能把它说出口，然后真正放下。真的非常谢谢你，黄老师！

第 10 章

弥合我深深的创伤

> 有多深的爱,就有多深的伤害。也许是瞬间巨变,也许是长久逐渐,时间在创伤处断裂,表情在剧痛中凝固。弥合这个断裂,连接前后事件,往事浮现,如洋葱层层剥落间,泪湿衣襟。

我有两个姐姐,分别大我 9 岁和 11 岁。自小我就听二姐说,在我出生之前,大姐经常拉着她一起祈请上苍,一定要让妈妈生个女孩。因为"如果妈妈生个弟弟,我们两个就惨了,所以千万要生妹妹啊!"听说生下我后,爸爸的反应非常沮丧,而姐姐们十分高兴,积极地伺候妈妈,照顾妹妹,兴高采烈,任劳任怨。

聪慧的大姐看明白了一切,在重男轻女的社会,爸爸妈妈已经有了两个孩子,现在再要一个,一定是想要男孩,那么这个男孩的出生,就是她跟二姐好日子的终结。所以那时生下来的我,如果是个男孩,就是姐姐们的创伤,然而是个女孩,于是大约成了父母的创伤。由于后面没有弟弟,我以父母最宠爱的幼女身份成长,人生经历中没有受到太多重男轻女的创伤影响。但是在中国这个有男尊女卑传统的国度,有这种创伤的女性实在是数不胜数。

2019 年 7 月我新开了一期写作小组,在跟每位申请入组者面谈后,我惊讶地发现,有超过三分之二的学员都是弟弟的姐姐,在她出生之后,父母继续造人,直到生出男孩为止。一个女孩是父母在要生男孩的道路上不合格的产品，所以在计划生育年代，她可能被寄养，不允许叫爸爸妈妈，只能跟祖父母生活；而父母成了"超生游击队"人间蒸发，忽然有一天抱着弟弟回家了，因为违法超生家徒四壁……更不用说父母对弟弟和自己完全不同的对待方式，这些童年养育性的创伤，是她们普遍的成长经历。

在写作小组里，我的另一个发现，是我们的组员往往是家族中最有出息的孩子，她们是全村第一个大学生、家族中学历最高者、年迈父母生活主要的经济支持等。她们追求卓越，十分优秀，似乎在家族顶天立地，然而内心是个哭泣的小孩。她们不约而同地选择了写作治疗，令我十分感动，能够陪伴这批生命力旺盛、自强不息的女性共同成长，当她们的老师，我深感荣幸！

创伤的症状和分类

所谓创伤，在心理治疗中一般指对出乎意料的、难以承受的暴力事件，或是对当时无法完全理解但日后不断以闪回、梦魇或其他不断重复的方式进行回顾的事件的反应。

美国心理学家凯西·克鲁斯说："创伤描绘的是对于突如其来的灾难性事件的一种无法回避的经历，其中对于该事件的反应往往是延宕的、无法控制的，并且通过幻觉或者其他侵入方式反复出现。"由此可见创伤包括两个部分：首先要有一个创伤的事件，它突如其来，充满灾难性，并且令人无法回避；其次是对事件的反应，这个反应表现为记忆，非常复杂，往往是延迟的、无法控制的、反复出现的，其出现可能是通过幻觉或者其他方式。

在美国《精神疾病诊断与统计手册》第 5 版（DSM-5）中，对于创伤和应激障碍（PTSD）的诊断中，列出创伤事件发生后 4 种核心的症状。

1. 重复体验。创伤事件发生后，存在一种或多种与创伤事件有关的重新体验症状。
   - **记忆**。对于创伤事件反复的、非自愿的、侵入性的痛苦记忆。
   - **噩梦**。反复做内容或事件与创伤性情感相关的痛苦的梦。
   - **解离性反应**。闪回，好像突然一下重新回到创伤的情境，个体的感受和行为反应，好像这个事件重复出现了。
   - **线索**。这些线索能够产生刺激，只要类似于或者象征了创伤事件的某个方面，包括内在线索和外在线索，就会产生显著的生理反应、强烈和持久的心理痛苦。
2. 回避。所有跟创伤有关的，无论是内在痛苦还是外部提示，能够回避的都回避。
3. 认知、行为、情绪、人际的改变。包括遗忘、负性信念或归因、负性情绪、对人疏远。
4. 警觉性。过分警觉、风声鹤唳，容易激怒等。

创伤有狭义和广义的区别。上面说的由一个事件引发的创伤是狭义的，它属于偶然和突然发生，时间很短，强度巨大。这些事件有属于小范围的，比如车祸、溺水、性侵或某一次犯罪事件等，也有属于大范围的天灾或是人祸，比如历史上的大洪水、战争、大屠杀等。而广义的创伤并不仅指单一的事件，一个人在整个童年养育环境中，被家人忽略、虐待、抛弃、贬低、冤枉等都是创伤。这种创伤事件的强度不大，但是它是漫长的，这种创伤的治疗难度，比狭义的突发事件带来的创伤通常要更大。

在中国，既有大的创伤事件比如自然灾害、地震洪水等，也有不利于孩子成长的家庭养育性创伤，像粗俗的母亲和暴躁的父亲，父母整天吵架等。我的老师吴和鸣认为"创伤其实造成了一种中断和断裂，造成了我们平常生活的一种中断。我们要去弥合这个断裂，把前面的故事、现在的故事和未来的故事连接起来。"

父母吵架对于子女来讲，就造成了一种平常生活的中断，子女完全被父母的吵架吸附过去，自我感受极端地无能、沮丧和绝望。子女也许像一位豆瓣网友说的："不知道为什么，每次父母吵架我都会哭。"也许会想方设法阻止父母吵架，逗大人开心。不管做什么，这个时候的他们都无法继续原本的生活和心情，无法自然而然地做自己了。

例如，上周末我和朋友们吃饭，饭前刚和父亲通电话讨论父母住院的事情，我的心情十分恶劣。饭桌上一位朋友跟我说话时，我粗暴地回应了一句"不知道"，我虎着脸的样子看起来像极了要吵架。那时在座的除了几个朋友，还有两三个她们的孩子。我觉察到自己的失礼，跟对方稍微解释，大家于是继续吃饭。

饭后，大人们掏出手机刷微信，孩子们玩起了游戏，而一位朋友的十一二岁的女儿，却悄悄地坐到我的身旁，笑嘻嘻地对我说："阿姨，人在不高兴的时候要笑一笑……"她扮鬼脸逗我开心，直到看到我的嘴角上翘，她似乎才放下心来。为什么这个孩子在饭后不去玩自己的游戏，而要来逗我开心呢？

显然从我那句粗暴的"不知道"开始，她正在吃饭的正常生活就产生了一个中断，她的内心有了一些反应，我感到这个孩子心中家人吵架的创伤被激活，那种待在吵架现场的感受让她极不舒服，一定要做些事情让我开心，我开心了她才能安心，然后才能回到自己的世界，玩自己的游戏。在这个互动里面，孩子因为大人"吵架"而造成自己日常生活的中断，不能安心做自己而要优先去照顾大人的表现，可以看得十分清楚。

我当时回应她说："宝贝似乎努力在让阿姨开心，谢谢你，不过阿姨的不开心，不是因为宝贝做错了什么，而是因为自己家里发生了一些事情。大人的糟糕情绪很多时候与孩子无关，并不是孩子做错什么大人才要吵架的，是因为大人自己遇到了烦心事。你不用照顾我的。"我在向她讲述当下的故事，让她明白我的情绪与她无关，希望她能够安心做自己。当时如果有时间，我还可以让她讲述前面的故事，譬如问她："刚才看到阿姨不开心，宝贝想到了什么？"这个时候她记忆中家人吵架的场景会逐渐浮现，把过去的故事讲述出来，然后和现在的故事乃至未来的故事连接起来，这就是在做创伤疗愈的工作。当然这个工作要在专业的心理诊疗室中进行，所以我跟孩子的交谈到此为止。

你的写作，正是把过去、现在、未来的故事连接起来以弥补创伤造成的断裂的工作。创伤治疗专家巴塞尔·范德考克在《身体不会忘记》一书写道："与他人在一起时感到安全，可能是心理健康最重要的方面。想拥有有意义和令人满意的生活，安全的连接是至关重要的。"弥补断裂也即重建失去了的与人在一起时安全的连接。想要建立这种连接，范德考克说："神经科学研究表明，我们唯一能改变我们感觉的方式，是通过了解我们的内在体验，并学习如何以恰当的方式与自己内心正在发生的事情相处。"写作正是了解我们的内在体验，并且连接我们的过去、现在、未来的有效方式。

而建立表达性书写范式的彭尼贝克研究的起点，即来自于对书写创伤经历的实验研究。他让两组被试，一组写创伤经历，另一组写肤浅的或者无关的主题，研究结果显示："比起写肤浅主题的人，那些围绕创伤经历书写内心最深处的想法和感受的人，其免疫系统的功能有所提高。虽然这种效果在书写的最后一天才凸显出来，但是这样的效果能够在研究结束后的六周内得到维持。此外，我们之后再次观察那些书写创伤经历的人，与那些书写一些琐事的人相比，他们因疾病到健康中心就诊的比例降低了。"

创伤的后现代叙事

古今中外一直不乏写作创伤的作品，像中国古典名著《红楼梦》《桃花扇》，一个写出家族破败的创伤，一个写了亡国之伤；中国近现代优秀的文学作品，无论是鲁迅先生的《祝福》《伤逝》《故乡》，还是张爱玲的《金锁记》，沈从文的《边城》，都在叙述创伤。

而全球在 20 世纪涌现出来大量的创伤叙事作品，与两个原因有关，一个是 20 世纪本身就是创伤的世纪，有两次世界大战、纳粹大屠杀、各种民族冲突和社会运动等。另一个原因则与弗洛伊德和精神分析的发展有关。

弗洛伊德是创伤研究的奠基人，他认为，"一种经验如果在一个很短的时期内，使心灵受到一种最高度的刺激，以致不能用正常的方法谋求适应，从而使心灵的有效能力的分配受到永久的扰乱，我便称这种经验为创伤。"他在 1895 年发表《癔症研究》一书，以创伤范式来理解癔症，以宣泄的方式来治疗癔症，这是他最早期的心理治疗模型。他甚至总结出了一套创伤发展公式：一个人早期的创伤，经由内在的心理防御作用，处于或长或短的潜伏期，后来被某些情境激发，导致心理症状发作，被压抑的创伤材料再现。

对创伤学的研究可谓精神分析的"传家宝"，其成就在全世界引起巨大反响，包括医学、心理学、哲学、社会学、文学等很多领域，都因之而发生革命性的变革。在欧美的文学领域，也出现了精神分析学视角的文学创作，这些反过来又推动了人们观察社会和透视人性，进而促进更多创伤叙事作品的出现。

美国在越南战争之后，许多参战老兵为了缓解战争的创伤，开始写作的生涯，他们有着亲身经历的创伤事件，试图通过写作，来理解创伤并探寻其意义。而在"9·11"事件之后，创伤叙事作品的创作在美国更加兴盛。

写作能够舒缓和疗愈创伤，作家莫言说："一个家庭物件的东西可以很快重建，但心灵创伤的平复需要非常长的时期。一个好的作品既能描写创伤，也要有疗伤的功能，通过对人心灵创伤的描写，从而治愈创伤。文学的重要功能不仅仅为描写创伤，而且能够成为疗伤的绷带。"

其实描写创伤这个行为本身，就是在疗愈创伤，在做疗伤的绷带。要治疗创伤，就要通过追忆创伤和发泄创伤来达到宣泄和平静。对创伤体验进行叙述，描写创伤，是治疗创伤的重要步骤。当然这种叙述要在安全的氛围中进行。

哈佛大学心理学家朱迪思·赫尔曼在《创伤与复原》[1]一书中说：创伤治疗的过程基本上有三个阶段，第一阶段给创伤者建立安全感，第二阶段恢复其记忆，使创伤者对发生过的事情进行哀悼和解脱，第三阶段建立新的人际关系和生活软环境，回到正常的生活状态。具体到写作创伤的实践，我将它分成五个步骤：

第一步：让自己独自待在一个安全的地方，保持放松。给自己一个安全的时间和空间，保证这段时间不会有人来打扰你。

第二步：进行自由书写，宣泄创伤的情感。自由书写首要的功能就是宣泄情感。而如果你坚持每天自由书写，你写出的文字将编织出一张大网，或者聚合为一个容器，在你的身体下面托举你、包裹你、抱持你，令你感受到极大的安全感。

第三步：创伤记忆浮现，描述创伤及事件。在自由书写的过程中，你的创伤记忆会逐渐浮现出来，而在此之前，你很有可能处于解离的状态。解离是创伤导致的非常重要的心理现象。它是一种精神上的逃离，人在现场，但是精神逃跑了，大脑一片空白。因为当创伤发生时，我们的大脑中只有杏仁核有反应，而通常"制造意义"（如理性思考、认知感受）的大脑皮层处于关闭状态。解离的特征体现为一个人总是走神，心不在焉。对于解离的人来说，整个外部世界是一种冻住了的、麻木的状态，各个知觉之间的联系中断了，人的记忆是碎片，不再是一个整体。解离通过牺牲心理功能的完整性，避免你去面对完整的创伤事件，以激起强烈的焦虑和痛苦，它破坏了你的觉察力。通过自由书写，你逐渐脱离解离的状态，感受到更真切的情绪和完整的客观世界。

---

[1] 本书中文版机械工业出版社已出版。

第四步：重复及修改。创伤的发生既是真实的，又是令当事人费解的，为了理解这个事件，创伤的当事人会一次又一次强迫性地回到该事件当中。因此要治疗创伤，不是一次书写就能见效。你需要一遍又一遍地通过记忆的方式"再现"创伤，继而描写创伤，写后修改，改后再写，不断重复写作与修改的过程。写作和修改的过程，就是疗愈的过程。这段时间持续三五年甚至更长。我们写作班中有遭遇车祸的同学，也有癌症手术后的同学，或者经历原生家庭成长创伤的同学，他们都在这个重复及修改的过程中获益匪浅。

第五步：接纳其混乱，后现代叙事。你可能发现无论怎么修改，呈现在你面前的文字都缺乏清晰的逻辑、混乱无序，它们永远成不了像《战争与和平》那样成熟的作品，这令你感到沮丧，加深自责。如果你觉得自己目前能写的就是这个样子了，那么就接纳这样的文字吧！其实混乱无序就是创伤叙事的特征。创伤的叙述者不负责向读者提供一个逻辑清晰完整的创伤故事。读者感受到的故事的广度和情感的深度，取决于他们自身贴近叙述者的程度。

你遭受了创伤，现在要把创伤写出来。你不用担心要跟读者说明，要让读者明白这件你实在是很难用语言表达明白的事情，和你的痛苦感受。你所经历的那些奇特的、令人难以置信的经历，真的没有办法让没有经历过的人同样知道。你不用担心读者不相信你，就像你不必费神让夏天的蝉相信冬天的雪一样。

创伤打破了自我，粉碎了一个人存在的整体性，给人带来极度的恐惧、失控、无助和毁灭感，创伤情境下以及创伤后，你的体验（包括闪回、人格解体、癔症、异化的感觉、认识错乱、强迫思维、梦魇等）本身就是混乱的。写作中叙事形式要为叙事的内容服务，形式是内容的体现和发挥，所以创伤叙事要表现这些创伤的内容，表现的重心就是混乱。在写作手法上，对创伤的写作以后现代叙事技术为主，主要有闪回、时空交错、拼贴、蒙太奇、意识流、黑色幽默、潜文本、元叙事、涂抹、延宕、梦语、醉言、疯语、自由间接引语、视角转换、语言游戏、戏仿、外来语、多重叙事、迷宫、开放式结尾等。

后现代叙事打破了线性叙事和因果逻辑的叙述常规，强调不确定性，文本是开放、未完成的，它依赖于读者的解读，需要"读者写作"。读者不再是信息的被动接收者，他需要主动参与创作，才能完成作品，并且理解作品。后现代叙事的代表作如 1957 年诺贝尔文学奖获得者加缪的《沉没》、1993 年诺贝尔文学奖获得者托尼·莫里斯的《宠儿》、英国作家安东尼·伯吉斯的《发条橙》，以及也许是中国读者最熟悉、也是我非常喜欢的英国作家伊恩·麦克尤恩的《赎罪》《星期六》等，这些都已是西方当代文学的经典作品。

综上所述，创伤叙事是后现代叙事。后现代叙事这种当今写作的重要表现形式，正是源于要体现人类普遍的创伤内容的需要。

创伤的本质就是不合逻辑，所以创伤叙事的本质也是反逻辑、反因果的。一个人已经遭遇了创伤，他写出来不是为了证明什么，而是因为创伤一直在影响他，让他内心不得安宁，他需要宣泄，需要把内心的那些东西吐出来。

写自己的创伤的作者，不用取悦别人，只需首先让自己好受，把自己内心那些东西如实表达出来，而阅读创伤叙事的读者，也不用要求作者的叙事合乎逻辑，给出一个完整的故事。逻辑性和完整性，正是在读者主动参与进作品的阅读、体会、思考、理解的过程中，读者给予作者的。创伤叙事是后现代叙事，不同于传统的古典叙事，需要读者主动参与，深度理解，而不是被动等着一个有头有尾、逻辑清晰的故事讲给自己。

创伤的代际传递

创伤代际传递的意思是说心理创伤会在一代人一代人之间传递下去。由林瑶、吴和鸣和施琪嘉合著的论文《创伤的代际传递》中，报告了对代际创伤进行的诸多研究。论文提到，代际创伤有两大基本特点：一个是创伤事件不仅会对亲历创伤的当事人产生深远影响，还会以某种潜移默化的方式继续影响其后代，即使是完全没有经历过这些事件，对事件一无所知的后代，也会受到影响，甚至是破坏性的影响；第二个特点是强迫性重复，创伤的模式会一代一代不由自主地像轮回一样地重演，其中强迫是动力，重复是现象。代际创伤的传递，主要表现在三个方面：症状、任务、自我身份认同。

◎ 以症状的方式传递

这个传递模式在现实生活中主要表现为一种命运模式的重演。比如说父母离婚，孩子也离婚；父亲家暴母亲，目睹家暴成长的儿子结婚后也家暴妻子；父亲是酒鬼，女儿也嫁了酒鬼，甚至于和酒鬼丈夫离婚，再嫁一次两次，后来的丈夫竟然也是酒鬼。在我的心理咨询工作中，看到若干位母亲，因为一些并不必要的原因，把幼小的孩子送到亲戚家里寄养或者干脆送去寄宿学校。仔细询问之下，我发现她们自己小时候就有被寄养的经历。

◎ 以任务的方式传递

主要表现为孩子把父母没有完成的愿望视为自己人生的重大任务，毕其一生努力去完成。比如一位脾气暴躁的妈妈，因为自己没能读书上大学而遗憾，于是她的女儿，就把考上大学作为自己的人生任务，似乎在妈妈看到大学录取通知书、展露笑容的那一刻，女儿才能开始做自己。

从家庭层面来看，创伤的代际传递是任务的传递。《创伤的代际传递》论文中提到：

幸存者后代接收到的家族任务不同，对创伤的应对方式不同。比较典型的任务有以下几种：

1. 修复父母。自觉承担这个任务的孩子将父母视为生命的全部，成为父母情绪情感的储存器，被迫处理父母无法消化的羞耻感、暴怒、无助和内疚等情绪（Fromm，2006），束缚在父母身边无法分化；

2. 雪耻复仇。无论是大屠杀还是其他集体性创伤，"受害者"的身份都蕴含着深切的耻辱与愤怒。亲历创伤性事件的受害者们大都忍气吞声、自轻自贱、苟且偷生。他们或者暴怒或者缄口沉默，耻辱、怨恨和无助的气息弥漫在整个家庭，诱使他们的后代代为表达或者改变；

3. 充当替代品。包括充当去世者和存活者的替代品，前者主要是替代儿童，他们的任务就是延续某人的生命，不断填补家人甚至整个民族的空虚（Kogan，2003）。'在这种传递中，父母或其他重要个体将来自于年长个体心理预先设计的自我或客体表征，寄存在一个孩子发展中的自我表征上。'（Volkan & Ast，1997）存活者的替代品是指不断地满足幸存者尚未完成的愿望，肩负着沉重的期望与压力；

4. 弥补重大的损失。幸存者常会觉得是自己没能阻止或造成了灾难的发生，这一方面与幸存者内疚（survival guilt）有关，另一方面可能会产生更多的过度补偿行为。如幸存者后代常见于社会工作者、身心疾病治疗者、育人工作者、律师等助人职业中（Wardi & Goldblum，1992）；

5. 保存历史、诉之于众。一些幸存者后代致力于追寻家庭的记忆，或投身于创伤事件的资料收集、出版发表工作中，具有保存家庭、民族历史的使命。

◎ 以自我身份认同的方式传递

主要表现在孩子对自己的看法上，比如父母认为自己是某个创伤事件的受害者，虽然那个事件已经过去，子女并没有直接受到事件的伤害，但是依然会认同受害者的身份。"受父母创伤影响的孩子过度认同父母的受害者角色，对父母的损失进行过度补偿，甚至成为逝者的替代品（Kogan，2003），这些都导致自我界限的缺失和模糊，以致孩子无法成为一个独立的个体。"

我母亲的童年是在抗日战争时期日本人统治下的上海度过的。虽然她是战争的受害者，而我并没有直接受到战争的伤害，但是我发现，我即便在生活平安无事，情绪不喜不悲的时候，也会有无名的忧伤袭来，头脑中会冒出一句话："你对我不好。"这种情况从小就有，然而我不明白为什么。

成为心理治疗师后，经过不断的自我分析，我发现它正是我母亲的受害者感受。在母亲的表述中是"日本人很凶"，而"很凶"的意思也就是"对我不好"。我认同了母亲受害者的身份和感受。"你对我不好"像咒语一样被封印在我的内心，当我忙碌混乱时觉察不到其存在，而当我平静下来时，体内的咒印就被感受到了。

了解父母的心理创伤

了解父母的心理创伤，会帮助孩子减少对父母的指责，开始理解他们。尽管了解父母的过程很困难，甚至相当痛苦，但是当你了解到父母过去更完整的故事，就能理解他们为什么会有现在的行动方式，也能够对自己的童年遭遇有更客观的态度。我们都从父母那里来，然而，父母又是我们"深知"却又从未曾全面了解的来处，父母身上有许多我们不理解的现象。比如，我就一直困惑：

"为什么在外面谈笑风生的父亲，看到我们姐妹饭后围着饭桌聊天就大为光火？"

"为什么母亲和父亲吵架时，会张口闭口说'你作为一个共产党员，难道不要……（诚实、谦虚、实事求是等）吗'？"

"为什么父母参加我的家长会后，会把老师批评同学的所有词语在我身上使用一遍，尽管有些根本与我无关？"

……

这些忽隐忽现的记忆，让我一直对父母迷惑不解，觉得自己受了委屈冤枉。一开始我还会跟他们辩解，后来发觉根本说不通，就不愿意再去解释，习以为常，变得麻木，只希望逃避跟他们谈到这些话题。可是，对父母的行为"习以为常"，下意识地认为"我父母就是这样"，会让我们难以意识到自己对他们的理解可能存在误区。

实际上，我们头脑中关于父母的童年记忆，是基于不完整的信息建构起来的。因为小时候，我们的认知能力还没有完全发展，对外部世界的认知有限。我们没有见过自己出生之前父母的样子，并不真正了解父母的出身背景，也不知道父母的人生经历了哪些重要事件，以及社会结构、政治氛围对他们的影响和压力，等等。

对父母的行为"习以为常"，会成为我们真正理解自我的阻碍。写作这本书的过程中，我从一个写作者的视角，破除这种"习以为常"，好奇地去询问父母，逐渐理解了他们行为的真实原因。

在我的童年期，父母正经历着人生中最紧张和恐惧的时期。看到我们姐妹叽叽喳喳他就紧张，所以想也不想就流露出焦虑，对我们发火，因为沉默是最安全的。

父亲多年积极要求入党，但是因为出身不好，屡屡遭拒，在他终于成为共产党员的那一天，甚至激动得流泪。所以父亲一直以共产党员的标准严格要求自己，母亲跟父亲吵架时也会拿共产党员的标准要求父亲。最近母亲给我打电话谈起父亲，还说"他作为共产党员就不能实事求是吗？"我听了觉得很奇怪，可是他们那一代人就是这么想的。

至于开完家长会总把所有的批评都在我身上重演一遍，反映了他们自己参加单位会议的情景。不管有没有错误，先自我批评，要把会场里所有人的缺点，都在自己身上狠狠批一遍，自己预先说到了，别人的批评大概就不那么具有杀伤力，才能有点安全感吧。

那时,"伯父在监狱里"这个信息,我们姐妹并不知晓,却是父亲的心理创伤。而信息的缺失,使得我对父母的理解,就像一幅不完整的拼图。只有了解了父母隐而不宣的创伤后,拼图才变得完整,我对父母有了心疼,父母这些年过得不容易。由对父母的心疼,我进而能够扩展出对所有生命有情的慈悲心,以及对人类命运的关怀悲悯。

写作练习:剪辑错了的故事

【练习准备】

拿出一张空白的 A4 纸,对折后撕成八片。

【练习步骤】

第一步:在第一片纸上,概述一个你记忆中曾经遭遇的创伤事件,最好是中等强度的事件,当时令你感到受伤,现在偶然还会想起,但是没有太超出你正常的生活适应能力。请尽情回忆,用吹牛的语气,将故事简单地写出来。(5分钟)

第二步:在第二片纸上,用 3 句话描写当时你对创伤的感受。(5分钟)

第三步:在第三片纸上,写下你当时所恐惧的对象的某一个细节,只描写人的一个身体部位即可。比如右手、眼睛等,不要只写"那双抓住我的大手",可以描述一下手掌的纹路、手指的形状、手背上的伤痕、指甲缝的污渍,一定要详细具体。(5分钟)

第四步:在第四片纸上,写一句你在此后经常听到的话。这句话可以是有意义的,比如父亲对你的道德教训"老老实实做人";也可以是一个无聊的话,比如邻居每次见你都说"又长高了"。可以是任何一句话,唯一的要求是,这句话你经常听到,已经在你的

"记忆银行"里封存了10年、20年甚至30年之久。不用说明或解释,只要写下这句话就行。(5分钟)

第五步:在第五片纸上,写下3个词语,主要是名词,或者带有定语的名词词组,这些词或词组之间没有任何联系。其中的任意一个词或词组都可以用来描述你记忆中的这个事件。比如:电话铃、医院、42码的鞋子。(5分钟)

第六步:在第六片纸上,写下任意3个你确实不知道答案的问题。(5分钟)

第七步:在第七片纸上,描写你最爱的一个家人,用"如果我的双手可以言语……"开头。想象你挚爱的这个人在温柔地看着你,告诉对方"当我们……时,是我人生最快乐的时光"。(5分钟)

第八步:在第八片纸上,描写一个你很熟悉但是憎恨的人,用"我最后一次和他说话……"开头。记住,你心里不想再见这个人,而这个人也永远不会看到你的这些文字。(5分钟)

第九步:完成以上步骤后,将卡片的顺序打乱,放在一起。然后在每张纸片的顶端写上数字(1—8)。并在第一张纸片上写上标题:"剪辑错了的故事"。

第十步:把它大声朗读出来,包括标题以及每一张卡片顶端的数字。

第十一步:你会为发现其中意想不到的关联和古怪的逻辑感到惊奇,同时也会发现一些在你动笔之前,可能根本没有觉察到的与家族回忆录相关的细节。现在,用深沉的语气,重新书写这个事件。(15分钟)

第十二步:最后,定义一个大的概念(鬼、人生、命运、性、死亡等),写下你认为对它真实的陈述。(10分钟)

学员习作：《我的妈妈》

作者　雪冬冬

不知道从什么时候起，有点没办法再频繁地跟妈妈打电话聊天了，这种情景大概是自女儿出生之后开始的吧。

前两天听课，老师说要对自己悲悯一点，让我们把曾经被人温柔相待的场景换成自己对自己。当我在内心想去寻找妈妈的温柔时，却发现，浮现在我眼前的总是妈妈那张怒气冲冲的脸；若努力去想，也是能找到她喜笑颜开的面容的，是看到我们考试成绩好的时候吧；记得考上大学后，妈妈常说，我考上大学，让她扬眉吐气了，再没人敢瞧不起她了。

长叹一口气，从来没有被温柔相待过的女子，在自己当妈妈后，想必也没办法温柔对待自己的孩子吧。

印象中的妈妈从来没有过温柔的那一面，几乎每天都是眉头紧锁，要么是怒气冲冲地干着活，要么是边骂人边干着活……

印象深刻的一次，我初中时吧，我和姐姐两个人在家，我在沙发上看书，妈妈下班回来，挥舞着扫把就开始扫地，边扫边骂，我实在受不了，吼了一句："能不能不要这么上蹿下跳地干活，你想干就干，不想干就不要干。"这句话被妈妈记了很长一段时间，每次提起都愤愤不平地说我不帮她干活也就罢了，还说她上蹿下跳，这读书读得会骂人了。

妈妈是渴望学习的，对有文化的人有无限的崇敬，希望我们能努力学习考上大学，从而过上受人尊重的生活；常常听妈妈讲的她童年的故事是她小时候偷偷跑到哥哥上学的学校，站在门外听课，被姥姥发现，拖到山沟里一顿暴打，不许她再去学校，妈妈向姥姥求饶说："你别打了，我长大挣钱给你买糖饽饽吃，如果打死我，没人给你买了。"姥姥因此没再往死里打她。当妈妈看到我和姐姐不学习，就会气得要命，每次都会讲这件事，目的是想要我们珍惜这大好的学习机会，更加努力，然而我每次听完都只会增加几分对姥姥的憎恨。

妈妈要强，在我上大学时已经会认很多字，有时我甚至都忘记她没有上过学的事实。妈妈跟爸爸来到城市后，因为不识字，只能做一些依靠体力的工作，卸过煤车、当过车间工人、做过清洁工，还居然当过幼儿园阿姨；她努力工作，想让自己活得更体面些，想让周围的人看得起她。

可惜的是，她的要强好胜与爸爸的浪漫、好玩、懦弱又使得他们的婚姻充满艰辛与矛盾。妈妈喜欢爸爸，也依靠爸爸，但是却不知道怎样表达对爸爸的爱。记忆中，他们不是在战争状态，就是在酝酿战争的状态；最悲惨的是，每年过年他俩必然来一场战争……

妈妈是善于拉拢我和姐姐对抗爸爸的，爸爸是警察，印象中他晚上经常跟朋友或邻居喝酒打牌，我和姐姐从小就被妈妈指使着叫爸爸回家，有时爸爸不愿意回，妈妈会把大门反锁，我经常在半夜被爸爸的砸门声吵醒。大概是经常看到妈妈的忙碌身影，加上妈妈总说爸爸的不好，我和姐姐自然与妈妈形成同盟军，对爸爸充满不屑与愤怒。直到我们自己结婚后，经历婚姻的大大小小冲突后，才发现爸爸并非如我们印象中那样。是妈妈把她想要我们看到的爸爸形象给了我，却不知，她给予我的这个爸爸形象对我影响有多深……

妈妈其实是很爱爸爸也很依赖爸爸的，但是她不知道怎样表达自己的爱的需求，一门心思地按照自己的方式去对待爸爸。她努力地干活不停息，自己省吃俭用，把好吃的让给爸爸吃，她努力地经营着自己的家和父母的家，不知道怎样表达自己的需求，以为自己的忍耐可以换来爸爸对她的感激和爱，确切地说，她可能认为感激就是爱。

可是，爸爸和妈妈各自需要的爱相差十万八千里，他们都一心一意地按照自己的方式来依赖着对方，关心着对方，折磨着对方……

待我和姐姐成人多年以后，姐姐说曾经问过妈妈，为什么她当年竟能用那么恶毒的话骂我们。妈妈面无愧色，振振有词地说，因为她当年经常被姥姥揍，很疼，我们小的时候，她每天很累但是没人帮她干活，还总受气，而我们也不懂事，因为不愿意自己的孩子遭受她那种被揍的痛苦，她强忍着不动手揍我们，但是又很来火，只能用恶毒的话来骂我们才解气。她也不知道那时候为什么有那么大的脾气……

多希望那些恶毒的词句没有进入当年的我们的心啊。

而我，只记得当年妈妈骂人是用很难听的话，骂的内容已经完全不记得；但曾经一次偶然被陌生人莫名其妙骂了一句"不要脸"，当时我站在那里目瞪口呆，一句话都说不出来，愤怒在心里排江倒海，久久不能平复……

姐姐记得妈妈骂的那些词，她说现在她已经没办法说出口，但是在生气时，居然也觉得只有骂出那些难听的话才能解气……

爱，是一个多难的难题……

我们一家人，爸爸、妈妈、姐姐、我，就像四只刺猬，距离近了会被对方刺伤，距离远了，老刺猬又会担心小刺猬……家中最小的刺猬，不顾一切地离开家，远离刺猬之家，却发现，他们之间永远有千丝万缕的联系，不存于意识中，必然存于潜意识中……

写作班学员琳彬写在雪冬冬分享《我的妈妈》之后：

妈妈，温柔的你啊，

是如此的倔强又真实，

像旱地里的一颗幼苗，

从不低下骄傲的头。

妈妈，温柔的你啊，

人生道路上的车辙，

写满了你的心酸和不易，

生活是那样美好，

又是那样无情地关上了通向美好的大门，

让你艰辛前行。

妈妈，温柔的你啊，

我看到那个细锁的背后，

期待拥抱的孤独。

妈妈，温柔的你啊，

我爱你！

第 11 章

我是谁

> 回望青山，万壑千川，我从哪里来？要往哪里去？我在哪里？逝去的、经历的昨日之日塑造我，未知、渴望的明日之日引领我。我是谁？此刻，这一碗榨菜汤，开得正好的勒杜鹃，说明我。

在我生活的城市深圳，初次见面，人们通常会互相询问"您是哪里人"。而深圳有一句最著名的口号，叫作"来了就是深圳人"，这帮助初来乍到的人迅速建立起"我是深圳人"的归属感，也给像我这种回答"我是哪里人"问题有困难的人一个暂时的回避性的答案。

"我是哪里人"这个问题，自幼困扰着我。虽然我在河南出生，在河南成长，父亲也是河南人，理所应当地应该回答"我是河南人"。但是，我的母亲是上海人。她年轻时支援内地建设，来到了河南。母亲思念家乡上海，跟我讲话时，从来都是口口声声"我们上海人"，似乎把我也纳入了上海人的行列。那么母女一体，我自然认同母亲说的"我们"，视自己为上海人了。

更何况，我户口簿上的"籍贯"一栏，填的也是"上海"。因为我出生时是计划经济的时代，政府对生活在北方的南方人有政策，每人每月可以多分配一定份额的大米。民以食为天，吃饱饭是头等大事，做上海人能获得珍贵的大米，为什么不做呢？

家庭影响和社会环境，都让我小时候响亮地说"我是上海人"。可是打脸的是，每次跟随母亲回上海探亲，我都明显地感到，在上海亲戚和邻居眼里，我根本不是上海人。我是乡下人！说自己是上海人，有热脸贴人家冷屁股的感觉。经过一次与上海邻居激烈争执我是不是上海人，并且受尽对方讥讽之后，我彻底斩断了对上海人的认同，从此绝口不言"我是上海人"。

不过，说自己是河南人，也并不容易。在中国许多地方，人们都对河南人有偏见。

我解决自己关于"我是哪里人"的问题，是在一次心理学学习的课堂上。

那次，我回家看望父母，顺便在郑州大学参加一个心理学工作坊。我父母是郑州大学的职工，大学的校园是我从小玩耍的地方。在最熟悉之处，听到耳畔的乡音，我异常清晰地感受到，我是和校园中的柏树一起长大的伙伴，是窗外等我下课的闺蜜的朋友，是这所大学一对职工的孩子；我说河南话，吃羊肉烩面，我是河南人。

最想念我的人在哪里，我就是哪里人。

撰写自我简介

在我们的写作治疗课中，一般第一堂课上，我会请学员撰写一段自我简介，告诉大家：自己是一个什么样的人？"我是谁？"我请学员在十分钟内，不假思索地填写回答下面十个问句：

1. 我的名字：_____
2. 我名字的由来：_____
3. 我的愿望：_____

4. 我愿望的由来：_____

5. 我的作品：_____

6. 我最喜欢的自己写的一句话：_____

7. 在什么方面，我十分擅长：_____

8. 在什么方面，我没法帮别人：_____

9. 如果我不说，没有人会知道我：_____

10. 我喜欢 / 不喜欢（二选一）自己，因为：_____

在学员写完之后，再请他们朗读自己书写的文字。通过聆听这些文字，我对一个人的表面信息和深层心理状况，都大致有了了解。

首先听对方介绍自己的名字，因为名字是一个人的符号表征，是个人的标签。有人对自己的名字满意，有人不满意，很多学员改了名字，会写下不止一个名字，写"我的名字"时，会接着说明原来的名字对自己意味着什么，为什么要改它。

接着听名字的由来。这个名字是谁给你起的？是否具有特殊含义？名字体现一个人来到人间，最先和基本的人际联结，名字里面饱含家族的期待，也表明你的背后一些重要的人际背景。在中国古代，介绍自己时需要报足三代的名字，就是不仅要报自己的名字，还要报父亲和祖父的名字，因为社会需要知道的不仅是你叫什么，更要知道你是谁的孩子，你是谁的孙子。某种程度上，它们已经定义了你是谁。

听学员讲述自己的愿望，通过愿望解读内在需要。人有了需要，就会采取行动满足需要。驱动一个人满足需要的动力，是本能驱力。弗洛伊德认为，本能驱力有两种，即性本能和攻击本能，一个指向满足愿望，带来愉悦，一个指向破坏满足愿望，带来毁灭。看你的愿望和现在的行动之间的协调性，可以了解你的内在驱力情况。听"愿望的由来"时，会听到你最重要的生命故事。它们发生在你的童年，对你产生至深的影响。

从你的作品情况中，可以了解你在幻想和行动之间的投入比例。大多数人都有很多幻想，但只有极少数人能够把它们变成作品，西谚说"上帝不会莅临于你，但是会莅临于你的行动"。光想产生不了任何作品，你必须亲自动手去做。

从"最喜欢自己写的一句话"中，可以听到你的价值观。

"在什么方面，我十分擅长"则表明了你的能力。

"在什么方面，我没法帮别人"帮我看清你的边界。

"如果我不说，没有人会知道我……"的背后，隐藏着你的秘密，这里有故事。

"我喜欢/不喜欢（二选一）自己，因为……"这一项，通过一个人对自己的喜爱程度，了解其内在自我价值的高低。一个不喜欢自己的人，在介绍"我是谁"时，经常充斥着自我贬低和自我责备。成长的关键，是有朝一日自己真心爱自己，让内心丰盛，对自己满意。你若盛开，蝴蝶自来。

通过撰写你的自我简介，你一方面向他人介绍了"我是谁"，另一方面，用文字展示出自我内在的心灵，意识到自我内在的情况，甚至看清命运正在以何种姿态将内在表现于外在。

形成自我认同

在古代，当一个人报足三代名字介绍自己时，此人就已经能够比较清楚地知道"我是谁"了。他在一个延续的家族系统中，可以扮演传统生活模式中单一的社会角色，有着可以依赖的文化背景、可以按照惯例遵循的价值体系、可以清晰排序的亲族关系。他以这些标定自身，人生最大的问题，不过是"不孝有三，无后为大"，至于"我在哪里""我相信什么""我的感受如何"以及"我想要什么"，都不会成为困扰他生活的重大问题。

到了现代社会，你脱离故土，到城市谋生。科技剧变，信息爆炸，情感模糊，混乱漂泊，工作场所和同事走马灯般变换，居住场所邻里间互不相识，社会现象惊悚奇葩，各类价值观冲击道德底线，你感到前所未有的自我认同挑战。你必须想明白"我是谁""我在哪里""我相信什么""我的感受如何"以及"我想要什么"这些问题，它们的答案构筑出你在这个纷纭的社会中，让自己可以安定生活的内心基地。

自我认同是美国心理学者埃里克森提出的概念。他认为一个人实现自我认同，标志着他已经找到了自我，在积极进取、先天禀赋和后天才干三者之间取得了和谐。这样的人"不仅确定了在人生各个阶段他应该关心什么，不应该关心什么，而且对于自己将要和能够关心的事已拿定主意。他把自己不能缩减的东西作为底线，并迈向只有他能够做到，因此必须去做的事情"。

1950年，在华盛顿召开的白宫儿童工作会议上，埃里克森提出人类生命周期的心理社会理论，认为人的自我意识发展持续一生，把自我意识的形成和发展过程划分为8个阶段，这8个阶段的顺序是由遗传决定的，但是每一阶段能否顺利度过却由环境决定，每一个阶段都有需要解决的冲突和具有的心理品质。假如此阶段的冲突不能得到解决，将会影响人一生的发展。

在本书第7章《我的名字》中，我分享了我创制的"名如其人"写作练习，这个练习融合了埃里克森所提的八阶段和你所有的名字，以八阶段为纬线，以你的名字为经线，经纬交织，网格状地展示出你的生命图景，帮你更深入地探索自我，更好地完成自我认同。

埃里克森自我发展八阶段理论：

1. 婴儿期（0—1.5岁）：基本信任与不信任的冲突

品质：希望

埃里克森把希望定义为：对自己愿望的可实现性的持久信念，反抗黑暗势力、标志生命诞生的怒吼。

2. 儿童期（1.5—3岁）：自主与害羞、怀疑的冲突

品质：意志

埃里克森把意志定义为：尽管有不可避免的害羞和怀疑心理，仍坚定地自由选择或自我抑制的决心。

3. 贪玩期（3—6岁）：主动与内疚的冲突

品质：目的

埃里克森把目的定义为：一种正视和追求有价值目标的勇气，这种勇气不为幼儿想象的失利、罪疚感和惩罚的恐惧所限制。

4. 学龄期（6—12岁），勤奋与自卑的冲突

品质：能力

埃里克森把能力定义为：能力是不受儿童自卑感削弱的，完成任务所需要的是自由操作的熟练技能和智慧。

5. 青春期（12—18岁）：自我同一性与角色混乱的冲突

品质：真诚

埃里克森把真诚定义为：面对价值系统的必然矛盾，坚持自己确认的同一性的能力。

6. 成年早期（18—25岁）：亲密与孤独的冲突

品质：爱

埃里克森把爱定义为：压制异性间遗传的对立性而永远相互奉献。

7. 成年期（25—65岁）：繁衍与停滞的冲突

品质：关怀

埃里克森把关怀定义为：一种对由爱必然或偶然所造成结果的扩大了的关心，它消除了那种由不可推卸的义务所产生的矛盾心理。

8. 成熟期（65岁以上）：整合与绝望的冲突

品质：智慧

埃里克森把智慧定义为：以超然的态度对待生活和死亡。

老年人对死亡的态度直接影响下一代儿童时期信任感的形成。因此，第8阶段和第1阶段首尾相连，构成一个循环的人类生命周期。

运用象征描述我是谁

要通过写作来回答"我是谁"的问题，你既需要叙述自我成长的故事，描绘关于自身的认知，得出某种结论，又需要开启抽象思维，运用象征去感受和升华自我。因为很多时候，你说不清、写不明自己是谁，但是举出一个意象，马上生动形象，跃然纸上。一个象征的作用，远远大于一长段文字描写，所以，我经常邀请学员不断书写下列关于自我的象征。

1. 我是_____颜色的，我看起来_____
2. 我是_____类型的音乐，我听起来_____
3. 我是_____植物，我闻起来_____
4. 我是_____食物，我尝起来_____
5. 我是_____汽车，我跑起来_____
6. 我是_____的鞋子，我穿起来_____
7. 我是_____动物，与我相处_____
8. 我是_____天气的人，让你感觉_____
9. 我目前像是生活在_____时期，完全是个_____

根据这些提示，你能打开自我的象征之门。关于"我是……"的疑问，你永远不可能有最完整的答案，但是如果不时选择其中一个句子开头，持续进行自由书写，你将获得对自我越来越全面的认知，以及关于"我是谁"的系列散文。

建设写作的心理空间

你得给予自己的写作足够的尊重，清理出一个属于自己的写作空间，包括心理空间、物理空间和写作时间。写作时间上，你最好通知身边亲近的人在某一特定的时段中请勿打扰，让这段时间独属于你的写作。物理空间上，你要有舒适的桌椅、好用的电脑、让自己心情愉悦的环境，最好有一间自己的书房。

心理空间上，要怎么建设呢？

◎ 动手写作前

放松，进入"虚静"的状态　写作先要有的是心的虚静。"虚"指去掉主观偏见，摒弃一切杂念，排除一切干扰，"静"指心不妄动。所以你需要放空和放松。在开始写作前，你会很焦虑，忽然想起要去处理什么事情，比如身体疼痛需要按摩一番，嘴里没有味道想吃点什么，想要吸上一根烟，或者想到中午的午餐怎么准备、有个约会要敲定等。不管怎样，把这些都放下，什么事都别干，好好坐在书桌前。另外，你对自己的写作会有很多预期，把这些也放下，让内心像放空的房间那样，等待文思自动涌现。在《让文字在指尖流淌：写作心理自疗课》这本书"入兴贵闲"一章，我详细解说了"虚静"。这里不再多讲。

解决"我能不能写"的自信心问题　写作道路上最大的敌人，不是别人，而是你内心的自我羞愧、自我评判和自我责备。强大的思维惯性，随时启动你的自我评判系统，让你无视现实地否定自我，对自己责骂不休，摧毁你的自信心。假如你根本不相信自己能写，那么你一定会不能写。你的自信心不是建立在妄自尊大的基础上，而是建立在你笃定地相信写作的根本在于潜意识的基础上。你只要保持放松，让潜意识流动起来，文字就会跃然纸上，如泉水喷涌。

而你的潜意识，不是今天才有的，它一直在你的内心，是你独特的人生素材。写作只是利用潜意识进行探索、发现的旅途。所以不用担心，你的那些经验、回忆和感受，都蕴藏在心里，只需要让它们流淌出来，就能够创作出作品。调动个人的记忆力和想象力，如实记录自我所感受到的一切就好了。

克服夸大信念，按部就班前进　你有一些夸大的信念，比如一出手就要搞定一切、一定要写出爆款或者最完美的作品等，这让你对写作过度焦虑，感到好像一旦写作，就必须启动洪荒之力。于是你变得难以开始，即使勉强开头，也不敢自由施展自己的创造力。而实际上，写作需要按部就班，从当下这一步开始，朝着正确的创作目标，日积月累去行动。

解决难以开始写的问题的方案只有一个——强迫自己待在书桌前，直接动笔写一个字、一句话、一个段落……放松地写，只要能在书桌前坐住，你就会有收获。

不要把名著当成作者的初稿去解析和模仿　动笔写作之前，拿一篇自己心仪的作家的作品，去分析和模仿，这么做，是在阻碍你的创作。

如果有人拿出名著或者示范作品来教你，你基本上可以把对方的解读当成作品评论，是正确但是无用的废话。因为这种解读忽视了一个基本事实——我们看到的作品开头，基本上不是作者真正写作时写下的文字，而是之后经过不断修改锤炼，放在开篇位置上的文字。其实你并没有见到真正的初稿，你见到的只是最终的成品。好比打麻将一样，作者的成品是和牌的那把牌，而初稿是抓到手的第一把牌，刚抓到手的牌跟和牌的牌不是同一把牌，在抓牌到和牌之间发生的过程，正是你需要进行的写作游戏。

◎ 正在写作时

只写真正感兴趣的东西 自我是创作的根基,只写那些你的自我真正感兴趣的东西。只有自己对此足够关注,读者才会关注。人类渴望沟通,世界上的大部分人对其他人和他们的故事都充满了好奇,所以你要有充分的自信,你当下最想说的话题,一定是你最容易吸引他人的主题。因为人类有好奇心,并且每个人都有自我独特的人生经历,所以应该把自己最想分享的东西确定为写作的主题。不要怕你的主题无聊,世上没有无聊的主题,只有没有想到的话题。

你在生活中刻意回避的事情,才是最基本的写作素材 如果你想到了什么,明明知道能回答得多一点,但是偏偏给出一个很短的答案,甚至是"不知道""忘记了"等,想一语带过、忽略它,那么说明你已经碰到了写作的源泉。你在生活中刻意回避的事情,才是你最基本的写作素材,越是你"不想多说"的话题背后,越是蕴藏着深刻的主题,那是你的困难、悲伤、难以启齿之事,是推动你写作的根基。

这个你要回避的事情触动了你,碰触到了你内心的最深处,把你引向渴望和压抑的交界处,那里既挂着"欢迎回家"的横幅,又贴着"禁止进入"的标志。这正是你无法放下又无法消化,渴望倾诉又恐惧提及的主题所在。

自由书写出来的文字价值巨大 一旦开始写作,首先要珍惜的,是自由书写的文字。只要主题是你真正感兴趣的,那么必定在你的自由书写里已经有所体现,甚至通常在自由书写的开头就是。你顺手抓住文字,或者让文字抓住你。你的自由书写文字就像是你的后花园,你在其中浏览,跟着感觉走,发现那株让你情感波动的"花苗",看到它准备怒放的潜质。然后再把它移植到你的花盆里,单独进行精耕细作。

初稿都是狗屎,不要轻易给人看 海明威说过:"任何作品的初稿都是一坨狗屎。"你无须为你的初稿不够出色而羞愧,尽管放松地写,把初稿写出来是最重要的，这是从无到有，从"0"到"1"的质变。让初稿喷涌而出，随心所欲地写，不要试图控制初稿，不要进行删改，哪怕它跑题。任由思绪引领着你，从一个想法自动过渡到另外一个，就像河流那样蜿蜒曲折，不断回旋。

但是你要注意，初稿尽量不要给人看！要给也只给最温和、最了解你、在你的创作过程中陪伴你的人看。因为初稿不需要任何批评、建议和夸赞，它只需要被写出来。假如你向写作经验较少或者过于严厉的评论者展示初稿，他们给予的批评不仅难于滋养你和作品，反而容易将作品的幼苗和你的自信心连根拔起。

◎ 写出作品后

学会自我保护，避免被批评伤害 首先，善于选择分享作品的伙伴和传授自己写作技艺的老师，十分重要。在某种程度上，他们决定了你的作品的命运，甚至主宰了你的写作生涯。一方面，你渴望自己的作品被看到、被讨论；另一方面，又害怕作品被忽视、被批评。有太多人之所以写不下去，不是因为懒惰，而是由于曾经被老师和同伴伤害。

其次，你要保护自己不被学者和权威的批评伤害。学者和权威在具体赏评一篇作品时，热衷于把作品拆解开来，丝丝入扣地解构，却不谈或者不知如何去组合，当然更不会亲自去创作。因为他们自身无法也不情愿去体会创作的艰辛和挫败，所以热衷于用学术化的字眼，量化地评价一部作品。

这些评价中充斥着关于作品应该如何、可以如何、也许如何的高屋建瓴式的意见，但是他们几乎不对创作者本身的创作热情、创意架构抱有支持、赞同和理解的态度。他们很少给予作者和作品最基本的营养——抱持（赞赏、肯定的目光），而习惯用理性拉开自己与创造力之间的距离。你要知道，追求知识的动力，与追求创造力的动力背道而驰。

所以即使对方是学者和权威，只要他自己不写作，或者至少已经若干年没有写作了，你就需要提醒自己，他对你的批评可能正在禁锢你的创造力，让你踏上多读书、勤思考、少动手，越来越缩手缩脚，不敢放手写作的道路。

再次，要学会对观看者的批评安然处之。批评作品的读者，可以分为两类：一类是创作者，本身就在进行写作；另一类是观看者，自己不写或者写出来的是公文等。创作者与观看者，本质上不是同一个物种。

一个创作者批评另一个创作者的作品，尽管他看到有瑕疵、有漏洞、有许多不完美，但是他接纳这个作品诞生的权力，因为他能体会到实际创作过程的艰辛和挫折。只要不是出于嫉妒，他通常拎得清作品与作者之间的区别，不会对作者本人进行人身批判。

观看者可能博览群书，也可能平时并不阅读，可能是你崇敬的人，也可能只是陌生人。但是，当他们来批评你的时候，会表现得像是跟你非常熟悉，一切都是为了你好那样。观看者阅读你的文章，如果读到自己不想看、不认同的东西时，会产生不接纳的情绪，把气愤发泄到你的身上。他不仅对作品给出负面评价——"写得太糟糕了！"还以对作品的建议为由，对你进行人身攻击——"你怎么能写这些？""你真要好好修改了再说！"这令你倍感羞愧。观看者的批评，在语气上总给你难堪和羞辱，内容上模糊不清，其中掺杂个人偏见、道德评判或是人身攻击。这种批评不会令你感受到被接纳和滋养。

当你受到这种对作品的批评时，你要想到任何作品都会受到批评、谩骂甚至诅咒，就如同也总会被人欣赏一样，它们本质上相同。作者接受鲜花容易，接受臭鸡蛋难，但是别人的褒或者贬，实在跟我这个作者关系不大，都是观看者对自己所理解的作品的反应。身为作者，对外界的批评应安然处之，守住创作的本分——不断创造新的作品。

敞开胸怀，接纳一切赞美　你要面对的考验，不仅有批评，还有别人对你的作品的夸赞。经常发生的情况，是别人并不批评而是夸赞你的作品，但是你不知所措，转而批评起了对方。比如对方说："这篇文章非常出色啊！"你想也不想就脸红着反驳："哪里出色呀，简直糟糕透了，你这么说是骗我吧！要么就是你的眼光太差。"这样的应对，说明你缺乏接纳支持的雅量。

在写作的道路上，你好像总在寻求支持，可是一旦满满的支持涌过来，你却承受不住。你宁愿轻易地听信苛责，以强化一个心底根深蒂固的想法——其实我根本不行！对"你很好"你充耳不闻，对"你很糟"你马上热烈反应。所以要建构起接纳赞美的雅量，因为你本来就时时刻刻地在获得支持。

你脚下踩的地球，肺部进出的空气，坐着的椅子，始终都在支持你。当你需要支持时，先想想这一点，物体尚且在支持你，何况有血有肉的人？你写出作品时，绝不会只收获差评，得到支持和赞赏是最自然不过的事情。今后遇到有人赞美、支持你时，不要反驳，就算感觉很不习惯、很不好受，也请你保持呼吸，微笑倾听。

让自己听进去那些话，感受那美妙的被支持时刻，建构起你接纳正面支持的雅量。

写作练习：回望青山

【解决问题】

描述你截至此刻的人生，对自我生命进行回望。

【练习说明】

在人生的一些特殊时刻，你会不由自主地回忆自己这一路走来经历的酸甜苦辣。你有万语千言堵在喉头，可是无法表达，更无法把它写到文章中去。你需要抓住某个精确的时刻，仔细地思考这个时刻的构成要素，感受与之相关的所有细节。

【练习步骤】

第一步：描述你的一生

1. 在一张白纸的顶端，写上你的出生日期、时辰；
2. 在白纸的最末端，写上此时此刻的时间；
3. 总结出你人生所经历的各个重大事件，以及它们发生的时间，写在这页纸上；
4. 把叙述内容控制在一页纸的篇幅之内，用 10 分钟完成它。

第二步：标记星号

1. 朗读一遍你写下的内容；
2. 在自己认为需要多加注意的时间和事件处标记星号。（5 分钟）

第三步：回忆精确的时刻

1. 选择一个星号；
2. 回忆与之相关的事件、场景或故事；
3. 闭上双眼，细细品味这起事件的某个精确时刻，将之定格。注意这个时刻的背景，例如当时你是站着还是坐着？是身体伸直平躺在草地上，还是站在摩天大楼的楼顶上？

    还有这个时刻的构成要素，用心去体验你在这个时刻的视觉、听觉、嗅觉、味觉和触觉，仿佛它们就溶解在你对事件的叙述之中；
4. 注意与这个时刻相关的气味，倘若没有发现任何易于察觉的味道，那么你可以体会此刻自己嘴里有种什么感觉；

5. 五分钟后，睁开双眼。

第四步：把想写的写下来

尽可能快速、简单地将记起的一切写出来。无须顾虑它们是否切题，只需把想到的写下来。（10分钟）

第五步：发现关系与主题

仔细思考：

1. 这个时刻与白纸最顶端的时刻有什么关系？
2. 这个时刻与白纸最末端的时刻有什么关系？
3. 它们有什么相似之处？又有哪些不同？
4. 这里面蕴含了我的什么人生主题吗？
5. 以"回顾今生走过的路，我发现……"开头，写一段话。（10分钟）

【练习结语】

这个练习帮助你看到"我是谁"，发现一些关于自己的人生必须要写的内容。

学员习作：《我是谁》

作者　易丽

我是谁？我是一个颜色、一个声音、一个味道、一股气味，我是五感的联合；

我是谁？我是一朵云、一洼水、一朵梅、一年四季；

我是谁？我是一匹马、一双鞋、一个侠女；

我是谁？我是一个念想、一个画面、一个意象；

我是谁？我是我思维的产物，我是我想象的整合，我是我能感觉到的一切。我就是我，我就是一切！

我是蓝天里一朵白色的云，懒洋洋的；

我是夏日里一洼泉水，甘甜而清凉；

我是秋日里一首钢琴曲，温暖而丰富；

我是冬天里的一朵梅，红艳而坚毅；

我是草原上的一匹马，脱缰奔放；

我是一双美丽的水晶鞋，欢快舞动；

我是一年四季，交替而丰盈；

我是古时侠女，刚柔并济……

我是谁？

我就是我，我就是一切！

写于第一次疗遇小组

第三部分

和解·发现
透视命运轮回的家族回忆录写作

第 12 章

家族的派遣者

> 领会自身被派遣的使命,把'小我'融入更广大的家族系统,我写下的必须是真相,只有用绝对坦诚的态度直面真相,才能转化痛苦。闯过真相这一关,后面有'三秋桂子,十里荷花';闯不过,即使逃到天涯海角,依然会抱怨原生家庭,回避亲戚往来,放逐自我于荒原。回忆录属于'小人物','大人物'有许多话不能说,但'大人物''小人物'到了阎王面前,平等站队,在历史的长河中,任何人都有资格留下自我和家族的独特回忆。我的写作具有珍贵的价值。

去年以来,我几近崩溃,由于父母每况愈下的身体状况,更由于母亲的精神状况。

来自于一种受害者的妄想,我的母亲对父亲的指责越来越多,指责的内容越来越脱离现实。而母亲对我,则倾尽所有的慈爱。就像上演"老鹰捉小鸡"的游戏,母亲视父亲为侵略、迫害她和她的孩子的"老鹰",视我为需要拼命保护的"小鸡"。我小时候玩这个游戏很欢乐,躲在"母鸡"的背后大笑大叫,可是人到中年再玩这个游戏,知道是母亲的幻想在作祟,应对起来倍感吃力。

"总有刁民想害朕",在我母亲的心目中,这个"刁民"是我的父亲。母亲总爱控诉父亲,"不让我吃饱饭""给我吃的东西简直不如狗粮"……我知道母亲说的不是事实。父亲对母亲饮食的照顾,可谓无微不至。例如母亲不喜葱姜蒜的气味,我们家做菜几十年,从没有放过任何这些东西。

前阵子我做了一个微创手术，术后少有地在家住了一个月，近距离陪伴父母生活。我的父亲今年84岁，罹患糖尿病多年，一只眼睛失明，另外一只眼睛不足0.1的视力；我的母亲82岁，心脏不好，生活略微不能自理。他们请人照顾起居，但是日常买菜购物，还是父亲在做。每天早晨醒来，我就听到母亲催促父亲："给黄鑫买早餐""给黄鑫买海鲜""给黄鑫炖西洋参"……为了给我买海鲜，父亲以几近失明的视力，独自坐十几站公交去海产市场。父亲对我的爱与照顾，与母亲一样满满流溢。可是，他们两人会为"吃"这件事情发生激烈的口角。

有一天，到了喝酸奶的时间，父亲拿了自制酸奶和伊利酸奶两种酸奶给母亲挑选，母亲怒气冲冲地怼父亲："我不吃这种东西！"父亲感到莫名其妙，问她："你到底想要咋样？"他喊我过去："跟你妈好好谈谈，问她想吃什么。你帮她做个菜谱，今后我按照菜谱买菜！"于是我打开电脑，拉着母亲一起做菜谱。母亲继续讲那些父亲不让她吃好饭的话。我一边做菜谱，一边烦躁地点击电脑屏幕上的各种文档。

我点开已经结束带领的"家族回忆录写作小组"文档，看到里面"强迫性重复——家人相似的性格命运"文件夹，忽然想起我母亲系的家族成员，姨妈、舅舅们，似乎都有以受害者身份控诉身边的人的共同特征，其中很多事情听起来很荒诞，可是他们像中了魔咒一般，坚信那些妄想。

母亲的受害妄想尤其跟"吃"有关。用弗洛伊德精神分析的理论理解，是固着在"口欲期"。口欲期是指婴儿从出生到1岁，生活和兴趣中心都在口腔，这个阶段的最大特点，是注意力集中于"吃"。

过去，我只听到中年后的母亲讲述她从求学到我出生为止的故事，那天，我第一次意识到，我从未听母亲讲过她出生时的状况。我问："妈妈，你生下来是什么情况？"母亲说："我生下来时，日本人在上海。"

母亲出生于1937年的上海，那一年日本全面侵华。母亲说："我满月的时候，你外婆带我逃难到浦东乡下，花很多钱雇了一条小船，趁着夜晚偷渡长江。那时在打仗，苏州河的两岸，一边是国民党军队，一边是日本军队。"

啊！原来我一直不知道，母亲的童年是在日本人的统治下度过的。她刚出生，上海就被占领，日本人关闭了外公上班的公司。外公丢了饭碗，一家人衣食无着。等后来复工时，上海已经随处可见光天化日下挥舞的日本军刀。

被迫害这件事情，对于母亲和她的家族成员而言，其实并不是妄想，而是实实在在发生的残酷现实。母亲记得外婆时常叮嘱青春期的姨妈："听说隔壁里弄的女孩被日本人强奸了，你们没事不要出门，千万不要出事啊！"

那场战争岂止是对上海一个普通的家庭产生影响，它的影响甚至扩展到我们整个民族。比如朋友涓的妈妈，出门旅行住宿时，问她这家宾馆如何，回答说："好！因为有这个。"涓的妈妈手指门后贴的逃生通道示意图。她在抗战空袭中度过童年，判断一个地方好不好，永远只有一个标准，就是能否迅速逃生。

战争的创伤，损害了我们的心理健康。很多人都有受害者情结，觉得有人将要或者正在迫害自己，"总有刁民想害朕"，他们不仅把自己视为受害者，还把身边的人视为"刁民"、迫害者。他们心里苦，连带身旁的人也一起苦，因为被脱离事实地猜疑和指责。

因为他们和母亲一样，在生命的早年，经历了种种创伤。人在早年遭遇的创伤，会导致未来的人格发展受损。他们是受苦的生命，长久地陷入自己过去所遭受的伤害带来的内心痛苦和幻想中，而无法看清当下的自己未被迫害的现实。

受过伤的人，原本在以后的岁月中，如果能够进行一些安定心灵的工作，还可以减轻执念，缓解痛苦。但如果创伤接二连三地发生，人们哪里有喘息与疗伤的机会？

在抗日战争爆发那一年出生于上海闸北的我的母亲，生下来就是一个受伤的灵魂。生命在被迫害的环境下生长，被迫害的阴影深深地镌刻进她的心灵。她一路走来，经历和目睹了一件又一件的创伤事件，变成今天这个样子。

了解了母亲的成长历史，就理解了现在的母亲，以及我的母系家族为何共有"受害妄想"的特征。当我把这些理解与父亲沟通后，他强烈的委屈情绪减轻了。

那天稍后，我把整理好的菜谱打印出来交给父母，父亲淡淡地收下，母亲看也不看。我更加意识到，促使父母关系和睦的方法，并不是整理一份菜谱给他们。我需要更多地询问父母的历史，挖掘父母甚至祖父母的故事，促进父母真正地理解彼此。我感觉我可以为父母做的一件简单但是非常重要的事情，是写一部家族回忆录。

我被派遣的使命

在我小时候，一家五口挤在父母单位分配的两间狭小房间里。每天晚饭后，两个姐姐到小房间读书，我跟父母留在稍大的房间，晚上没有娱乐，只有学习。饭桌的一头坐着母亲，另一头坐了我，父亲坐在我背后的沙发上。他把笔记本放在沙发扶手上，胳膊架着扶手写论文。我听到身后笔尖划过纸面的沙沙声，现在我带领写作小组，每次听到课堂上学员书写的声音，都会油然而生一种熟悉且安定的感觉。有人在一起学习，是我最享受的温暖时刻。

我和母亲坐在饭桌旁，理论上这很方便她辅导我完成学校作业，然而实际上，母亲最珍惜晚上伏案的时间，她有很多实验数据要整理，也经常要赶写论文。我呢，是个瞌睡虫，晚上八点后，就时不时地用书遮脸，合眼打盹。母亲坐在我身边，忽然动手拍下我的脑袋，把我吓醒，有时候她下手重了，身后的父亲会说："别打头，万一打傻了。"

说不定我真是在那个时候被母亲打傻的。反正整天爱打瞌睡的我，学习成绩平平。父亲每次看到我的成绩单，就骂我"一事无成"，母亲嘴上不骂，却以更激烈的实际行动，进行比骂更大的"骂"。母亲总爱给我转学，她一看到令人失望的成绩单，就张罗着给我转学，因为她认为我的成绩不好，肯定是上的学校不好。所以我从小学到中学毕业，12年时间，上了7所学校，平均不到2年就转学一回。我和同学的关系，要么是半路相逢，要么是中途分手，这造成今时今日的我，既有融入群体的困难，又有分离焦虑的痛苦。

我的父母都在晚上写论文，然而他们各写各的，并不合作撰写同一篇论文。他们本是同班同学，毕业后一起分配到全省最大的医院工作，在同一个科室，都热爱学习、追求专业进步。后来，父亲在外周血图片上发现"小巨核细胞"，为国内首次发现，获得破格晋升并且成为全省学科带头人。但是母亲失去了晋升职称的机会，因为在传统观念中，一个家庭的男人出息了，女人就不用在工作中多么争锋，而应该把晋升的机会让给同事。甚至连单位分房子，都规定双职工家庭以家庭为单位分房，以男性的条件为准。

母亲拼命想在专业上有所成就，她做实验、写论文、翻译文章……有一年姐姐告诉我，母亲当年发表的论文量，在单位名列前茅。可是无论怎么努力，她的事业上升通道都已被堵上，无法冲破。这是母亲终生耿耿于怀的事情。

我人生的高光时刻之一，是在2017年12月，当选为深圳市心理咨询行业协会写作治疗专业委员会首任主任，这是国内第一个写作治疗的专业委员会，这意味着我将带领一批有志于写作治疗的同道共同前行，同时也意味着我成为像父亲那样的学科带头人。

当我站在台上致辞的刹那，我忽然意识到，此时此刻，母亲未完成的心愿，被我实现了！我在专业上冲破障碍，脱颖而出。而父亲未完成的心愿，我也实现了！我虽然是女儿，但并非一事无成，而是像他期望中的儿子那样，继承了他的荣光。

我是家族的派遣者，父母未完成的愿望的实现者。我被派遣的任务，是安抚母亲事业受阻的遗憾，是弥补父亲没有儿子的缺憾。当父亲为我取名"黄鑫"，戏称我为三千金时，他觉得此生都只有三个"千金"，没有儿子了。对他来说，没有儿子的人生，是一事无成的人生。

我表面上什么都跟父母对着干，他们命我学医，我从文；他们帮我相亲，我自己找对象；他们让我留在家乡，我去深圳……但是实际上，那个爱打瞌睡的小女孩，那个叛逆的文艺女青年，那个写作治疗的专家，出走半生，步步向前，绕个圆圈，回到了起点。

自以为从来不听父母话的我，活成了父母最希望的样子！

我注定会成为今天的我。无可避免。

这是我的命运。

家庭治疗派遣理论

家庭治疗不同于精神分析。精神分析强调自我发展和童年经历，重视个人内心状态的省思，而家庭治疗则认为家庭是一个关系网络，是一个组织起来的整体系统。家庭不仅是个人的相加，个人也并非孤立的个体，家人间相依为命、相互影响，这种关系是"先天性"的，具有束缚性，谁也不可能完全不受家庭的影响而单独存在。家庭中出现特别状况的人，是"系统问题"的承担者和表达者。

在家庭治疗中，有一个派遣理论，说的是家庭的某一个成员，在完全"无明"

的情况下，接受了家族派遣的任务，去完成家人未完成的愿望。

这种任务的派遣与接受，有时候直接在意识层面。比如过去某些技能明确规定"传子不传女"，以及由长子继承家族事业等。也有的是父母明白告知，例如我的母亲一直心仪南京大学，但是她支援内地建设到了河南，所以在我选择上大学时，母亲直接告诉我，她希望我完成她的愿望，去南京大学就读。

但是更加根本的情况是，这种派遣在潜意识的层面进行，当事人和派遣人谁都没有意识到当事人背负了某个使命。这个成员角色并非明文规定的长子继承家业，而往往容易由家族里最小的那个孩子暗暗承担。还有的时候，这个孩子自认为自己的所作所为是在对抗家族，但是实际上，对抗的背后是更大的忠诚，是在完成任务。像我从小不听父母的话，不做他们要我做的事情，但是最终还是实现了他们最深的期待。

心理学家早就发现，对孩子最有影响力的，是父母尚未实现的愿望。"派遣"是大人把自己的愿望，输入进孩子的潜意识。联结大人和孩子的纽带，是家庭成员间情感的依附，以及孩子持久的忠诚，尤其对于母亲，孩子总是会忠诚于自己的母亲，联结的纽带早已存在于血肉相连的母子关系中。母亲未完成的愿望，往往成为孩子的人生目标和生命意义所在，因为那是"妈妈想要的"……

至于具体是什么任务被派遣，取决于父母究竟在哪个领域的追求没有得到满足。比如，父母节衣缩食而孩子非常奢侈浪费，这里孩子的奢侈，也许正是父母派遣给他的任务。有些父母小时候曾经吃过很多苦，童年的条件不允许其享受丰富的物质，因而形成节俭的人格。父母未满足的愿望是——大肆花钱，好好享受物质生活，就把这个愿望暗暗地交付给了孩子。父母不仅把家里最好的物质优先提供给孩子，而且鼓励孩子大肆享受，形成了孩子浪费的特质。还有最典型的，是母亲小时候没有条件读书、接受好的教育，于是读书、受教育的愿望，就被派遣给了女儿。这样的母亲往往一边嘴上骂女儿不帮自己做家务，一边实际上又不让女儿帮她做家务，只喜欢看到女儿读书和学习。

另外，家庭治疗对出生次序影响孩子性格的形成和发展，也有很多研究发现。通常，最大的孩子是比较有责任感的，力求完美；中间的孩子容易被忽视，有强烈的被赞许的需求；而最小的孩子是被关注、被保护的对象，与父母情感的牵绊最深，所以也最容易承担家族的派遣者角色。

不过不管排行第几，假如你是家族里面写作家族回忆录的那个人，那么事实上，你就是家族任务的派遣者。恭喜你，中奖了！

所有家族派遣的任务中，必定有一项是把家族故事告诉后人，告诉更多的人，使之不被岁月湮没。既然你翻开本书读到此处，就泄露出你有强大的动力去了解和传承你的家族故事。你的任务是书写家族的回忆录，用自己的文字，去清楚呈现事件；用你的望远镜或者放大镜，去观察思考，看到人性的善恶和生活的不易；用你的赤子之心，对发生的一切都心怀敬畏，对所有家族事件中的人物都有一种体谅。

因为，那不仅是你的命运，还是家族的家运。

以家族为主题的回忆录写作

写家族回忆录是以"家族"为主题的回忆录写作。

回忆录是非虚构写作的一种形式，是关于实际经历的文章创作，回忆录的作者与读者之间有一个默契，就是讲的、读的都是真实的。所以写回忆录不是虚构小说，回忆录作者用自己的声音，以谈话的形式，不仅讲述自身生命中的故事，还仔细思考，试着依据自我现有的认知，去阐释这个故事的含义，道出对真实故事的思索。

回忆录不是自传,虽然我们日常阅读的很多回忆录,更贴切地说其实是作者的自传。人们不太注重区分二者。自传是关于传主一生的故事,作者会设法捕捉一生中所有重要的因素,包括个人成长过程、家庭生活、所受教育、人际关系、婚姻、游历以及各种内心挣扎中的事实和情感。自传把从出生到现在一路走来所有的经历,都陈述一遍,并没有主题的限定。人一辈子只写一部自传。

但是回忆录不同。回忆录和自传最大的区别,就是有主题。回忆录作者并不复述生活的全部,而是设定界限,选择能将整部作品紧密联系起来的一个或者几个主题,将叙述的焦点集中在这里,给读者带来更有深度的探究。回忆录可以是任何篇幅,从一两页到大部头都行。人一辈子可以根据不同主题,写出很多回忆录。

回忆录是一种拼贴创作,所谓拼贴,就是把一小块一小块的材料组合成一个整体。就像我小时候用的褥子。在计划经济时代,人们日常的衣服被褥,都要自己买布,回家制作,而每个人能用多少布料,早被分配好了,必须凭票购买。于是妈妈把一小块、一小块零碎的布料,拼凑缝补在一起。那时家家的褥子,都是布头拼贴起来的创意之作。一部回忆录作品,就等于一块拼贴的褥子,你的记忆碎片好比一小块、一小块的布头,经过文字加工处理,用短文、小诗、个人随笔、旅行游记、美食评论、手绘摄影等表达方式,整合成一部回忆录作品。

写家族回忆录是以家族为主题的回忆录写作。你把自己关于家族的记忆碎片,以及家人告诉你的家族故事,如实地写出来,拼贴成一部作品,就形成了你的家族回忆录。因为写作回忆录具备深入记忆、直面真相、讲述事件以及认真思考的特点,家族回忆录包含对个人成长经历和家人关系系统的反思,所以我视家族回忆录为写作治疗的首选文体。

写回忆录不要怕平淡。因为生活是平淡的，所以书写生活的回忆录，也是平平淡淡的松散片段。回忆录征服人心之处在于真实，不管你描写哪一种生活经历，只要读者知道它们真实，就肯带入自我的情感，去跟随、呼应你。除了真实，你写回忆录时还必须思考。回忆录的魅力在于读者可以看到你是如何奋力理解自己的历史的，伴随着对自我的揭露，还有分析和解读，你的心理变化过程带给读者借鉴和提醒的作用。

普通人也能写回忆录

在这本书的前言和附录中，都重点强调——回忆录属于普通人。任何人只要有真实记忆，都有资格写作回忆录，留下属于自身和家族的独特记忆。越是普罗大众的回忆录，越有史料的价值，因为它更真实，更反映出某个时代的凡人的现实生活。

我非常认同本书附录的访谈"家族伤痕的写作疗愈之路"中，陈向一教授说的："一个普通人写他的回忆录，其实就是一个社会的写照，普通人眼里的现实，丰富了我们对这个时代、这个现实的了解，远比名人眼里的现实要丰富。社会不是历史学家，也不是名人写的，如果有很多老百姓写，就会真实很多。"

陈教授说他看到美国一本口述实录的书，里面讲一个芝加哥南城的警察，说自己一辈子没去过北城。这怎么可能？他开着警车一会儿就去了。但是，他没去过。因为芝加哥南部是穷人区，北部是富人区。由此设想一下，读者就能感觉到美国的社会阶层差异。所以普通人写的回忆录非常重要，因为社会和历史不全是由英雄创造的，更多是由普通人创造的。

其实回忆录这种体裁在美国的盛行，起源于普通大兵疗愈战争创伤的需要，自己写是花费最小又对自身心理健康最有益的事情。不用是名人权贵，只要是一个愿意说真话的人就足够。

普通人写作回忆录有几大意义：

1. 每一位回忆录的作者都是一个"幸存者"，凡是活过的人，都能写出一本。
2. 因为某些对你和你的生活相对特殊的原因，你需要讲出真相。
3. 你生命中的某个或者某些人，也需要你讲出真相，无论他们在世或已不在世。
4. 回忆录给人以希望，读者会感谢你的坦诚，因为你的作品对他产生了影响，通过对你产生认同感，他从你的回忆录中汲取到了生活的勇气。
5. 薪火相传。你说出了读者从没听别人说过的事情，或者你对重要话题的处理方法帮助了读者思考，最终促使他也说出来自己的心事，而这些心事曾经是他很重的心灵包袱。他甚至写出了自己的回忆录，继而影响更多的人。
6. 克服孤独。你分享自己的故事，努力找寻自己生命的意义，不管读者跟你的差别有多大，都能从中寻获人类共同的人性，彼此因为共鸣而感到自己在世上的孤单少了一点。
7. 写作是文化的一部分，文化不是死的，是活的，你的写作维系和创造了我们的文化。

真诚袒露的写作态度

我很少像在"写出真相"那堂课上一样，遇到学员集体性的阻抗。通常我在课上讲一些写作要求，学员都会很认同，但是那次课上，当我强调"写家族回忆录必须直面真相"时，一位同学当即质疑我。"为什么是必须？"她说，"老师，必须写出真相让我觉得像是要被逼迫招供一样，感到很不舒服。"

我想，她大概在成长过程中有"被逼迫招供"的不愉快经历，比如被父母、老师强迫汇报某件事情、说出想法甚至写思想报告等，在听到我讲"必须写真相"时，过去类似的不舒服的感受被无意识地激发了。我希望通过其他学员的发言，来帮助她意识到为什么必须写出真相。于是我们腾出教室中央的位置，一人一把椅子，围坐成一个圆圈，全体讨论：

1. 你听说过周围的人的家族秘密吗？
2. 这个秘密酿成什么后果？带给你怎样的心灵震颤？
3. 那些外遇、私生子、犯罪、被强奸、精神病、家暴、酗酒的秘密，被深藏于家族内部，好像只要大家都绝口不提，日子就能一如既往地过下去。你认为秘密应该尽早被揭露吗？
4. 你有什么秘密想说出来吗？

讨论的过程遇到很大的阻碍。许多同学沉默，只有零星两三位同学支持"必须直面真相"的观点，剩下的或反对或犹疑。这种情况令我感到惊讶。原来，人们对真相的回避如此普遍，大多数人的反应，都是选择沉默。

直面真相是写作家族回忆录的人要过的最大的坎儿，面朝真实，打破沉默，是对一个写作者最严峻的考验，需要极大的勇气和决心。无论在写作还是在心理疗愈上，只有正视那些家族极力回避的真实，才能解决问题、获得成长、写出作品。令我感到欣慰的是，那堂课还是播下了"直面真相"的种子，当时沉默的学员在课后的几个月里，通过写作实践慢慢地打开自我，我收到学员莉莉（化名）发来的文字：

"从小到大没有见过自己的亲生父亲，这一直是我最大的缺憾与痛苦，因为没有父亲，我觉得自己和所有人都不一样，我不敢跟人走得太近，我害怕被人问起我的爸爸。我不知道自己是谁，从哪里来。我刻意隐瞒自己的身世，也让老公替我保守秘密。我变得战战兢兢，对此绝口不提，永远拒绝去面对内心的那份羞耻感。

"我一直幻想我父亲是爱我的，他肯定在世界的某个角落寻找我，小时候我一直追问我的父亲是谁，但是我的母亲从来不愿意告诉我真相，身边的亲戚对此说法不一，于是我活在各种谣言与幻想之中，渴望知道真相。直到去年我苦苦哀求我的妈妈，她依然对我撒了谎，直到后来，在我多方打听下，在一次舅舅喝醉酒的情况下，我终于从他口中得知，我妈妈在未婚先育的情况下将我生下来，他是除我妈以外唯一知道真相的人。

"为什么不早点告诉我真相？如果一开始就告诉我真相，我就不必沉溺在幻想与自责、内疚和痛苦之中。

"所有人都觉得这是善意的隐瞒，但是他们不知道，真相不可怕，长痛不如短痛，可怕的是对真相的掩盖，是因此而漫漫无期去寻找真相的痛苦。

"真相是什么？是你们觉得未婚先孕是个耻辱。真相是什么？是你们对性的羞耻感。真相是什么？是集体意识所产生的婚姻观和性羞耻。

"真实的经历不可怕，可怕的是对自己的经历过滤加工，好的引以为荣，坏的屏蔽隔离，所谓好坏全凭喜好，但这些都是你实实在在的经历，最宝贵的一生啊！你在害怕什么？遮掩什么？羞耻什么？生而为人，我们无法说不要这个，不要那个，我们受困在这具肉体里，我们并非生命的拥有者，而是生命的体验者。"

真相通常都是难以启齿的。但是讲出真相，以真诚袒露的态度去写作，是让作品成立的绝对要求。写回忆录和写小说不同。小说是虚构文学，而回忆录从一开始，作者就已经对读者许诺："接下来你所读到的都是真相，它们不可能让你完全满意，可这就是我的真实经历。毕竟说真心话不容易，有些时候我会啰唆、过于情绪化，或者言词寡淡，但是我向你展露了我的隐私，告诉你某些秘密和真相，所以请你读起来宽容、耐心一点。"作者和读者之间已经彼此默契，一个讲述真实故事，一个想听真实故事。这样的读者和作者的关系，决定了家族回忆录的写作内容、形式与态度。

家族回忆录的写作内容，是发生在自我和家族中的真实故事；写作形式，是拼贴作者平淡琐碎的记忆；写作态度，是真诚袒露。虽然你的记忆不可能完全准确，多年之前的事情，世界上没有人记得一丝不差，并且在写作家族回忆录的过程中，为了保护当事人的隐私，你需要改换名字和人物特征，以及为了让叙事更加紧凑，你可能略过某些事情，只写自己认为重要的部分，所以并不存在绝对的真实，写作是再现，相比于现实生活，已经失去了绝对的真相。但是对作者而言，有一个基本的承诺，就是我在提取自己的回忆进行非虚构的写作，写作的初心，是想告诉世人我和我的家族真实发生的那些事情。写这个故事，我是充满真诚的。

随着受教育程度的提高、自我意识的增强，我们想要诚实地审视曾经度过的生活，想把对自己有价值、有意义的事情记录下来，包括家族的历史和故事，我们不再甘心话语权握在别人手里，要发出自我的声音，因而强烈地渴望写作。可是，我们又害怕直面真相。很多时候你写不好，是因为既不能对读者勇敢宣告作品写的就是我自己，是非虚构写作；又不肯按照虚构写作的要求，好好讲故事，充分关注读者的阅读感受。你一边用虚构小说的形式，貌似要给读者讲一个吸引人的故事，一边又沉溺在自我的世界，由着性子去写，却期待不管写成什么样子，读者都能读懂并且欣赏。你就像一个孩子，既要西方式的自由，完全按照自我的个性生活，父母的观点一概不爱听；又要中国式的啃老，要父母养活，给钱买房子。

要任性地写，又不敢承认那就是我，要读者强烈关注，又不愿意用心揣摩读者的感受，这种写作不是有个性，而是内心还有顾虑，脆弱的自我不敢承担直面真相的责任。既然写作的对象是你无法释怀的记忆，是真实经历的生活，那么真诚袒露的态度,就是写作的根基。真诚袒露首先在"真",你一定得表达自己的真情实感。王国维说:"故能写真景物、真感情者谓之有境界,否则谓之无境界。"就正在创作的文字而言,专家只有一个人——你自己,除你之外再无其他权威比你更有资格讲述关于你的故事。只有你可以最深刻地让读者在对你的赞同中受到激励,在为你产生的悲伤中触碰心灵,所以只要与自己的真实情感建立联结,你写出的文字就是最有价值的。然而,由于本能地想远离痛苦,你会将自己与内心的真实感受隔离开来,或索性将自己彻底封闭,变得与自我的真情实感绝缘。

你阻断与情感的联结,导致不了解自己,对于在某些场合为什么要那么做,感到"莫名其妙"。在我的心理咨询工作中,假如我的来访者说她对某件事情的发生感到"莫名其妙",比如她与相亲对象一起吃饭,莫名其妙地离席而去,通常在那个时候,她实际上阻断了与自己真实情感的联结。我们在咨询室里深入探索,发现她听到对方一味地恭维自己漂亮,觉得被男性视为花瓶,因而感到愤怒,但是那个时候她没有感受到自己的愤怒,只是觉得桌上的饭菜很恶心,让她反胃,所以她走了。

阻断与自己情感的联结,并不会让这些情感消失,而是会把它们投射到外在的人、事、物上面,发生所谓的"莫名其妙",比如这位来访者把她对相亲对象的反胃,投射到了饭菜上面,责备一家口碑还不错的餐馆做出的菜太难吃,才导致她离席而去。而她经过深入了解自己,发现原来小时候她的父亲一味夸耀她长得漂亮,从不赞赏她在学习上的努力,这令她十分气愤。这些年来她都阻断了自己对父亲由此产生的愤怒。被自我压抑或阻断的情绪,会投射到他人身上,带来关系的破裂或者疏远。

这种事情我也干过。以前我辅导孩子做作业,那些功课很难,我不会做,觉得自己很无力。我开始指责孩子,说她写作业有畏难情绪、懒惰不肯用功,冲她发火。其实这是我自己在无意识层面,在回避对孩子的作业的无力感。为了回避自己对孩子作业的无力感，我给孩子报了语数英各科的课外辅导班。她每天放学后，都奔波在去辅导班的路上。为了节省时间，我开车接送也成了必需的。送她上辅导班的路上，我不停地抱怨塞车，怪她动作太慢，而她学会了抗辩，跟我吵架时嘴皮子日渐利索。结果搞得我们母女双双筋疲力尽，不再为一口热狗的美味欢呼，也不会为路边的一朵小花感动。

后来我自问，这么拼命让孩子补习，为了什么？我知道很多家长说为了孩子的前途担忧，为了让孩子上更好的学校、有更好的未来，为了满足学校的要求……可是透过这些表面的理由，深入询问我的内心，我知道我的答案是——为了回避我不会写她的作业所带来的无力感。可是为了隔离自己不会写作业的无力感，我也隔离了美好的情感。

我回忆起自己做学生时不会写作业的痛苦，在多少个夜晚自责、生气、羞愧不已、暗自垂泪。甚至到了现在，我不知接下来写什么时，也会哭泣。我把母女关系搞得鸡飞狗跳，真正的原因不是孩子懒惰、不用功，而是我不会写她的作业，我感到无力，我怪她"笨蛋"。其实，我需要接纳有时候真实的自我是个"笨蛋"的现实。

"真"是与自己的"诚"相遇，所谓诚，就是自我接纳。自我接纳并非自我纵容，为自己的不妥行为找借口，或者在某些不良喜好的道路上越走越远，比如某人罹患高血压，医生嘱咐少喝酒，但是他想喝酒的时候说"我接纳自己"，然后举杯畅饮，这其实是在自我纵容。自我接纳是指敞开心扉接纳自身的缺点和过错，当遇到自己让人失望、不受人喜爱的时刻，别再火上浇油羞辱自我，不要批判自我，放下完美主义，不拿自己的弱项跟别人的强项去比较，把这些力气都省下来，安然做自己。

家族回忆录写作的过程，是发现真相的心灵旅程。当你碰触了真相，不妨给予自我体谅和接纳。人非圣贤，孰能无过，人这一生不可能不伤害任何人、不破坏任何规则，但这并不意味着你应该停止尝试成为一个更好的人、过更好的生活。

写作是一种袒露，也是一种自我疗愈的仪式，你用自己的方式把真相说了出来，打开封印心灵的枷锁，感到从未有过的解放，灵魂自由翱翔，在写作中获得力量与新生。袒露真相的意义，是作者的自我发现、自我解放。我的老师吴和鸣认为，围绕着袒露真相，有三个阶段：

第一阶段：疑问。表述为"明明……，却……"，你感觉到有不对劲的地方，但不知道哪里出了问题。例如：明明我很聪明，可我妈妈却总说我笨，总是一副对我不屑的表情。

第二阶段：探索。让那些"不对劲"，最终都找到了答案，即使是最荒谬的事情，也有它最合理的起源。例如：原来，妈妈经历了许多苦难，在她的童年、少女时代，战乱、饥荒让她看到了很多鲜血、尸体，经历了很多生离死别，这些经历早已彻底改变了妈妈的目光，所以她看我的时候，才会是贬低的、否认的。经过探索，最后你觉得真相大白。

第三阶段：理解。有种青天白日的感觉，表述为"就是如此"。

真诚袒露中的"袒露"，做起来着实不易，可是如果我们不能袒露真相，这就会导致一系列对我们生活、身体的深刻影响。

在《书写的疗愈力量》一书中，作者詹姆斯·彭尼贝克谈到他研究表达性书写的缘起，是被邀请与一些顶级的美国联邦调查局（FBI）、中央情报局（CIA）测谎专家一起工作，他们进行了关于秘密、健康和表露的实验，通过实验他发现："重大的秘密总是让人充满压力感。保守秘密也像其他压力源一样，尤其是对那些与我们关系亲近的人保守秘密，会影响我们的健康，包括免疫功能、心血管系统的活动，甚至是大脑和神经系统的生化活动。简而言之，隐瞒自己的想法、感受和行为，会增加我们罹患大大小小疾病的风险。"

一系列的实验证明："心怀秘密可能会对我们有潜在危害，而直面个人想法和感受，却有着显著的短期或者长期的健康益处。……当人们表露深刻的个人经历时，大脑的激活、皮肤电反应以及与释放体验相关联的外显行为都有即刻的改变。表露之后，人的血压和心率立即降低，免疫功能马上增强。在随后的几周甚至几个月内，心理和生理健康状况都会有所提升。"

对比隐藏和表露两种不同的心理状态，彭尼贝克与另一作者约书亚一起做出如下总结：

1. 保守秘密是一项身体工作。
2. 秘密将会产生短期的生物学改变，并影响长期健康。
3. 秘密损害了我们的思考能力。
4. 表露能够减少保守秘密带来的负面效果。
5. 表露能够迫使我们对事件重新思考。表露或者面对创伤能够帮助我们理解并且最终同化这个事件。通过谈论或者书写一个秘密的经验，我们能够将其转译为一种语言。一旦它是基于语言的，我们就能更好地理解这个经历，并且最后也许会放下这件事情。

袒露秘密的伦理压力

直面真相，会让你有复杂的情感，而袒露真相，你更有伦理的压力。足够接近真相这件事情本身，就会给你带来痛苦。你可能会产生复杂的情感，比如恐惧、焦虑、好奇、担忧等，有时候宁愿自己不知道真相。人们一方面隐藏真相，将之遮蔽，另一方面揭露真相，将之显现。隐瞒与揭露此起彼伏，构成欲盖弥彰的真相，而这种晦暗不明、既露又遮的状态最撩人，激发起你强烈的好奇心，也埋伏下临近答案揭晓的恐惧，以及潜意识里对知道真相后受到惩罚的担忧。

不管是遮还是露，真相都存在于你的记忆里，而记忆不是一成不变地记录历史。记忆是一段不断展开的迷思，伴随着写作的深入，往事一件一件涌上心头，回忆逐渐发生变化，真相层层剥开，逐渐向你绽放，让你产生"我突然想到……""我突然明白了……"的对真相的看见。

仅仅看见真相，已经足够艰难，而写家族回忆录，袒露你所知道的真相，更会让你承担巨大的伦理压力，因为这些真相往往不能向人提及，是"家丑不可外扬"的家族秘密。当我们说出有人希望我们保守的秘密时，就会面临暴露隐私、失去脸面、引起尴尬、引起烦恼、社会排斥、武力或者情感报复、失业、失去朋友或者家人等后果。而你若胆敢袒露家族的秘密，则必定会招致失去家人的危险，以及被打断腿的威胁。

你可能要担负"不忠不孝"的骂名，因为你的写作违背了家人的要求。家人要求你对家族秘密保持沉默，以示忠诚，而如今你如实描写了亲人和亲戚间的事情，他们斥你"胡说八道""神经病""什么也不懂"，你成了家族的罪人，要承担泄露家族秘密的罪责。

你对于真相的揭露，会把家人为了回避真相而建构的谎言击碎，会触犯他们墨守的规则，会打破家族希望抱团的规定。你将承受巨大的恐慌和内疚感，在你的内心有个声音强烈地要求你保持沉默，对自己说："我不能写那件事情，那会害死妈妈的。"同时在你的耳边响起另一些声音，被你激怒的家人清清楚楚地威胁你："如果写了那个故事，就别想再踏进我们的家门。"

内外交集的声音向你施加巨大的伦理压力。但是，总有一天你会认清一件事情——你终究要面对真相。那些难言的秘密、生命中的创伤，即使逃到天涯海角，也早晚要面对。

面对伤痛当然痛苦，但是挖掉腐肉，处理伤口，你会生活得更加幸福安宁。《圣经》中耶稣曾说："若把存在于你内心的事实说出来，它将能拯救你。若你不将它说出来，它便能毁灭你。"

你的伤口、愤怒和哀痛，是通往真相的途径。若你一直躲避，即使是似乎完全忘记了它们的存在，或者觉得如今自己变得毫不在意那些了，你真实的状况也是被束缚的，你在紧绷和焦虑的状态下生活，消耗大量心理能量，无法将它用在更有价值的事情上；你跟生活保持距离甚至躲得远远的，不愿以直接、贴近的方式体验生活。实际上你应该怕的不是写出了事实，而是写出了虚情假意的文字。

莉莉的这段话说出了一个写作者的困境和决心："写东西的时候，最怕突破家人的心理底线，要是冷不丁来一句我'伤风败俗'或是'有伤大雅'，我可真要无地自容、自惭形秽了，而内心却又如此渴望得到家人的支持。我要把活生生的真相，赤裸裸地写出来，不带任何修饰。为我自己，为我所爱的人，为所有想要看见真相的人。我知道这就是我的使命，我会用接下来的全部时间去完成这本书。"

你要写出事实，可是家人的生命是相互缠绕的，有时候你的故事不可避免地和家族中其他人的故事相互重叠。假如你袒露的秘密也是家人的秘密，而对方祈求你保守秘密，那么在写作的时候，你需要考虑平衡袒露秘密与家人感受。可以试试从以下几个方面去操作：

1. 写的时候畅所欲言，写完之后把内容分为可分享和不可分享两类，只发布可分享的内容。你并不需要对读者和盘托出自己的文字。
2. 写的时候尽管放任，但是修改的时候要小心翼翼，遣词造句保持谦卑，在内心对记忆中的事情和人物有足够的尊重，尽量不要对故事中的人使用伤害的字眼。

3. 必须改名字，改换故事人物有标志性的特征。
4. 弄明白家族恐惧和禁忌秘密的原因，寻找合适的方法规避，比如去世的祖父有个私生子，而家人很怕在世的祖母知道这件事情，那么你写出的文字就不要让祖母看到。
5. 把你写的文字给它所牵涉的人看，弄清这样的文字如果公之于众，对方的感受是无所谓还是绝对不行。
6. 选择写的内容，如果真的牵涉对方太多、太深，对对方生活造成损害，就考虑放弃吧。
7. 最重要的是，比真实更重要的是真诚，时刻反问自己写作的初心："我写这个故事的真诚的初心是什么？"

家族禁忌与沉默

围绕着秘密，家族形成各种禁忌，有些禁忌被明文规定，家族所有的人都不许做，比如好莱坞电影《寻梦环游记》里，曾祖母可可的母亲就规定，全家族的人都不许碰音乐，音乐是这个家族明确的禁忌。而有些禁忌秘而不宣，大家彼此你知我知，都看见、都知道，就像一盘菜摆在饭桌上那样明显，但是都不能说、不许碰触，集体视若无睹，尽力回避，保持沉默。

不管是明文规定还是秘而不宣，家族的禁忌里都埋藏着家族最深的秘密，而秘密的背后，则有一个创伤的故事。在《寻梦环游记》里，曾祖母可可的父亲为了音乐远走他乡，再也没有回来，似乎抛弃了可可和她的母亲，所以家族有了禁止音乐的禁忌。

在我们熟知的寓言《皇帝的新装》中，人人都知道正在游行的皇帝赤身裸体，但是说出这个事实成了禁忌，所有人都对真相保持沉默，只有一个孩子喊出了

"可是他什么也没有穿"的大实话。家族回忆录的作者，往往是家族中打破禁忌、揭露秘密、喊出大实话的孩子。

秘密对作者具有致命的吸引力，你热衷于探秘，上穷碧落下黄泉，翻箱倒柜，也要找到那些秘密和答案。而家族中也有人似乎在有意无意地帮助你发现秘密，假如这些人同时又是最热烈祈求你保守秘密的人，最后你会发现，恰恰是此人最需要作者碰触禁忌，讲出秘密，还原真相。《寻梦环游记》里的曾祖母可可就是。她曾经是这个家族不许碰音乐的禁忌的最强力维护者，否则主角小男孩米格的那些长辈，不会提起音乐就胆战心惊。但是曾祖母可可实际上是这个音乐禁忌的最深受害者，她深爱的父亲在她幼小的时候因为音乐弃她而去，她在内心深处渴望父爱，到了生命的最后时刻，她需要找到父亲对她的感情。所以小男孩米格成了一个"家族的派遣者"，背负了替祖母可可找回父爱的使命。

家族中大多数人会回避秘密，虽然他们渴望了解真相，却不像作者那样去接近、探究、揭露秘密。他们以沉默回应秘密，无法发出自己的声音。沉默是对家族效忠的行为，而说出真相，则会违背家人墨守的那些规则，打破家人希望维持的一团和气，等于对家族的倒戈和叛变。

秘密不是单方面的，秘密之所以能够长期存在，是因为家族集体的沉默。沉默是一种合谋，共同的沉默保全了秘密，只要有一个人发声，秘密就会被揭露，可是家族中沉默的大多数，彼此确认过眼神后心想："你不说我也不说，谁说谁傻……"大家都眼睁睁看着谎言像泡沫一样越吹越大，都等着真相被发现和言说，都等着谎言被某人戳破，但是，都不肯自己做那个打破沉默的人！

要打破沉默、发出声音，不但需要勇气，还意味着承担。在《房间里的大象》这本书里，作者泽鲁巴维尔写道："谈论全球变暖意味着我们要去寻找解决问题的方案，意味着我们可能要选择不买车、少开暖气和空调、刻意节约用水。所以，为了逃避责任和不安,'还是不谈这些'为好。你可以不谈论它,甚至不谈论这种不谈论,但是全球还会继续变暖,而我们还是要在所有的痛苦面前接受良心的审判。"

为什么大多数人保持沉默?首先,有些人沉默,因为怀有对他人的善意和礼貌,比如你和临终的亲友谈论对方的病情,你不忍心直接说出真相:"你得了癌症,没几天好活了。"即便这是事实,你估计也不会这么说吧。另外,沉默是因为怯懦。人们害怕权力,害怕高压,害怕失去升官发财的机会,害怕失去房子、车子,于是沉默成了自我保护的机制。

但是,有些既不想升官也不愿发财、原本很有勇气的人,也会在明显的真相面前保持沉默,比如曾经沸沸扬扬的"学诚法师事件",知情人为寺院中的出家人,他们早已淡泊名利,能够剃度出家,当然有非凡的勇气和舍弃,但是他们中的大多数,也保持了沉默。我猜测这是因为不愿在精神上被自己的同类群体孤立,因为对信仰归属感的依恋,因而通过沉默来实现温暖的"合群"。在心理学家马斯洛的需要层次理论中,人类在满足基本的生理需要后,对认同感、归属感会有强烈的需要,这种需要有时候成为勇气的源泉,但同样也有时会迫使曾经的勇者,对事件视若无睹,变得噤声不语。

谁是家族的替罪羊

每个家族都有一个"替罪羊",这个人像个害群之马,令全家人想起来就皱眉头,恨得牙痒痒,关心他的人对他感到忧心忡忡,痛恨他的人只愿此生不要再见。形象一点的说法是,假如你有一张家族合影,有了他相片就好像有了瑕疵,把他的头像抠掉你觉得最完美。在《寻梦环游记》里,曾祖母的父亲的头像就被从合影中抠掉了,他扮演了家族"替罪羊"的角色,家族传承着对他的仇恨和对音乐的禁忌。

一般我们会在家族中看到创建者、承重者、替罪羊、继承者、组织者、从众者、破坏者、疗愈者8种角色。家族回忆录的作者，通常是家族的破坏者和疗愈者，而不会是家族的替罪羊。你拿起笔揭露家族秘密，破坏了家族原有的秩序和沉默的设定，彰显出自我的存在，也连通了家族的血脉，为家人带来重新审视自我、与往事和解的机会。

家族回忆录作者和家族替罪羊有相似的地方，就是基本上都不会是家族的主要人物，往往原本是一个无足轻重的角色，而家族替罪羊通过糟糕的生存状态，比如酗酒、毒瘾、网瘾、外遇、犯罪、心理疾病、精神病，以及被强奸等，被钉在了家族的耻辱柱上。

我有一个来访者就是家族的"替罪羊"。他吸毒上瘾，几进几出戒毒所。全家人提起他来，都是一副"恨铁不成钢"的表情。他有很好的条件，父亲是一位事业成功人士，母亲非常爱他，姐姐继承父亲的事业，是父亲的骄傲，但他却因吸毒屡次被捕，败坏了父亲的好名声，成为家族的耻辱。他何以会自毁前程呢？

当一个家族里所有人都抱团对某个"替罪羊"产生强烈的厌憎或者忧虑时，他们其实是在躲避一个谁都不能触碰的秘密，一个还未痊愈的伤口。无论我们多么不理解，在"家族替罪羊"的痛苦和恶行背后，往往记录着家族的某些秘密。秘密因为被禁忌，不被言说，成为操控家族的汹涌暗流。家人越是想否认，就越是被暗流冲击；越是要清除掉秘密，就越是会有一个替罪羊存在，提醒秘密还未了结。

比如这位来访者，他的父亲年轻时有过外遇，要跟他的母亲离婚，母亲不同意离婚，所以父亲在很长一段时期内对母亲进行严重家暴。当时支撑母亲活下去的力量，是告诉自己儿子还小。母亲紧抱幼小的他，挨父亲的打，姐姐在一旁战栗，后来成了异常乖巧的女孩。这段困难时期过去后，父亲放弃了离婚的念头，随着岁月流逝，对母亲越来越体贴。于是整个家族都不愿再提及曾经的那段创伤，它成了秘密和禁忌，谁都不能说。

可是有一颗未被疗愈的心灵，在表面上以吸毒、堕落呈现的面具之下，是他等待被解救的灵魂。那边挨打边声泪俱下的妈妈紧紧怀抱他的创伤记忆，是他挥之不去的梦魇，只有直面真相，与之和解，才能带给他真正的解脱。

他是家族的"替罪羊"。台湾家庭治疗专家赖杞丰说："替罪羊家庭成员身上的问题，并不是其个体的问题，而是整个家庭的问题。全家没有任何一个人是罪魁祸首，也没有一个人要负全责，不要说那个替罪羊是害群之马，他只是被全家公推出来，代表全家表示有受苦的地方，家庭有需要帮忙的地方。我们不是要责怪家庭，家族治疗就是要收起指责的手。"

对于某个"替罪羊"的出现，家庭治疗认为家族、家庭是一个关系网络，通常被定义为"病人"的人，不过是扮演了一个"替罪羊"的角色，以此来维持家庭的稳定。产生症状的人，只是家庭环境、父母关系、亲子关系、代际关系所组建的那个"问题系统"的承担者和表达者。这个"替罪羊"通常是承载不了整个家族痛苦的那个最弱小的孩子。孩子成为家族的替罪羊，一次次地以他的糟糕状态来呼唤家族直视真相，了结秘密。

写作练习：破除禁忌之法

第一步：回忆一件你生活里让自己骄傲的事情。

第二步：关于这件事情，可能有一个或者几个人和你对事情的看法不同，用下面这个句子作为开头，写出这件事情："在我眼中，这件事

情是这样的……"不要写得太简单，也不要太谦虚。(5分钟)

第三步：接着以"但是在<u>某某某</u>眼中，这件事情是这样的……"开头，写出你认为的别人对这件事情与你不同的看法。(5分钟)

第四步：列出所有你觉得自己忌讳的事情，对每一项写下一段话，解释为什么你会有这种想法。(10分钟)

第五步：思考在列出的事情里面，有哪些是你可以写的。

第六步：从清单中选出一项进行写作，用"讨论……太危险了"作为开头，写一篇回忆录。心里记得，你不需要给别人分享这些文字。(10分钟)

第七步：完成之后，思考其他人是否也和你一样，认为讨论这个事情很危险？同时也思考是否有办法改变故事，掩饰其中的人物，使得事情可以公开。

写作练习：向死而写

【解决问题】

1. 帮助你征服恐惧；
2. 跨越你脑海里的想法和真正落在纸上的写作之间的鸿沟；
3. 令你能更真实地写作，写出以前不敢或不好意思写的内容。

【练习说明】

为了能够勇敢直视、写出真实的自己，你有时需要不断地这么想："当我死后，很可能没有人会记得我，所以管它呢，我为什么不写我自己真实的东西呢？"欧文·亚隆在《直视骄阳：征服死亡恐惧》这本书中写道：

我们每个人在生命中的某些时刻——有时候是在年轻时，有时候会迟一点——都会突然醒悟到人生必然走向死亡。有很多契机会引发我们的这种醒悟，比如有一天，你在镜子里突然看到了自己松弛的脸颊、灰白的头发，还有弯曲的肩头；比如生日临近，尤其是五十、六十、七十大寿等；比如你遇到了多年不见的老朋友，惊讶地发现他居然老了这么多；比如翻看自己小时候的照片，童年时代那些熟悉的面孔已经有那么多离世；比如在梦中与死神邂逅……

这些体验会让你感觉怎样？会让你做些什么？你会因此抓狂、焦虑、试图躲开这个话题吗？或者，你开始美容祛皱、染黑头发，想在39岁的好年华里多待上几年？抑或是，你开始通过工作和按部就班的日常琐事来分散自己的注意力，忘记这一切，对自己的梦想视而不见？

我建议你不要把目光挪开，相反，你可以保持清醒，充分利用这些体验。当你看着照片里年轻的自己时不妨停下来，让那种心酸的感觉呈现出来，在你心里逗留一会儿，像品味甜蜜的欢愉一样品味心酸的痛苦。

记住，对死亡保持觉知，拥抱这人生的阴影会让你受益匪浅。这种觉知会让你的生命之光与死亡的阴影重新融合，在你还拥有人生时拓展、丰富你的人生。实际上，要想过上真正有价值的生活、对他人充满悲悯、对周围的一切心怀挚爱，唯一的途径就是去觉知，觉知当下所经历的一切都会随风而逝。

很多次，我惊喜地看到我的病人在晚年发生了积极的人生巨变，甚至有些病人在临近死亡时发生了改变。记住，改变从来不会迟，你也永远不算老。

【练习步骤】

1. 想象自己躺在床上，奄奄一息，拿着一个本子和一支笔。

2. 以这个情形作为开端，就像下一句话就是你在世的最后一句话那样，奋笔疾书你的临终遗言，不管怎样，动手去写。

3. 现在就动手，开始写 10 分钟，不要在意错别字，只管一路写下去。写出以前你不敢写、不好意思写，或因受限制而没有写出来的内容。

4. 格外留意你的头脑中冒出的荒诞不经的想法，那些你一直以来由于太过自卑而没来得及与人分享的狂想。

【练习结语】

这个练习的主要目的，是释放你自己。

学员习作：《讣告》

作者　常乐

常乐，女，于 2019 年 1 月 31 日，在家中无疾而终，享年 56 岁。

她永远地离开了我们。她是我们大家的朋友。她的善良温暖了很多人；她的慈悲帮助了很多人从湿冷的情绪中走向阳光。她去学家庭系统排列，在那堂课上，她对祖先说："我会尽我所能去帮助所有需要我帮助的人。"离开课堂，她兑现了她的诺言，她去做了。她接触到了佛法，她想知道佛的思考模式，"达妄本空，知真本有""何期自性本自清净"，找到清净自性，安住，那是她遥远而美丽的梦想。

在她看到光明的同时，阴影也没有离开她左右。就这样，她带着她的努力，带着她的骄傲，带着她的成绩，也带着她的自卑和阴影走了。

一声叹息，不能全然释放我们的伤悲。感悟人生，人的一生都在努力地做，做到死亡那一刻来临，也还是没有做完我们想做的事。不得以中断、放下、留下遗憾，别无它计。

为了缅怀我们的朋友，寄托我们的哀思，让我们一起来回顾她的一生。

常乐，1963年的春天，出生在黑龙江省安达市农村的一个家庭。在她呱呱落地的时候，外面的小草也发芽了，树干泛着绿色，树叶也已长成，当你望向远方，一片的嫩绿，一心的欢喜。

她排行老六，有3个姐姐，2个哥哥，大姐大她16岁，二哥大他3岁。家中爸爸上班，妈妈有病，大姐辍学。妈妈说，最艰难的不是现在，都已经过去了。

她渐渐长大，聪明伶俐，善于察言观色。很晚才会说话，总是用两只大眼睛去看着别人，努力地去读懂别人的意思，可会哄着别人高兴了，人见人爱，下跳棋总是赢。

上学了，期末考试，给妈妈拿回来了一张奖状，妈妈把它贴在墙上。入少先队了，拿着红领巾，她一个人躲到屋里去练习系法。

恢复高考，1978年，她考上中专，学习护士专业。三年毕业，分配，工作，离家千里。同学中五个老乡，四个动用关系，或者回家，或者到达理想之地，当时的她很难过。

同单位的同学，大她六岁，她叫她肖姐。她经常跟着肖姐去肖姐家，肖姐的全家都很喜欢她，肖姐全家决定让肖姐当兵的弟弟转业回家，娶她。她带着肖姐的弟弟回老家给家人看。家中的每一个人都强烈地反对。她说，不用这么激烈吧，反正也没有感情，不处就是了。肖姐的弟弟先她回去了，她写信给肖姐，说明了家中的意见。过完春节，她又回到了单位，变化的是，从此，她和肖姐再没有了往来，至今她和肖姐都住在一个城市，但没有见面。

两年后，经人介绍，认识了现在的老伴。他们育有一子，现已成家，自立门户，小有才气，撑起一个家绰绰有余。

老伴儿的父亲几次为她调动工作。最后在区政府的红十字会退休。婚姻中，有打闹，有和谐，有过危机，有谅解。生活、工作，自觉一路坎坷，思想上打了很多结。为解结学习了心理学，从2009年至今。当初的两个心愿都没有实现。一是当正规的心理咨询师，没当上；二是解结，也没有把自己清理干净。

2017年起，退休在家，学习更加繁忙，网络学习、公益咨询，每天的时间都安排得满满当当。临走的时候，也还是在忙，也还是在学。她走了，就这样走完了她的一生。她走了，留给我们的是思索，我们该怎样走完我们以后的人生，身体终将化为灰烬，精神才是可以永存的。

通过今天对常乐的追忆，我们面对了一次死亡，和死亡进行了一次对话。死亡是朋友，他在很远很远的地方，陪伴着我们的生活，默然又忠诚。死亡只是一道界碑，那边的世界令人恐惧又神秘。

好，就让我们带着对常乐的祝福，也带着常乐对我们的祝福，回到我们各自的生活中，幸福快乐地过好我们的每一天，谢谢大家！

第 13 章

讲述家族故事

> 我们这一生本质上留下的只有记忆，记忆通过故事表达我们的存在。故事，是人类对自身历史的一种记忆，家族回忆录讲述家族的故事，讲述家族英雄祖先的传奇故事。故事被不断地记起、讲述和修正，重塑了'我是谁''我们这个家族是什么'的认同归属。

我 的父亲在接近80岁的时候，开始着手修撰家史《沈丘（槐店）黄氏家族变迁》，父亲讲述了在中原大地，河南省沈丘县槐店镇这个地方，我们黄氏家族发生的故事。这些故事给我带来了深远的影响。

父亲讲了祖父黄天锡的故事。父亲在家史中写道："据上辈人说，我的父亲少年读书时，跟一个举人于大本先生求学，五年睡觉不脱衣，夜以继日地学习，在槐店集来说，算是一个有学问的人，群众起个外号'圣人'。"

还讲了大伯黄如斗的故事，他援引大伯的来信，"毕业时考得不错，被委任为崇实小学校长，随后士绅和商界选我当中镇镇长。我那时想做一番事业，在兼任镇长时，仍以教学为主。1936年旧历腊月初八，当日下午，一群青年准备去参加抗日，住在我校，我请他们吃饭。腊月初八下大雪，这些人中有部分打退堂鼓，不想去了。我想，叫别人去，为什么自己不去呢？回家和咱父亲商量，最后说服了咱父亲，把学校的事交给了教导主任师人杰，天一亮就随他们冒着大雪去了。他们选我当代表，到北京后，我找到李鸣钟将军（对门老乡），他第一句话就说，我听说你在家当校长干得很好，为什么要当兵？我说了我为什么要当兵，当时抗日之声甚浓，我仰慕班超弃笔从戎……他接着说，有句话送给你，就是'能忍人之所不能忍，方能为人之所不能为'。"

父亲也讲了自己的故事。他在国内首次在外周血涂片上发现"小巨核细胞"，这一科研成果的论文在全国核心期刊上发表，他把这一成就向大伯报告，大伯叮嘱他："学习的要诀是勤奋，学习的敌人是骄傲。"

父亲在家史的结尾总结：祖父"五年睡觉不脱衣"的学习精神，大伯"能忍人之所不能忍"的人生态度，以及"学习的要诀是勤奋"的忠告，晚辈们应人人知晓，要知道学无止境，做到"活到老，学到老"。这是我们黄氏的家训。

2017年底，我受邀参加深圳海之梦心理中心举办的新年联欢活动，发现学习心理咨询的同学普遍有一个问题——"怎样才能成为心理专家？"我分享说只有一个方法，这个方法成就了中国历史上顶级的成功人物——曾国藩，那就是六个字：结硬寨，打呆仗。

曾国藩小时候以笨拙著称，由于天赋太低，一篇文章往往重复很多遍也背不下来。有一天晚上他家里来了个贼，潜伏在屋檐下，希望等他背完文章睡觉后，出来偷点东西。可是等啊等，他就是不睡觉，翻来覆去背诵一篇文章，并且背不下来。那个贼最后实在气不过了，跳出来说他："你这么笨，还读什么书啊！"然后将那篇文章背诵一遍，扬长而去。

曾国藩知道自己不是天才，甚至偏笨，因而坚持笨拙，不走捷径，做任何事情都不投机取巧，而是脚踏实地，一步一个脚印。他看似平庸无能，然而稳扎稳打，即使被逼到绝境也决不松劲，最终消灭了不可一世的太平天国。

所谓"结硬寨"，即曾国藩规定，湘军开到新地，无论寒雨，立即挖壕沟，限一个时辰完成。壕沟挖出来的土，必须要搬到两丈以外，以防敌人用挖出来的土轻易把壕沟填掉。壕沟外是花篱（防敌军的马队），花篱要有两层或者三层。也就是说湘军每到一个地方，核心任务不是进攻，而是就地挖沟。并且不是挖一次就算了，他们每驻扎一天，就挖一天壕沟，因为挖得太勤奋了，甚至导致当年被湘军攻打过的城市，如安庆、九江，如今城墙外围的地貌都改变了。

骁勇善战的太平军，碰到这种战斗路数，简直崩溃。太平军希望跟湘军野战，可是湘军一门心思安营扎寨，死守营盘不动。本来湘军是进攻方，太平军是防守方，但是曾国藩生生把自己由进攻转成防守，根本不搞一两天内的战役，而是在一两年内不停地挖壕沟，等着太平军进攻。湘军挖出无数道壕沟，围得城市水泄不通，断了太平军的粮道、补给，等到城里弹尽粮绝，湘军就此轻松拿下。这就是"打呆仗"。那些湘军以数千之兵大破太平军数万之众的战役，全靠这种毫不取巧的战术。

曾国藩率领湘军与太平军缠斗13年，大小仗无数。但他从不走捷径，先"结硬寨"求自保，然后耐心防守"打呆仗"，最后这成了最大的捷径。

我这些年从事写作治疗体会到，写作治疗就像湘军一道一道地挖沟，要一个字一个字地写。湘军挖沟围困太平军，你用自由书写围困自我的面具；湘军要占领城市，写作治疗要解放真实的自我。你只要心思单纯地一直写下去，"结硬寨，打呆仗"，慢慢地果子熟透，就会掉下来，面具挂不住了，也会跌落。

我用"结硬寨，打呆仗"的方式来带领写作团体，最具代表性的是为期一年、每天早晨六点一刻开始的"清晨课"。我们不求写出《红楼梦》，只是在每天清晨一心一意地写，天天写，坚持写，只管写，写着写着，真实的自我就清楚地呈现出来了。

我带领写作团体还有一个习惯，就是每周会给学员写一封信。在信中不仅对上次的课程进行总结，还回答提问，以及探讨由学员提问牵扯出来的相关思考。这些信有时候发给学员，有时候我自己留存。我常常觉得自己好笨，没人要求我写信，这种额外工作，辛辛苦苦做它干吗？

可是有一次，我看到心理大师欧文·亚隆谈论自己 20 多年的职业生涯，每次团体治疗结束后，他都会写一份详细的摘要，第二天寄给每位成员。20 多年来，他已经寄出几千份团体摘要。亚隆说："我坚信，这一做法大大推动了治疗的进程。"

我觉得，这正是欧文·亚隆成为一代大师的主要原因，总结起来无非是"结硬寨，打呆仗"！人们崇敬亚隆写出那么精彩的心理小说，可是你以为他只是做做治疗，然后就能坐在书桌前，写出那些文字吗？在临床治疗和创作小说之间，我相信正是写过的几千份团体摘要，让亚隆描述起治疗的过程和治疗师的个人内心来得心应手，创作出他那些包含栩栩如生的人物和细致入微的心理活动的作品。

可见无论是写出作品还是成为心理专家，真的没有捷径可走。如果你想实现自己的梦想，只有"结硬寨，打呆仗"这一个方法。当我写下我认为的成为心理专家的方法时，我似乎看到了父亲在家史中对黄氏家族的总结，祖辈的那些故事，带给我无意识的影响，化为"结硬寨，打呆仗"六字，推动我在学业上持续向前。

人类的记忆总会落在某个故事上面，写家族回忆录离不开写故事，整个家族的历史，是由一个个故事构成的。所谓家族传承，就是通过祖辈的故事来影响后辈。夸张点说，无故事就无家族历史，无故事就无家族记忆，无故事就无回忆录写作的创作素材。正是要讲述家族故事的愿望，让你拿起笔来，一定要写。

故事写作要素

写家族回忆录的时候，你会发现自己是在讲故事。故事将天南地北的亲戚连为一家人。有时候整部回忆录就是讲一个大故事，中间穿插作者的思考，结构上像一棵参天大树；有时候回忆录围绕一个主题，有许多不同的故事叠加，结构上像一朵层层开放的花朵。不管你的回忆录采取什么结构，你都需要学习写好故事。

故事，就是以前的事，是人对自身历史的一种记忆，通过叙述，成为一个带有寓意的事件。故事亦可理解为曾经的不为人知的秘密，当人们把这个秘密揭破，秘密就变成了可以讲述的故事。如果一个故事从未被人讲述和听到，那么故事的"故"就无从谈起，因为它根本不可能被后来的人知道。所以一个故事必然包含讲故事的人和听故事的人两部分。家族回忆录的作者，是讲述家族真实故事的人，而读者，是来听真实故事的人。

作者有强烈的讲述故事的动机，这种动机来自于作者本人和家族不能消解的创伤记忆。这些记忆表面上可能被遗忘或者已经模糊，成功被压抑进潜意识里，但是记忆的潜流不断骚扰作者的梦境，影响家族的氛围，记忆需要被允许回归，被认真对待。

作家余华在《记忆回来了》这篇文章里写道："小说家的内在动机是有一个记忆在左右他、支配他，他想说，但是说不清楚，就不停地讲故事，一直等到那个记忆回来了，然后他再也没有讲故事的必要了。"

人的一生本质上留下的只有记忆，记忆通过故事表达我们的存在。人和家族都存在于故事当中，故事不断地记起、讲述、修正并重塑作者和家族，是关于"我是谁"和"我们这个家族是什么"的自我认同的来源。

要写好一个故事，先要了解组织故事的三要素——情境、人物、情节。

情境中的情，指人的情绪、情感，境，包括境况和氛围。一个故事情境，包含故事发生的场景和背景。场景比较具体直观，是指故事发生的此时此地的氛围，用新闻的基本要素"五个W"和"一个H"来表现，五个W即When（时间）、Where（在哪儿）、Who（谁）、What（是什么）、Why（为什么），一个H即How（怎么样）。它们之间是合作的关系，起互相说明、补充和完善的作用，故事就是要呈现这些场景。而背景通常比较大，指我们生活于其中的时空，比如时代背景，每个故事的发生都有其时代背景，脱离时代背景去讲述一个故事，必然带来偏颇与误解。

讲一个故事，自然要有人物。人物的塑造，有扁平人物和圆形人物之别。扁平人物指人物形象单一化的、具有某种特质的、卡通化的、漫画型的人物，这种人物的特点是容易辨认、容易记忆，缺点是单薄、缺乏深度。而圆形人物是指多面的、复杂的、很难用简单的定义去描述的人物，他具有多样的内涵，让你在感情上时爱时恨，时怜悯时恼怒。随着写作的深入、你对人物了解的增多、你的内心对他人和自我的偏见以及成见的改变，你笔下的人物会逐渐由扁平变圆形。

一个故事的情节是指对事件的安排。亚里士多德在《诗学》中提出，事件的安排必须包括开端、中段、结尾。故事需要有始有终，从某一个起点开始，经历各种可能的发展，最后走到一个必然结局。

具体在写作时，推进故事进展的叙事技巧，可以借鉴电影拍摄的镜头景别来理解。所谓景别，是指由于摄影机与被摄主体的距离不同，而造成的画面所包括的范围大小的区别。你看电影的时候，会有一个非常明显的感觉：镜头越接近被摄主体，场景越窄；越远离被摄主体，场景越宽。被摄主体无论是人物、动物还是景物，都统称为"景"，取景的距离，直接影响画面的容量。

景别一般分为五种，由近至远分别为特写（指人体肩部以上）、近景（指人体胸部以上）、中景（指人体膝部以上）、全景（人体的全部和周围背景）、远景（被摄体所处环境）。不同的景别犹如在实际生活中你观察事物时，在视觉上、心理上或需要凑近凝视，或需要远观浏览。

你创作回忆录时，写下的关于真实生活的完整文字，不一定就是吸引人的故事，就像你从窗口拍的一张照片，不一定就能抓住人的眼球。所以可以运用景别的思路写作，尤其是特写和远景，提示你在讲故事的时候做出选择：作为讲述者应该站得多近？谁或者什么东西是焦点，需要强调？应该舍弃什么？怎么表达更富有美感？

这些问题的答案决定了你的叙事风格。如果你的创作主题明确，思路清晰，你可以通过景别的变化，实现叙事节奏的变化，引导读者紧紧跟随你，并且使内容更具吸引力，而这些变化也给你更大的创意空间。

中国古代绘画有"近取其神，远取其势"的说法，特写和远景两种景别，特写表质，远景表势。远景使观众了解人物与周围环境的关系，镜头首先拍到整个楼房，然后是居住的社区，然后是整个城市，再接着变成从上往下的航拍镜头，拍到城市乡村、山川湖泊，气势恢宏，尽收画中。远景镜头逐渐往后移到很远的地方，能够表现广阔的人物及周围环境和开阔的视野，囊括数不胜数的细节，但没有任何一个细节显得格外重要，全部都是远距离拍摄。

特写是突出和强调细节的重要手段，它把所表现的对象放大，从周围环境中凸显出来，造成清晰和强烈的视觉形象。特写的内容单一、集中、突出、表现力强，镜头从房间的窗户开始拉近画面，拍到餐桌旁坐着的两个人，接着镜头继续拉近，拍到第一个人的脸，然后是另一个人的脸，再接着是第二个人的眼睛，被选中的细节得到强烈的聚焦。特写能够更好地表现事物的质感，在最好的写作里，这些信息是通过特写般的细节描述来展示的。

写作家族回忆录时，推进故事进展的除了特写和远景两条途径，还有一条更重要的途径，是作者必须不断地写下自己对故事的反省和思考，这是一部回忆录作品必不可少的部分。讲故事虽然很重要，但是除了故事本身之外，作者最好争取能从自己的思考中找到新的视角，带给读者一些新的信息。故事需要挖掘，然后呈现出比原始的故事更多的深意。比如什么是这个故事的言外之旨？故事带给你怎样的思考过程？帮助你产生什么领悟？促使你和家族发生哪些改变？这些才能传递出你写这部家族回忆录的深层含义。

写作家族回忆录要从故事出发，然后从故事中呈现出来意义。读者看到某人经历了如许痛苦，熬过生命低谷，闯过生死关口，带着希望的火种活了下来，自己感同身受，同样心情振奋，找到参照，度量自己的人生，调整自己的认知，确认前进目标。作者要让读者通过认同或者不认同，开始筹划自己明天的行动。

三种家族叙事模式

即使没有明确地写出来，每个家族都有统一的叙事风格。随着时间向前，根据家族发展的情况，叙事进展有三种模式。

第一种是前进型叙事，即上升的家族叙事，故事稳定地向前发展，家族轨迹曲线是上升的曲线。比如我那一贯乐观的二姐和姐夫，对他们成绩优异的女儿讲出来的家族史，就是这种调调："闺女呀，咱们张家刚从农村出来的时候，真叫一个一无所有。不过咱老张家的人都能干。你爷爷进厂当了工人，又红又专；你爹我考上了大学，出国留学；你现在到了硅谷，做大数据分析专家，咱家的日子越过越红火！哈哈⋯⋯"

第二种是衰退型叙事。故事的过程是恶化或衰退的，走下坡路，家族轨迹曲线是下降的曲线。比如我的母亲采用的就是下降的家族叙事："本来日子过得挺好，但是忽然日本人打过来了，于是我们失去了一切。"

第三种是摆动式家族叙事。我经常用这种叙事跟我女儿对话："女儿，妈妈跟你说，我们家有起有落。外公外婆在省城最大的医院工作，帮了很多人看病，外公在老家人人称颂。妈妈是报社的主编，还开了自己的公司。但我们也遭遇过挫折。外婆动了两次大手术。妈妈公司经营报纸广告，遭遇互联网冲击只好关闭。你爸爸还投资失败。但是爸爸重新进公司做了投资经理，妈妈出版了好几本书，现在成了作家和心理专家。无论发生什么，我们都是打不死的'小强'，是相亲相爱的一家人。"

最健康的家族叙事是摆动式。一个家族只看好的而回避不好的，或者只看糟糕的而看不到好的，都不利于后辈成长。让孩子们从小就通过家族故事知悉人生有起有落，会增强他们未来无论面对顺境还是逆境，都客观应对的能力。

一位英雄祖先的传奇

一个家族的起源，通常从一位英雄祖先的创世纪故事开始，其实中国的历朝历代，也同样是由一位英雄祖先的传奇拉开朝代大幕。英雄祖先的故事，对家族和民族，都起到向心、凝聚的作用，为家族成员提供精神力量和行为示范，帮助后代处理现实困难和情感困惑。

有一位被认同的英雄祖先，后辈重大的人生问题"我从哪里来"就有了笃定而且恒定的答案。我现在遇到蒙古族朋友，还会听到对方自豪地宣称："我是成吉思汗的子孙！"这份认同历经千年万人而不衰，并且可以预见即使在未来，蒙古人依然会说："我是成吉思汗的子孙！"可见英雄祖先传奇的力量。

任何一部家族回忆录中，一位或者几位英雄祖先的故事，必定占据大量篇幅。如何写好这些故事？写故事是有套路的。神话学家约瑟夫·坎贝尔破解了讲故事的套路，他通过对世界上各种英雄神话的研究，发现了人类共通的故事模型，即所有的英雄神话，基本上都是同一个故事，由几个常见的结构组成，然后在无限的变化中被不断地讲述。克里斯托弗·沃格勒从业于讲故事最专业的好莱坞，他把坎贝尔的思想与心理学家卡尔·荣格的原型理论整合，提出"英雄之旅"的概念，其著作《作家之旅》被誉为好莱坞编剧界的圣经，是世界上最有影响力的写作指导书之一。

沃格勒把英雄之旅的故事模型分为12个阶段。以下内容摘自他的《作家之旅》：

1. 正常世界

大多数故事都让英雄从正常而平凡的世界进入一个崭新而陌生的非常世界——一种"离水之鱼"的思路。

2. 冒险召唤

英雄必须面对问题、挑战或奇遇。一旦冒险召唤响起，他就无法无限期地赖在襁褓般的正常世界里。

3. 拒斥召唤（迟疑的英雄）

这个阶段关乎恐惧。在这个时间点，英雄一般会在冒险的出发点犹豫不前、拒斥召唤或者表露迟疑。毕竟他正面对最强烈的恐惧——未知世界的恐怖。英雄在此时还没有全身心地投入冒险，他可能还在考虑要不要顺着原路退回去。需要有一些其他的影响使他度过这个恐惧的转折点，比如环境的变化、自然秩序进一步遭受侵犯或者来自导师的鼓励和支持。

4. 导师（智慧的长者）

英雄和导师之间的关系是神话中最常见的主题之一，也是最具有象征意义的，它代表着父子、师生、医患、神人之间的关联。导师的功能是帮助英雄做好面对未知的准备。他们可以提供建议、指导或者魔法装备。

5. 穿越第一道边界

第一次完全进入了故事中的非常世界,英雄准备好迎接冒险召唤中的问题或挑战。此时此刻,故事和冒险才真正开始。

6. 考验、伙伴和敌人

既然英雄已经越过了第一道边界,他自然而然地就要迎接新的挑战和考验,与他人成为伙伴或敌人,并且开始熟悉非常世界里的规则。

7. 接近最深的洞穴

英雄终于来到了险境的边缘,比如幽深的地底、宝物的藏匿之所。英雄进入这个恐怖空间也就越过了第二道边界。在神话中,最深的洞穴象征着死亡之地。"接近"这一行动包含了所有的准备行动——为了进入最深的洞穴和迎接死亡威胁所做的准备。

8. 磨难

英雄直接面对他人生中最大的恐惧,他的命运坠入谷底。他在战斗中被敌对势力逼至死亡的边缘,不得不面对生死危局。磨难在所有故事里都是至关重要的阶段,英雄在磨难中必须死去或貌似死去,以便他能够获得重生。这是英雄神话散发出魔力的主要阶段。经历了故事前面那些阶段,观众已经对英雄和他的命运产生了认同感。发生在英雄身上的事情,我们会感同身受,故事催促着我们去和英雄一起经历在死亡边缘徘徊的时刻。我们的情感暂时被压抑,以便在英雄死而复生的时候被激活,而激活的结果就是,我们感受到无比的兴奋和愉悦。

9. 报酬

通过考验,英雄现在掌握了他一路追寻的宝物的所有权,宝物(或称报酬)既可以是魔剑之类的奇异兵器,也可以是圣杯或者万能药之类的能够拯救大地衰竭的宝器。作为报酬的"宝剑",也可能是知识和经验,它能加深对敌对势力的理解,并且促成最终的和解。在此,英雄可能会与一些人和解,比如父母或恋人。有时英雄会散发更多的魅力,并因为冒险的表现而得到英雄的称号。

10. 返回的路

英雄要面对反抗非常世界里黑暗势力的最终后果，在回到正常世界的路上，英雄被一心要报复的敌对势力疯狂追击，可能被夺走嘉奖。在此阶段，英雄决定要回正常世界，虽然还有很多危险、考验和诱惑，但他已经决定了。

11. 复活

在古代，猎人和战士在回到家园之前都必须接受净化，因为他们的双手沾满了鲜血。同理，经历过死亡之地的英雄在回到正常世界以前，必须在最终的死亡磨难和复活中获得新生和洗涤。英雄因为这些死而复活的阶段而改变，他将有能力返回正常的生活，作为一个具有新鲜见识的新人而重生。

12. 携万能药回归

英雄回到了正常世界，但如果他没有从非常世界带回万能药、宝物或者教训，英雄之旅就是毫无意义的。万能药具有治疗魔力，它可能像圣杯那样具有治疗大地衰竭的神奇功效，或者它只是一些知识和经历，在未来的某一天会对大家有所帮助。万能药经常是旅途中赢得的宝物，但它也可以是爱情、自由、智慧或者知识——"有一个非常世界，可以从中生还"。有时候，万能药只是一个可以在回家之后缓缓道来的故事。

在英雄之旅的概念里，"英雄"这个词对男女均适用。英雄之旅是一个故事的骨架，用这个骨架可以非常有效地搭建起英雄祖先故事的结构，再辅助以细节和传奇，就能讲述一个有血有肉的英雄祖先的故事。

我尝试着把我大伯与父亲的通信中讲述的大伯投笔从戎参加抗战的故事，嵌入英雄之旅的结构。经过 12 阶段的梳理，几封零散的家书，竟然组织出一个脉络清晰的完整故事。在这里分享给读者。

1. 英雄出场在正常世界里，在那里，→

大伯来信："毕业时考得不错，被委任为崇实小学校长，随后士绅和商界选我当中镇镇长。我那时想做一番事业，在兼任镇长时，仍以教学为主。从没有派过款、派过兵、派过夫。"

2. 他接到冒险召唤。→

大伯来信："1936年旧历腊月初八，当日下午，一群青年准备去参加抗日，住在我校，我请他们吃饭。腊月初八下大雪，这些人中有部分打退堂鼓，不想去了。我想，叫别人去，为什么自己不去呢？"

3. 他起先会迟疑或者拒斥召唤，但是→

大伯来信："回家和咱父亲商量，咱父亲不同意我去，最后说服了咱父亲，把学校的事交给了教导主任师人杰，天一亮就随他们冒着大雪去了。"（说服父亲实际上是在进一步说服自己）

4. 他会受到导师的激励，从而→

大伯来信："他们选我当代表，到北京后，我找到李鸣钟将军（对门老乡），他第一句话就说，我听说你在家当校长干得很好，为什么要当兵？我说了我为什么要当兵，当时抗日之声甚浓，我仰慕班超弃笔从戎……他接着说，有句话送给你，就是'能忍人之所不能忍，方能为人之所不能为'。"

5. 越过第一道边界而进入了非常世界，在那里，→

大伯来信："我分配到第一大队第二班，军事训练是相当严格的，很多人吃不了这种苦，后来有一半开了小差。"

6. 遇到了考验、伙伴和敌人。→

大伯来信："班长说，'正面上杠子，在一个月能上去的，奖励一条毛巾、两双袜子，黄如斗两个月能上去，奖励两条毛巾、两双袜子。'我猜想这是看不起我，嫌我笨。我暗下决心，每天夜里在雪地里练杠子。到月底全队考试时，我站在队尾，考试的结果，很多人都上不去，最后我说，'让我试试吧。'班长把眼一翻说，'你还试试？'我上去了。大家很惊奇，有个同学说，'他怎么能上不去，他每天夜里偷着练。'从此，班长对我特别好。"

7. 他接近最深的洞穴，越过第二道边界。→

大伯来信："在南苑和日军作战，我用机枪打死一个骑兵。队长对我特别地信任。后来在京浦、陇海两线作战时，都是派我打前站，首先升了副班长。在撤退时总是叫我带一个班在后面掩护。与日军大战是在七七事变时发生的。7月28日攻击南苑，日军这次用100多门大炮，100架飞机。我在这个队有140多人，战后集合时只剩下28人。132师师长阵亡。我也险些丧命。当时下大雨，我的鞋被泥土粘掉，日军用机枪扫射，前面的人都打死了，我提上鞋又跑，在日军重炮下，从玉米地里跑出来，经过三夜两个白天才到河间，经整顿后，到河北泊镇，调入冯玉祥部队。"

8. 经过磨难。→

大伯来信："考入黄埔军校，入校后经过一番教育，奉命长途转移，由武汉徒步行军，经湖北、湖南、贵州、四川到达重庆铜梁县。走了三个多月，约四千里地。毕业时我在本队考第一名，奖励一块手表、一块勤学奖章、一些书，还领了每人一把的'校长蒋中正赠'的佩剑。毕业后我被分配训练新兵，各级干部都是黄埔各期毕业的，以后部队开到重庆，保卫陪都，我升为迫击炮连连长。这时天天有100多架飞机轰炸，我负责保卫小龙坝、磁器口、沙坪坝，全连没有损失和逃亡。走出四川时，我连兵力最多。部队到达万县，又遭到日本鬼子飞机轰炸，本团死亡300多人，我连没有伤亡一人。

"我们到达战斗第一线三游洞（离宜昌18里㊀，宜昌已被日军占领）。我与日军相隔一个江叉，只有一两百米远，用步枪可以相互射击。日军天天向我阵地打炮，

㊀ 1里等于500米。

有时来飞机轰炸，我下决心与阵地共存亡，在这时给咱父亲写了一封绝命书，大意是保卫疆土，乃军人天职——'受命之日忘其家，临阵之日忘其亲，援将鼓之忘其身。儿子不能照顾大人，请大人也勿以儿为念。'在三游洞，共守了三个月，日军未敢真正进攻。由于长期在洞内居住，受潮过重，大部分官兵患上疟疾。我也得了一场重病，换防后到竹溪县休养。

"记得1940年秋，一次日军在飞机、大炮掩护下，向我师发动进攻，我受命掩护全师撤退。我这时下了必死的决心，坚决固守朱家湾一带小山地，敌人多次进攻，打了一整天，始终攻不上来，我这次被日军炮弹炸的土埋在下面。那一夜是八月十五，我率队下来时，敌占区老百姓拿着酒肉、月饼慰劳我们，我很受感动。师长、团长都以为我牺牲了，到第二夜在乌龙桥才找到团部，团长特别高兴。

"又一次我攻击熊家湾据点，挑了三十人，进入敌人据点，这时敌人增援部队到达，我请示上级，停止进攻。第二夜换三连刘超进攻，他也挑了三十人进去，我在外面掩护，结果他们全部阵亡。又一次早晨大雾，上级命我部过封锁线，营长钟群不敢过，我自告奋勇带领全连先过，吓得日伪军碉堡的敌人不敢动……在敌占区里的半个多月游击战，天天与日军打仗，团长向上级报告说我'每日必战，每战必烈，极为灵活，日伪丧胆'。

"大约是1943年，我调到河南奉命阻止日军由驻马店向我进犯，奉命死守泌阳县城，我绕城日夜做工事，城里城外都挖空了。又向咱父亲写了第二封绝命书，准备固守阵地，结果日军没敢来，又到白河驻了一个月，日军又没敢来。以后由新野、邓县、南阳等县到长江沿岸，又到湖北三斗坪。1944年到湖南常德，奉命守卫东南十五里的德山镇，敌人又没敢来。"

9. 他获得了报酬，并且→

大伯来信："1945年8月初，92军向武汉前进，行军途中接到日本投降的通知，军民闻之，鸣锣放炮，彻夜欢呼抗战胜利……我乘飞机到北平，部队随后到达北平后，老百姓倾城出动，欢呼迎接我们。我驻守西山一带，尔后到通县、顺义、怀柔、密云，在通县接收日军坦克第一中队，归我指挥。"（这段时期我的大伯与毕业于北京师范大学的伯母成婚，英雄抱得美人归。）

10. 在往正常世界返回的路上受到追逐。→

大伯来信："国共谈判破裂后，又开始不断进行战斗，相互攻击，大小仗打了数十次。"

11. 他越过第三道边界，经历了复活，被经历改变。→

大伯来信："这一段时间，主要是守北平到山海关内外，我与苏立功（你大嫂二弟，地下共产党员）密谋起义。不久傅作义起义，我就随之起义了。起义部队到北平北面顺义县驻扎，听候改编，这时很多官兵不快，鸣枪甩手榴弹，部队混乱……在某日夜，我师炮兵营、骑兵营、工兵连和168团、167团的一部分官兵突然叛变，他们大喊大叫，我当时冒着生命危险，坚决阻止。我又带一部分警务人员到师部，保卫新派来的师政委丁荣夫。部队改编后，我被编入杨成武兵团，任66军独立55师第一团团长。随军到太原，解放后调入华北军事大学。"

12. 他带着实惠、宝物或者万能药回归，让正常世界获益。→

大伯来信："1951年我被调入南京军事学院任上级教员（六级），在教学中始终担任政治或军事小组长，工作勤勤恳恳，没有缺过一次勤，获得学员好评、上级多次表扬。刘伯承校长听我给学员讲课后评价，很好！在学校我主要是讲基本课，但也给空军、海军、炮兵、坦克等系上过课，也给朝鲜战场调回的高级干部上课。我这个小组，有18个军级干部，除刘伯承外，还有不少兵团级干部听过我讲课，对我的印象都不坏。唐山大演习时，我指挥连装火箭炮（又名喀秋莎），陈毅元帅在我面前参观并讲了话。在临淮关大演习时（陆、海、空联合），我担任一部讲解员，并摄了电影。"

到了这里，英雄之旅的 12 个阶段已经完结。这是真实的故事，远比简单的模型复杂。我的大伯后来经历了一系列的磨难。在 20 世纪 70 年代末，他最后写给父亲的书信说："回忆过去二十几年能为人民做点事，以补过去在旧社会犯的罪恶与错误。林彪、四人帮的错误路线剥夺了我为人民服务的权利。现在党中央英明领导下，我获得了新生，是可喜的，但由于身体和年龄关系，不能为人民工作，又感觉遗憾，只有把希望寄托于你们和下一辈侄们，各在自己的岗位上，努力做出成绩，为'四化'多做贡献，常常听到你们的好消息为盼。

——大哥如斗书　12 月 17 日"

感谢大伯以自己的英雄之旅，为黄氏后辈做出精彩的人生示范。虽然斯人已逝，但是大伯带给我们英勇的精神、坚强的行动力，他为了国家、民族毅然从军，无惧死亡威胁的成长故事，是后辈将一代代讲述下去的黄氏家族故事。

谨以此段文字，纪念我的大伯。我们一直怀念您！

◎ 写作也是传奇

12 个阶段像一段旅途，是英雄成长的纵向前进路线。不过人是关系的动物，一个人成为英雄，更重要的在于周围的关系，英雄是在关系的环绕中成为英雄的。沃格勒的英雄之旅，将故事人物总结为 8 种不同原型：英雄、导师（智慧的长者）、边界护卫、信使、变形者、阴影、伙伴、骗徒。

这个思路来源于心理学家卡尔·荣格的原型理论。沃格勒援引荣格对原型的解释：原型是在所有人的梦和所有文化的神话中不断重复着的角色或能量。荣格认为，这些原型对应着人类头脑的不同侧面——我们的多重人格被头脑分配成了这些角色，从而让他们演绎我们人生中的戏剧。荣格指出，他的那些病人梦到的人物与神话中的人物有着高度的一致性。他进而认为，两者均来自人类较深层的集体潜意识。

在弗洛伊德提出的个体潜意识的基础上，荣格进一步提出了集体潜意识的概念，认为集体潜意识指人类祖先进化过程中，集体经验在心灵底层的精神沉积物，处于人类精神的最底层，为人类所普遍拥有。集体潜意识和个人潜意识的区别在于，它不是被遗忘的部分，而是在个体一生中从未被意识到的东西，经由遗传获得，由全部本能及其相关的原型组成。

原型是集体潜意识中形象的总汇。沃格勒认为原型这一概念在理解角色的目的或功能时不可或缺。如果你能把握某个具体角色背后的原型的功能，你就能判断这个角色是否在故事中起到了充分的作用。原型是全世界通用的叙事语言的一部分，掌控其能量对于作家来说就像呼吸空气一样基本。了解原型确实对于塑造人物十分重要，但是理解原型最重要的，在于增强写作者对本人的人生认识。

每一位写作者都是踏上未知旅途的英雄，在完成自我实现的过程中，英雄之旅的各个阶段将先后出现在你的写作旅程中，各类原型人物也会伴随你的困境如约而至。比如边界护卫原型，他会在旅途中的各种边界出现，边界是指从一个阶段到另一个阶段的连接之处或者转弯之处，你不会顺利地通过而会遭遇阻挠。边界护卫把守在英雄通往新世界的关口，有些凶神恶煞，有些楚楚动人，摆出阻止的姿态，要把人拦下。从精神分析的视角来理解，边界护卫象征着英雄的心魔，在你即将突破自我、产生改变时，心魔会向外投射，现形为各种边界护卫，出现在你的面前，作为主考官测试你到底能否通关。看一看《西游记》中各路妖魔鬼怪阻拦唐僧取经，既有金角大王、银角大王，也有女儿国主，他们对唐僧（英雄）提出挑战和进行考验，而唐僧必须解决难题或者通过测试，否则西行取经就会泡汤，他就不能继续他的英雄旅程。

在写作的道路上，你遇到的边界护卫是那些瓦解你创造力的朋友。要是有朋友说你最近变得"自私了""反常了",你要特别小心,你的朋友潜意识里真实的目的,可能是想把你拉回到以前的状态,好让他安心,而不是鼓励你继续写作、突破自我。别期待这样的朋友真心为你的进步拍手叫好,他只想把你拉回到过去的状态。因为你的改变给他带来焦虑,让他觉得自己其实也有可能突破而没有做到,于是感到羞愧、愤怒、对自我不满。

人们大多宁可去幻想写作,也不愿付诸实践。可是只要自己没动手去写,就会觉得身边有人在写真是讨厌。他看不惯你为写作刻苦努力的那副样子,会无意识地暗中瓦解你正在进行的创作。当然,他多半没有觉察也不会承认自己的这些友好建议,是在表达对你的攻击。

英雄要把所有出现的这些阻挠,看作陪伴自己修行的伙伴、增长自我能量的源泉。他们都是来成就你的,你在经历这种痛苦的自我定位变换后,会变得更加强壮。你不需要把他们视为损害你的敌人,与他们进行恶战,你需要同情他们,争取将他们慈悲容纳。

家训、家规和家风

中国的每一个家族都有自己的家训、家规和家风,这是儒家文化传承至今,深深铭刻在中国人心中的理念和日常行为规范。家训、家规和家风,是一个家族的核心文化,是中国人代代传承的家族信仰。

家规是一个家族的行为规范。一般是一个家族所传承下来的教育子孙的准则,也叫家法。我们常说"国有国法,家有家规",家规等于家族内部的法律,子孙必须遵守这个规范,假如违背了,会像违法一样,受到相应的责罚,所以家规具有惩罚性。家规的文字像法律条文一样简单实用,质朴清楚,不求文采。

家风又称门风,指的是家庭或家族的传统风尚,体现家族成员的精神风貌、道德品质、审美格调和整体气质，是一个家庭或家族的生活方式和文化氛围。家风包含强烈的价值观，是家庭伦理、家庭美德、道德水平的集中体现，由父母或祖辈提倡并身体力行，长期培育，言传身教，借由一种强大的道德感染力量而形成。不同于家规的硬性规定，家风作为一种家族风尚和作风，建立在家族成员的集体认同之上，在思想道德层面约束家族成员。

家训是把家风文字化的东西，是指对子孙立身处世、持家治业的教诲，是中国传统文化的重要组成部分，也是几乎每部家谱都不会缺少的内容。写家训的人通常是家族最有建树的英雄祖先，是一个家族中最成功的那个人。

在中国历史上，有很多著名的家训，比如孔子对儿子的家训："不学诗，无以言；不学礼，无以立。"意思是不学诗怎么会说话？不学礼怎么做人？孔子强调了学诗和学礼是人生重要的两件大事。

又比如我前面提到的曾国藩，他留给子孙著名的家训《修身十二款》。

1. 主敬：整齐严肃，无时不慎。无事时心在腔子里；应事时，专一不杂，如日之升。

2. 静坐：每日不拘何时，静坐半时，体验静极生阳来复之仁心，正位凝命，如鼎之镇。

3. 早起：黎时即起，醒后不沾恋。

4. 读书不二：一书未点完，断不看他书，东翻西阅，徒循外为人，每日以十叶为率。

5. 读史：丙申购二十三史，每日读十叶，虽有事不间断。

6. 谨言：刻刻留心，是工夫第一。

7. 养气：气藏丹田，无不可对人言之事。

8. 保身：节劳节欲节饮食，时时当作养病。

9. 日知其所亡：每日记茶余偶谈一则。分德行门、学问门、经济门、艺术门。

10. 月无忘所能：每月作诗文数首，以验积理之多寡，养气之盛否，不可一味眈着，最容易溺心丧志。

11. 作字：早饭后作字半小时，凡笔墨应酬，当作自己功课，不留待明日，愈积愈难清。

12. 夜不出门：旷功疲神，切戒切戒。

这十二条家训承载了曾国藩对后代的希望和鞭策。他有丰富的人生经验与教训，希望告知后辈；他有重要的价值观与优良传统，希望后辈沿袭；更重要的是，他强烈地希望借助这些叮嘱和守则，帮助子孙避开未来未知的灾祸和纷争。

相较于曾国藩的避祸，宋耀如对宋氏三姐妹的家训"不计毁誉，务必占先"则更有积极鼓励、用于创新的态度。由于在美国的生活经历，宋耀如摒弃了传统的压抑个性和循规蹈矩的教育方式，而是按照自己的价值观和教育理念来培养子女。他不让女儿们缠脚，免除中国古典教育中《女儿经》等的"修养"，看到女儿们不喜欢刺绣，就说服妻子"眼睛最好用于阅读"。他有意识地以"不计毁誉，务必占先"的精神来培养子女们，形成宋氏家风。

宋耀如的住宅周围是农田和菜园，孩子们在菜园里嬉戏，踏坏了乡民种的菜时，他拿钱付给乡农，让他们别干扰孩子。这在价值观上传递给孩子们"我的快乐大于被人责骂"的"不计毁誉"，所以在追求自我实现的道路上，宋氏姐妹才能扛住外界巨大的压力，实现自我的目标。而她们的目标，则早已被父亲通过家训设定明确，就是"务必占先"。

这种总会"占先"当第一的感觉，他通过生活的点点滴滴，在子女幼小的时候已经形成家风，传递给子女。长女霭龄10岁生日的时候，就成了中国第一个拥有一辆自行车的女孩，那是父亲专门托人从国外运来的。1903 年，宋耀如送霭龄去美国学习，成为中国第一位出国留学的女性，而且霭龄进入的佐治亚州威斯里安女子学院，也是世界上第一所专为女子开办的大学。在"不计毁誉，务必占先"的家训引导下，宋氏三姐妹在她们生活的年代，不仅创造出无数女性解放的"中国第一"，还作为杰出的政治家，不输于男性地参与甚至主导了中国的政治大局。

写作家族回忆录，一定要写到家训、家规和家风，这些规训已经不需要作者去创造，只要整理、记录它们，就是在给家族做文献留存的工作，给家人珍贵的精神指引。

家族聚会与家常菜谱

假如世界上长得最像的一群人聚集在了一个地方，那么除了有可能是整形医院举行客户答谢会之外，就是在进行一场家族聚会。

家族聚会可以出于各种原因，逢年过节、为老人祝寿、给孩子庆生、乔迁新居、祝贺升学升职、离别欢送、宗亲活动等。聚会的目的无非有二：一是阖家团圆，亲人之间互相沟通联谊；二是缅怀祖先，让家族成员更有向心力，不要忘本。

家族聚会往往具有历史感，是一个家族的传统活动。许多家族传统上除夕夜要一家人聚在一起吃年夜饭，在外打拼一年的子女视之为铁律，无论挤火车、汽车、飞机、轮船多么辛苦，都要踩着春运的大潮回家团圆。这种传统年年按时重演，像一种轮回，组成一个家族历史的一部分。

年长者似乎更喜欢家族聚会，而年轻人很多会为此焦虑，没有小朋友的参与，家族聚会就变得冷清沉闷。参加家族聚会，每个人都暗藏着自己的渴望、动机或者畏惧，你预知会见到哪些家人，未知会听到什么消息，勾出从小到大的什么回忆。

不过，从古代到现在，从东方到西方，人类的家族聚会永恒且一致的地方，就是全体聚在一起后，一定会好好地吃顿大餐。这餐饭聚集了温暖、食物和丰盛等令人愉快的元素，代表着家族兴旺，团结互助，一切平安顺利，具有重大的意义。在中国，假如家族成员分开来吃饭，各自使用不同的灶台、厨房，说明分家了。只有在一起吃饭，才是展示家族凝聚力的正确方式。

作为家族回忆录的作者，总是绕不过家族聚会的题材的，一定要写一写。可是，一次家族聚会出现很多人物，有许多事情发生，你发觉内容太多，千头万绪，不知从何入手、针对什么开始写。我的经验是从具体的人物或者食物入手。

你的面前出现一个人物，这个人是谁？你看到了他的外貌，觉得是器宇轩昂还是形象猥琐？对方最介意的是什么？对钱非常敏感还是一谈起孩子就两眼放光？给你的第一印象如何？身上的气味如何？他是否不停地接电话，可能会有什么秘密？你可能很讨厌或者喜欢他，但是作为作者，无论是你的伯父、舅舅还是七大姑八大姨，对方的一切所作所为都源于自身是一个什么样的人，你要对人性充满好奇，尽可能地去了解对方，设法用你的笔墨将其展示给我们看。别管对方是一个骗子、泼妇，还是名人、教授，无论对方是一个什么样的人，你都不妨带着兴趣深入研究，试着捕捉他带给你的一切感觉，研究他的动作，复述他的言语，理解他的生存之道。

在家族聚餐的饭桌上摆放的酒菜，透露出一个家族的家境和家运。你看到饭桌上摆了什么食物？哪些年年必不可少？哪些是今年新增加的？哪些过往曾有而现在不见了？你还有对它们的回忆吗？把你看到的食物都先写下来，编制成一份菜谱，然后从你写的菜谱中，选出合适的加以突出强调。比如一盘油炸腰果，试着对这盘腰果加以描写，过去这类下酒小食是炸花生米，什么时候换成腰果的？基于食物带来的本能刺激，你多半能文思泉涌地写出这盘腰果背后，那些你和你家族的成长故事。

如果你觉得仅仅依靠写菜谱和饭桌上的饭菜，还不足以帮你写好一次家族聚餐，那么你可以进一步写写厨房，这能帮助你更细致地观察事物，激发想象和记忆。

家人共有的身心特征

家族聚会的时候，不管家人平时有没有联系、住在天南地北、身份高低贵贱，你都能看到造物主如此伟大，不仅让一群人彼此长得如此相像，还创造出许多神奇的相似之处——有些因为先天的血缘和基因，而有些来自于后天的成长环境，大家有共同的家族认同，在价值观和身心各方面表现出来。

我在每次家族聚会的时候都感到惊奇，两个外甥长得跟舅舅真是太像了，不仅是长相、身材，连说话的语气、神态，都如同复制。可是一个外甥在深圳，一个外甥在江西，没有一个跟舅舅一起生活过，连见面都少有。血缘的影响，实在强大！

家族中亲人之间，谁长得像谁，这是聚在一起总被提到的话题。父母在我们小家庭的日常生活中，也时不时会冒出来这样的感叹："这孩子真像他爷爷！""你这丫头跟小姨一模一样。"有时候顺着这个话题，父母接着讲述一段当事人的人生故事，甚至是一段家族往事。

其实听到这些家族故事，也在无形中镌刻我们每个人的家族认同，甚至民族认同。对家族的认同会让一家人的形象、气质越来越相像，即使出生时并没有那么像。比如我的好友刚是满族正黄旗人，祖上曾经是武状元出身，刚的儿子长得白白胖胖，也不爱武术，可是爸爸给儿子讲了祖上的故事后，儿子变得刻苦练武，整个人的身形长相，跟曾经在东北武装抗日的太爷爷越来越像。这就是这份家族和民族的认同产生的作用。

很多家族的人都会有个口头禅："咱老张家人都长得胖。"或者"王家的人就是吃不胖。"你全家都胖或者全家都瘦，跟家族的文化带来的行为习惯，比如饮食习惯、运动习惯等有关。一个人去医院看病时，医生除了询问个人病史，还会询问家族病史。一个家族的人，往往会有多个成员患有同一种疾病，就是家族遗传病，比如过敏、哮喘、高血压、高血脂、肥胖症、糖尿病、结直肠癌、乳腺癌或胃癌等。著名的拿破仑家族中，拿破仑的祖父、父亲和3个妹妹都因胃癌去世，整个家族包括他本人在内，共有7人患了胃癌，表现出明显的家族性倾向。为了防范这种家族共同的身体疾病，会产生家族的禁忌和限制。假如限制过度严苛、缺乏弹性，也会让家族的后辈产生叛逆和渴望逃脱家族牢笼的感受。

写作练习：《木兰新辞》

【练习说明】

《木兰辞》是南北朝时期北朝民歌的代表作品。我认为也是中国最早、最著名的回忆录，一部女英雄木兰的回忆录。《木兰辞》展示了丰富的心理内容，即使在现代社会，这些内容依然能够引起我们强烈的共鸣。例如，

- 任务的代际传递（代父从军）："愿为市鞍马，从此替爷征。"
- 秘密（女扮男装）："同行十二年，不知木兰是女郎。"
- 一个家庭男性孱弱而女性强大："阿爷无大儿，木兰无长兄。"
- 分离和重逢："旦辞爷娘去，暮宿黄河边。""爷娘闻女来，出郭相扶将；阿姊闻妹来，当户理红妆；小弟闻姊来，磨刀霍霍向

猪羊。"

- 攻击性："朔气传金柝，寒光照铁衣。将军百战死，壮士十年归。"

- 爱（女儿对父母的思念）："不闻爷娘唤女声，但闻黄河流水鸣溅溅。"

- 与权威（天子）的关系："可汗问所欲，木兰不用尚书郎。"

- 回归自我（女儿身）："脱我战时袍，著我旧时裳。"

- 自恋满足："当窗理云鬓，对镜贴花黄。"

- 性别认同："双兔傍地走，安能辨我是雄雌？"

- ……

- 故事：木兰从军。

- 故事的情境：战争的背景（"昨夜见军帖，可汗大点兵"），木兰代父从军一连串的场景。

- 故事的人物：木兰、母亲、父亲、姐姐、弟弟、天子、战友。

- 故事的情节：木兰与母亲对话，准备出征买装备，踏上征途，长期激烈战斗，凯旋，与天子对答，功成身退，返回家乡，家人欢迎，战友惊叹。

- 叙述者口音：第一人称我（木兰）在叹息，"唧唧复唧唧，木兰当户织。不闻机杼声，惟闻女叹息。"与母亲对话。

- 主题：女儿代替父亲完成任务，保家卫国。

【练习目的】

本练习需要几个人一起进行，围绕木兰代父从军的主题，用不同文体拼贴组合，集体即兴创作一部回忆录。

回忆录是拼贴式写作，可以运用于你的自由书写、诗歌、个人随笔、日记、书信、游记、评论文章，也可以拼贴对白，只要围绕明确的主题，类型上没有任何限制。

【练习步骤】

第一步：阅读《木兰辞》。

第二步：分别以诗歌、家书、战地日记、请示报告四种文体，进行共情木兰的写作。（各10分钟）

第三步：将四种文体拼贴出一部回忆录作品《木兰新辞》。

第四步：反思这部回忆录触动了自己的什么情结。

【练习结语】

一起感受汉语言的诗性之美。汉语的象形文字直通人心，在民族文化上，我们有辉煌伟大的语言之"心"。

写作传承文化血脉，延续民族精神，每一位写作者，都是文化的传承人。

写作治疗运用汉语言文字，是一种深深扎根于中华文化的心理疗法。

持刀枪剑戟，破燕山胡骑。请热爱写作，勇敢地与虚假的自我战斗！

第14章

家谱图的运用

> 一张以血缘宗亲关系为经纬编织的家族网络，在其中占据一个位置，让我感受到了联结。我并不孤独，属于一个更广大的系统，我不单是飘浮在空中的一粒尘沙，还是大地和海洋的一部分。

家谱图是以图形的形式描述家庭历史、血亲关系和婚姻关系，帮助我们理解家庭模式的实用图谱，被广泛应用在健康医疗领域，也是一种基本的心理治疗临床工具。

家谱图虽然是家谱的示意图，但是与中国民间的家谱文献不同，家谱图不仅使人迅速全面地了解一个家族复杂的结构，而且提供了更多成员之间关系的信息。系统式家庭治疗的开创者莫里·鲍恩于20世纪70年代提出将家谱图作为家庭治疗临床评估和干预的工具，自此以来，家谱图已经发展成为家庭治疗领域国际通用的临床工具。

从我了解到的情况来看，家谱图被我国的家庭治疗师高度接纳，简直到了爱不释手的地步。清华大学心理咨询中心主任刘丹说："在近十年的家庭治疗实践中，我一直在运用家谱图。因为家谱图是系统家庭治疗里最经常使用的工具，有着非凡的意义。"

中国心理卫生协会家庭治疗学组理事长陈向一说："我以前每做一个家庭，在看家庭成员谈话的时候，手里必定会同时画出他们的家谱图。现在我的治疗风格有了变化，更主动地与家族互动，手里不画家谱图了，但是内心始终有一张图在补充和修正。"

台湾心理治疗与心理卫生联合年会终生成就奖得主杨蓓老师说："我初做家庭治疗时，必定从画家谱图开始，后来熟练了，有时候看起来没有画图，但是手中无图，心中有图。我心中的家谱图一直在工作。"

修家谱和上家谱

家谱是中国特有的文化遗产，起源至少可以追溯到春秋战国时代。那时实行分封制，每个诸侯都有一块封地，所以有用地名、国名作为家族姓氏的普遍风气，"姓"与地域的关系十分紧密。比如我少年时代生活在郑州，"郑"在过去就是国名，在这个地方生活的人以国为姓，然后有了"郑"姓。

中国人最终极的精神信仰，实际上与出生地相关。叶落归根，荣归故乡，几乎是每个中国人与生俱来且终生相伴的信念。比如西楚霸王项羽，在攻入咸阳取秦而代之，取得无比成功的时候，最想干的事情是荣归故乡，他说："富贵不归故乡，如衣绣夜行，谁知之者？"要是这个时候不回故乡嘚瑟就是锦衣夜行，只有回故乡炫耀成功，才是他人生最重大的事情，远大于乘胜消灭危险的对手刘邦。所以项羽在失败的时候，会因为八百子弟兵离弃他而心理崩溃，"无颜见江东父老"而自刎乌江。这个人完全没有为自己活过，他心里的"江东父老"，也就是故乡的意象，决定了他的荣辱和生死。

对中国人而言，在一张以故乡的血缘宗亲关系为经纬编织的家族网络中占据什么位置，是头等要事。而家谱正是这张网络最直观、平面的显示，且能代代相传，永远被后人知晓。所以家谱的珍贵性，以及修撰家谱的必要性，自不待言。

家谱又称族谱、宗谱等，是一种以表谱形式记载一个以血缘关系为主体的家族的世系繁衍和重要人物事迹的特殊文献。在中国古代凡是有些体面的人家，都要修家谱。只要有血缘关系的人聚居在一起形成家族，那么家族的首要任务，就是修家谱。

华夏文明传承的脉络，由国史、地方志和家谱三大类文献共同撑起，其中家谱最具平民特色。修家谱和上家谱，是中华民族上下五千年的传承延续在民间活动中的重要部分。家谱会经常地、反复地被修撰，而每次修谱，都是家族大事件。

《赖氏谱序》中有云："家之有谱，犹国之有史也。史以纪事实，谱以序昭穆。昭穆之能明，则家派曷得而蒙哉。""由一人而刑于一家，由一家而刑于一乡，推而达于远，将有不胜其化。是以有子以为行仁之本，孟轲氏以为仁义之实，信不诬矣。"这段话首先强调了家谱记录家族排序的功能。修撰家谱是为了分清家族中的代次、辈分和宗亲关系。其次强调了孔孟之道。中国古代信奉儒家文化，在儒家"修身、齐家、治国、平天下"的政治意识和伦理基础上，以家喻国、以父子关系喻君臣关系的传统，进一步令修撰家谱带有安邦定国的重大作用。

修家谱其实是为了上家谱。宗族祭祀时，祭祀的前戏是父母或者祖父母为自家新添的男丁上家谱。这其实才是人们心中真正的重头戏。他们预先采办好礼物，在祭祖的时候来到本姓祠堂，献上礼物，向负责记录的家族长者报出新丁名字，眼巴巴看着名字被写进家谱，然后如释重负，一脸喜悦，出门放挂鞭炮，以慰先祖。添新丁就是生儿子的意思。中国古代家谱以记载父系家族世系为脉络，以男性为中心，只有家族新生的男孩可以上家谱，女孩不上家谱。女性在家谱中没有位置。

在我看来，旧式家谱所谓的"序昭穆"，也就是清楚世系，长为昭，幼为穆，嫡为昭，庶为穆等，以及明确尊卑，包括男尊女卑，都已十分陈腐，身为一名女性，我感到十分厌恶。21世纪的人，实在没有必要认同那一套观念。

不过修家谱有一个重要目的，就是联络宗亲，增进亲情，构建一个特殊的互相照应的社会关系网络，以帮助族人在世俗的生存和发展上最大化地获益。人想在现实生活中过得舒服点，这个目的无可厚非。只是这样的修家谱是向外的勾连，而不是向内的探索。

现代人越来越重视心理健康，无论你外在的事业发展获得多大的成功，在外部世界展现得多么令人艳羡，你都终究要去寻获自我内在心灵的安宁。写家族回忆录是为了梳理家族脉络、帮助自我探索，从这个方面来看，由西方家庭医生发明的"家谱图"比之中国传统的家谱，更具有写作和心理治疗的价值。

家庭治疗中的家谱图

家谱图包含了传统家谱中的基本信息，比如姓名、班行、出生日期、死亡日期等，另外更全面地收集了家族成员的信息，具体如教育经历、职业、重大生活事件、慢性疾病、社会行为、家庭关系的性质、情感关系、社会关系、酗酒、抑郁、疾病、结盟和生活情况。通过所有这些信息，家谱图将影响一个家族的家族史模式呈现在了你的面前，往往带来极大的震撼。

刘丹说："我的治疗室中有一块白板，白板上面有一大张白纸，在跟来访者工作的时候，我会一边工作一边画家谱图。画完之后，有些来访者看到上面的信息会非常触动，就像我当年一样，会热泪盈眶，临走时小心翼翼地把家谱图折叠好带走。将自己的历史浓缩在一张纸上，它所带来的心灵震撼远远超出来访者的想象。"

这两年，国内翻译出版了关于家谱图的精品专著《家谱图：评估与干预》一书，书中指出家谱图具有帮助个体全面了解个人成长背景、家庭结构与功能、家庭成员间的信息、每个成员的人格特点、行为方式、价值观和沟通模式等内容的功能。在家谱图中，可以从横向（家庭背景）和纵向（代际关系）两个维度去了解有关一个家庭结构性、关系性和功能性的信息。

该书的作者麦戈德里克认为,"能够清楚地记述家庭模式的发展演变"这一特征正是家谱图的神奇之处。它可以揭示暗藏在家庭历史中的秘密。而揭示这些秘密可以帮助家庭认清当前的困境,并进一步提出解决办法。事实上,家谱图最令人振奋的优势在于,它可以让家庭摆脱"单维、线性"的思维模式,摆脱那些僵化的、模式化的解读心理的方式。因其所含的内容非常丰富,家谱图可以帮助家庭成员和治疗师同时聚焦多个家庭模式,进而教会人们系统化地思考问题。家庭成员一旦注意到他们正在重复某个僵化的、病理性的家庭模式,就能通过发现其他的可能性,以更为宏观的视野审视问题。

家谱图的画法和解读

家谱图中记录有至少三代家庭成员的信息和他们之间的关系。画家谱图时男左女右,男女平等,男性用方格表示,女性用圆圈表示,水平的实线把他们连接起来,表示结婚,在线的上面写明结婚的日期。垂直线将父母与子女联系起来。图中的信息包括年龄、结婚日期、是否在世、地理位置、学历及工作史等。

图 14-1a—图 14-1d 展示了一张简单的家谱图的制作过程。

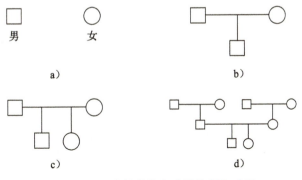

图 14-1　一张简单的家谱图的制作过程

一张简单的家谱图就这样画成了。家谱图中人与人之间的关系的表现方式为：两条平行线表示过于亲密的关系，折线表示冲突，点线表示感情疏远，断开表示疏远隔离。

家谱图可繁可简，作为一个喜欢跟随线性流动的文字蜿蜒向前的人，每当我看到专业书籍中介绍的家谱图时，都是眼前一黑，密密麻麻的符号令我无所适从，所以我推崇简单地画一下就好了，别搞那么复杂。当然假如你有兴趣深入学习，可以找个家庭治疗师深入探讨家谱图。

根据写下的文字简单地画了一张家谱图后，该怎么解读它呢？

首先需要关注家谱图的绘制时间，有几代人在家谱图中，每个人的人口学信息，成员彼此的关系状态，兄弟姐妹排行，成员婚姻状况，家族秘密，家族共同的疾病或心理症状，哪些成员住在一起，哪些非家庭成员的成员（如保姆、宠物等）在此显示，哪些信息缺失了，等等。

在《家谱图：评估与干预》一书中提到至少要询问下列关键问题中的3个，虽然你不是家庭治疗师，但是这些问题也是你在写作过程中需要反思的重点：

- 给家庭成员带来最大压力的事情是什么？
- 哪些信息是家庭成员之间愿意分享的？哪些信息是不希望其他人知道的？
- 家庭中谁最有爱心？或哪位家庭成员最值得他人敬佩？
- 家庭成员认为他们目前面对的最大困难是什么？
- 家庭成员当中最希望治疗师回答或帮助解决的问题是什么？

另外，书中也强调给予赞扬的意义，赞扬的例句有：

- 在面对你们所说的问题时，你的家庭展现出了极大的勇气，这种勇于面对问题的精神非常难能可贵，能做到这点也很不容易。
- 虽然家庭中曾有性暴力、家庭暴力、物质成瘾或精神疾病，但是你们还是坚持过来了。
- 你们是战胜了性暴力、家庭暴力、物质成瘾或精神疾病的斗士。
- 虽然有时可能感到愤怒和绝望，但你一直都是一个充满爱心、非常会照顾别人的人。

每个家族和家庭都有很多问题，都是不完美的，在我们写作家族回忆录的时候，很容易陷入指责某人某事，发泄自己的不满和怨恨的状态。这种借文字报仇，固然可以逞一时之快，但是回忆录作品真正的感人之处，在于读者能够从你的回忆录中收获"希望"。读者通过作品，看到真实生活当中，有人熬过艰难的时光，与命运抗争，活出自己的"一口气"。其中的力量的激励人心之处，在于它不是私人的而是利他的，所以你要写出你的大声赞扬，让读者读出勇气，看到希望！

中华民族的每一个家族，都有苦难的历史，每一位作者，都背负着一种痛苦的宿命。你打破"家丑不可外扬"的禁令，掀开家族性暴力、家庭暴力、物质成瘾或精神疾病的秘密，真实袒露地写出一切，终极的目的，就是传递希望。

在《家谱图：评估与干预》的第三章结尾处，作者写道：一直以来，我们都希望人们能够认识到"自身困苦"和"人际关系"，"当下状况"和"过往经历"之间的联系，发现这些联系可以为人们带来希望——在未来困苦可以被解除的希望。

家谱图用于家族回忆录写作

把家谱图运用于家族回忆录的写作，我们采用的方法很简单。

第一步：先写出自己想写的回忆录文章；

第二步：写好文章后，根据文章内容绘制家谱图；

第三步：由家谱图引发进一步的思考；

第四步：扩充需要写作的内容，让作品在广度和深度上都得以提升。

这里举一个陈向一老师运用家谱图，与家族回忆录写作小组张健忠同学的互动的例子。

例文：《一生缘》

作者　张健忠

我和她的相识来源于一次美丽的邂逅，那是23年前一个夏天的下午，手捧着一束鲜花，裤脚开叉，狼狈不堪，刚刚失恋的我敲开了亲戚家的门，开门的是我堂姐的小女儿，读高中，笑容挺好的。进门的一刹那，我感觉眼前一亮，屋里站着一位笑容可掬的女子，长发披肩，苗条，该凹的凹，该凸的凸，大而圆润的屁股勾勒出青春的美丽。"好一个美丽的女子！"我心里暗叹。

"阿东，你的同学啊？"我问道。

"不是，是君姐。"阿东笑着回答，"她刚中专毕业，想出来找工作。"

"佛山大把啦，想找什么工作？"当时在佛山工作的我试问道。

"还没定啊，就是看看。"阿东回答。

"佛山大把，要不帮她找一个？"我说。

阿东回答："好啊！"

一个月过去以后，我又到了深圳，还住在我亲戚家，又碰见阿东和那个叫"君姐"的俊俏女人。

"健舅，你不是说帮君姐介绍一个工作吗？"阿东见我就问。

"啊？我只是看见靓女，随口说说而已。"我回答，"如果需要介绍，那我回去真的帮她找一份，有朋友开公司或者在其他单位，应该没问题。"我认真起来。

交谈中，我了解到这个"君姐"为人正直，谦恭柔和，在班上还是班长，人品那是杠杠的，特别是听说堂姐夫帮她介绍的工作是给一位私人老板当秘书，要随同出差……那怎么行，一股英雄救美的豪气油然而生……

那天晚上，我发现"君姐"在灯下写着什么，便蹑手蹑脚地过去探头一看，是写给她妈妈的信，信中写道："我今天碰到一个人，我觉得他很有能力，说帮我介绍工作……"

那不正是写我吗？为了这份信任，我该好好帮她介绍一份工作，我暗下决心。

回到佛山，我跟朋友交谈起找工作的事，刚好我朋友的公司就需要人，做内勤，负责办公室内务，接接电话，工资400元。后来金城大酒店又需要收银，工资1200元，但是要上夜班。

通知、就业，一切都来得很顺。在过来的第一天，我带她到我单位分给我的房子，三房一厅，我问她："我住三房一厅，随你要哪个房间，免费。"

"我不能要，会给妈妈骂的。"阿君怯怯地说。

外出租房间，租到的单间太小了，小到铁架床放直就不能放桌子，打横放铁床就放不下。于是我载着铁床回单位，锯开、焊接、焗漆，重新锻造一张能打横放的床，大功告成。房租200元，去了一个月收入的六分之一。

> 跟着就是我载着她吃遍佛山。一个汤馆，菜牌上写着一副对联，上联是"吃力只为讨好"，下联是"货真不妨价实"。那汤，真是靓，不过价格在当时也算不菲，12元一盅。
>
> 我们顺理成章地结婚、生子、养育后代，而今走过了23年，其中酸甜苦辣都尝过，而今"五子登科"，我也觉得挺幸福的。

根据这篇文章，陈向一绘制了一幅家谱图（见图14-2）

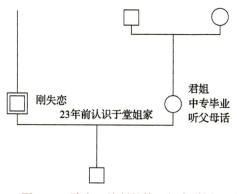

图14-2 陈向一绘制的第一幅家谱图

陈向一给作者的提示：

文章可以再怎么往下写？第一，你是怎么顺理成章地把这个老婆娶到手的？这个里面可以写很多，就是你们认识了以后，虽然你带着她到处去吃各种好吃的，但是怎么顺理成章地最后结婚了？其实我们都在想啊，那个时候是怎么结婚的？谁先说的？那个过程是怎么样的？挺有趣的，你就回忆那个过程。看看那样一个过程，它预示着将来你们夫妻会怎么样交往？怎么样协调？怎么样冲突？有没有这样的东西被发现出来？

第二，我觉得你应该是生活在一个大家庭里面的。文章中有你的堂姐，你堂姐的女儿的朋友，你堂姐夫要帮她安排工作，你就着急，对不对？这一点看上去，好像你有很多亲戚朋友，这个还有继续探索的空间，你的这个堂姐是你叔叔的女儿？还是伯伯的女儿？

第三，你好像对自己一生的成就蛮满意的。我的问题就是，你取得的这些成功里面，有哪些是受到你的家庭，比如说你的父母、你的大家庭影响的？你想想：我成为现在这样一个人，是跟我以前的生活有联系的，是一些什么样的联系？我们现在从家族的角度来写，就要有这样一些思考。最后，你这篇文章像个提纲，还可以展开。

作者的回应：

老师说我的家庭回忆录还可以展开，我感觉可以在3个方面展开：1.23年的岁月，不能只用经过了酸甜苦辣一笔带过，可以展开；2.我家是一个大家庭，堂姐夫这条线可以展开；3.我对自己的工作比较满意，自己家庭这条线也可以展开。老师讲到我心里了，感觉甜甜的，下一步再慢慢展开来写，试一试。

根据刚才的互动，陈向一修改了家谱图（见图14-3）

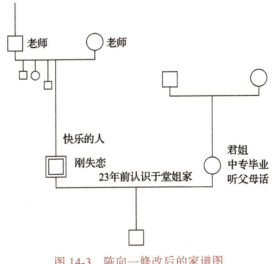

图14-3　陈向一修改后的家谱图

写作班学员运用家谱图辅助写作的感受：

曾杏梓倩：心无旁骛地去写、去看，写完、看完回头画画家谱图。当一个故事里侧重对父族或者母族某一方的描绘，而缺失对另一方的描绘时，我们可以试着让作者自己去思考为什么会有这样的情况，从而得到一些感悟。写作与反思，大概是连接自己和潜意识之间最好的桥梁。

陈梅：我看到了家庭治疗与写作融为一体后的妙处，情节和转折处更加自然和顺畅；结构和内容可以拓展和挖掘得更深。家庭治疗通过写作可以表达得更加细腻，写作中加入家庭的元素会看到大系统的走向。

但倩：将作品用家谱图呈现出来，通过家谱图去挖掘作品试图诉说的某种关系、模式以及反思可能被下意识回避的、没有呈现出来的那部分内容。家谱图能让我们从作品故事或记忆的细枝末节中抽离出来，能比较清晰地看到个体与家族成员之间的脉络关系，血脉相连、基因相同的亲人在某种程度上是自己的一面镜子，我们看到的或许就在或隐藏在自己身上，当我们把自己放回到家族集体中去检视自身的哪些部分是代际传承的、是集体潜意识驱动的时，就可以更好、更全面地认识真实的自己。

方雪娟：当我写到某个地方卡住或是完全写不出来的时候，其实我可以让我的写作思路分成多个水流分支，让它们去自由流动，或许往水流分支去深挖也是一个写作的方法。在绘制好的家谱图里，自己就是一个关系的起点，从这个起点往上看，我们的回忆录记载的将会是和上一辈或是和上上一辈的关系和联结，以及这些关系对我们成长的影响、对我们形成现在的自我的影响、对我们自己的亲密关系互动的影响。从关系的起点往下看，我们看到的就是我们和下一代的关系和联结，而其中的相处模式却是受着我们和上一代的相处模式的影响的。而我们的回忆录写作就是透过这个图展示给我们的关系，去用文字把它更详细地铺展开来。从家谱图和写作的这个结合关系来看，我觉得我有写作的思路了。

写作练习

绘制你的家谱图。

第 15 章

老房子才是家

> 多年以后，当我回家看望老房子，即使只是远远望见，内心那根乡愁的心弦也瞬间被拨动，心灵被一瞥间的景象强烈叩击。那些在我的回忆中曾经出现过无数次的地名，变成鲜活的景物，曾经住过的街道、进出的商店和住所，都令你强烈地触景生情，无论多么普通的地名，对我都有别样的意义。

我在 14 岁的时候，第一次回到故乡，也就是我父亲出生和成长的地方——河南省沈丘县槐店镇。槐店因紧靠沙颍河而水路发达，上可达周口、漯河，下可达界首、阜阳，是汉民和回民交杂的居住地，因而我的亲戚当中既有汉民也有回民。因为父母在本省最大的医院工作，在我自幼的记忆中，隔三岔五就有老家的亲戚，以及亲戚的亲戚甚至邻居，来找父母帮助看病求医。

每次亲戚来，总会给我带些那个年代珍贵的鸡蛋糕、水果罐头等礼物，并且一个街坊、一处宅子地向我介绍家乡变化，热忱邀请我务必回乡玩耍。可是因为在我出生之前，祖父母都已亡故，大伯、二伯和四叔都参加革命工作离开了家乡，所以父亲对于回乡这件事情，十分缺乏热情。家乡是什么样子的？我既因为听了很多介绍而感到熟悉，又因为从来没有去过而觉得陌生。直到 14 岁那年的暑假，父亲出差顺路，终于带我回了一趟老家。这是我第一次离开城市的生活环境，接触到中国乡村的生活。

回乡的记忆，最深刻的有两个。一个是我在家族当中辈分很高，来人跟我打招呼，无论年龄大小，轻则叫我姑姑，重则叫我姑奶奶，更有叫我太姑奶奶的。金庸的《笑傲江湖》里，满头白发的绿竹翁叫青春少女任盈盈"姑姑"，没有见到任盈盈真面目的令狐冲于是恭恭敬敬地叫任盈盈"婆婆"，年纪轻轻就被人叫"婆婆"，这种感受我是懂的。

我记得有个年纪比我大两三岁的女孩子，在父母的命令下走到我的面前，涨红了脸，扭扭捏捏地叫我"姑奶奶"。我一把抓住她的胳膊说："不用这么叫，咱们姐妹相称好了。"话音未落，周围响起一片成年人的反对之声："那怎么可以！""不能坏了规矩！""姑奶奶您别跟小辈客气！"吓得我一个14岁的少女花容失色，不敢乱说话了。

第二个深刻的记忆，是见到许许多多黄姓的人，他们跟我有各种关系，各宗各支，五服之内、五服之外，血亲、姻亲等，我完全搞不清楚这些身份背景，不能梳理出来我与对方复杂的关系脉络。这令我感觉世界好像是一片乱糟糟的，我的内心感受到失控和崩溃。

这两年父亲修好家谱，我查阅黄氏家族排序："门玄事生言，至秉闻德天，田禄克成礼，兴家敬祖先。"父亲黄波田属于"田"字辈，他的侄子是"禄"字辈，孙子是"克"字辈。原来遇到一个人，不管他年纪有多大，只要知道名字，就知道了辈分；知道了辈分，就知道他应该叫我什么，这么简单明白！我内心的崩溃感瞬间变成条理分明的秩序感。

回乡寻根田野调查

这几天看到一则新闻《女星首次回乡祭祖：村民立彩旗一路敲锣打鼓放烟花迎入宗祠》，说2019年新年伊始，某女星于1月3日10点左右，在妈妈的陪同下抵达江西吉安的井冈山机场。据接机的亲戚透露，这位女星此行是为回乡祭祖，这也是她首次回江西老家祭祖。村民为欢迎她回乡祭祖也做了充足准备，道路两边都打扫得很干净并插上彩旗，并有专人负责燃放烟花爆竹欢迎，气氛相当热烈。

这则新闻让我想起国内一位互联网大佬，成功之后回到故乡，只要本村的长者叫他一声，就送一万元现金的故事。就像项羽那句话："富贵不归故乡，如衣绣夜行，谁知之者？"衣锦还乡是人性。发大财、做大官或者当上了明星的人，总要想办法回趟故乡，把动静搞得比较大，激发起村民热烈欢迎的气氛。

我们写家族回忆录的作者，可能既不富也不贵，然而这一章中你的写作工作，也是回趟故乡，寻根探亲。祭祖也许是你要完成的事项之一，但是你的返乡，不需要敲锣打鼓、燃放鞭炮，实际上迎接你的，估计会是静悄悄的黎明和故乡的风。

返乡最重要的，是去进行田野调查。田野调查是社会学的基本方法，调查者走出书斋，去实地进行直接观察，它的研究手段主要是观察和访谈，以取得第一手的原始资料。而在作家这里，则也有"走进生活，体验生活"的惯例。

你的家族回忆录写到这个时候，已经写出了很多自己的回忆，梳理出许多家人成长的脉络，记起一些听说而不确切的家族故事。这个时候你会觉得自己掌握的资料太少，有欠缺需要进一步补充，尤其在画了家谱图之后，你更加感觉到去实地调查、收集资料的必要性。所以要回趟家乡，安静地走访亲戚，好奇地倾听故事，眼见为实地收集物证，包括老照片、奖状、证件、证书、票据、书信和家传的物件等，然后用收集到的资料，扩充你的回忆录写作。

如果父母还在家乡生活，你这次返乡回家，等于回到原生家庭，甚至是回到童年成长的老房子里。也许你和父母有一些隔阂，家并不是你宁静的港湾，而是你一想起来就难受的地方，你不能理解自己的家庭和亲戚为什么是这样子的，那么返乡进行田野调查，除了纵览家族历史全貌，解决你的写作问题，更能帮助你重新思考自我和家庭，解决心理困惑，改善你与家人的关系。

回忆录《家在云之南》的作者熊景明，常年组织香港中文大学的"民间历史"项目，致力于收集普通人的传记和回忆录。她来深圳做讲座时谈到，很多大学生因为要完成老师布置的作业，做家族故事的田野调查，才回家跟父母交谈，但是这些认为"我们家就这样，跟父母没什么好说的"的年轻人，后来在完成作业时，"简直做了一场深度的心理治疗"。

你现在要去探索、寻找和发现一个真实、完整的家族故事。返乡与家人相聚，以一种开放的心态访谈，了解你的父母、长辈与亲人的故事。完整版的家族故事，对家族中的每个人来说，都永远需要。它会帮你看到关于家族的视觉盲区，那些曾经让你烦心的情绪得到安抚，你不再慌乱和盲目，会在家族这张大网中感受到自我的归属，拥有更充沛的生命力量。看懂家族的故事，就看懂了你自己：你从何处而来？家族指引你将去向何方？你需要的是什么？现在该做什么？

如何与拒绝你的家人沟通

"我很肯定我写不出我们家族的回忆录，因为我对我们家族的事情知之甚少。我妈很少和我说，我爸基本不跟我说家族的那些事，就因为我是个女儿，这都是拜我们那个小地方重男轻女的陈腐思想所赐。再说我和我爸爸的感情也很疏远，我们之间的交流很有限。而我也不会主动去问，就算我追问了，也不会有任何一个长辈愿意告诉我，就因为我是个女孩。所以对于家族回忆录我基本没有什么可以写的。"

这是我们家族回忆录写作小组中一位学员的话。她觉得自己肯定写不出家族回忆录，一则因为是个女孩，在中国的很多地方，由于重男轻女思想，长辈只热衷于告诉男孩家族故事，而不愿意跟女孩讲述；二则因为她跟爸爸感情疏远，交流有限，不会去主动问爸爸这些事情。其实，回忆录呈现的是作者自己关于家族的回忆，并不是只有男人有回忆而女人没有，回忆是一个人内在的珍贵资源，无论外界条件多么恶劣，再重男轻女的家庭和文化，都不可能夺走一个女人的回忆，所以是男是女，并不能决定你是否能写出回忆录。而要破解"没有人愿意跟我讲家族故事"的困难，就牵涉到了你的访谈技巧。

就算是男生，回乡跟亲人进行访谈，也会遇到很多障碍。对方一听说你要询问某件陈年往事，可能马上态度非常警觉，很有戒备、疑虑，比较防御，会觉得你是不是要翻旧账、争对错、挑是非；或者觉得你突然一副正式的嘴脸，这种正式让人好不习惯；也或者那些事件中埋藏了很大的情绪，他们因为有心理创伤而不愿意谈及。所以访谈是在考验你与现实生活发生关系的能力，不能急躁，要控制节奏与话题深度，比如可以先说好这次访谈一个小时，到时间就结束，让对方有更强的掌控感，来慢慢推进访谈。

俗话说"耳听为虚，眼见为实"，回到故乡进行田野调查，收集资料，你首先需要用眼睛多看，观察周围的一切，看你的访谈对象有哪些行为、动作等。此外，进行语言交谈，你还要掌握以下访谈技巧。

◎ 要有两个自我

进行访谈时，你有两个自我的角色，访谈的过程是两个角色的争夺，也是在两个自我之间摆荡的过程。一个是家族中的自我，你是某人的女儿或者儿子、侄女或者外孙女等，无论是在你的父系家族还是母系家族中，你总有一个角色位置，这个位置在你的家谱图中非常清晰地呈现出来。你需要扮演这个角色，该叫人的时候就叫人，该干活的时候就勤快干活。

另一个自我，是写回忆录的作者。作者的自我在观察和觉察。观察是对访谈对象言语和非言语的观察和记录，觉察是觉察自己的体验和感受。你要尽量把自己从家族中抽离，滤去惯常的对家人的反应，尤其是情绪反应，不要一听对方说什么就炸锅，情绪冲上头脑，什么事实也不看，什么意图也不听了。

在觉察自我的时候，你要关注自己的那些自由联想、身体感受和情绪体验，它们表现出什么对家人的期待，以及希望对方改变的愿望？我们对亲人都抱有期待，回乡访谈原本的目的，是为写作家族回忆录收集素材，但是除此之外，你可能还暗暗带有各种期待，比如期待父母的关系变得更和睦，势利眼的亲戚这次对你另眼相看，等等。当对方满足了你的期待，你的反应就会是愉快，而当对方没有满足，你的不满和愤怒就来了。可是对方是一个独立的个体，不可能始终处于你所期待的理想状态。所以期待与现实之间，有了差距。

如何填补这个差距？大多数人会希望对方改变，而非调整自己的期待。"期待对方改变"有一个悖论，你越是期待对方改变，越会受限于这个目标，越是不容易达成目标。反而当你放下要其改变的欲望，彻底接纳对方，以了解和理解对方为宗旨时，改变会不期而遇。因此，虽然你不可能完全放下对家人的期待，但是不要被其牵制，应该致力于为了收集资料的访谈本身，在访谈的过程中，一些期待反而有可能自然达成，甚至会走到你根本无法预见的地方，发现意外的惊喜。

◎ 请求帮助

现在是你希望对方告诉你一些事情，来帮助你补充资料，所以你要学会请求帮助。以什么样的方式提出请求呢？你要清楚地告诉对方自己在写家族回忆录，希望对方做什么来帮你，你把自己想要的说得越清楚，越有可能得到理想的回应。你的请求越具体越好，避免抽象模糊。另外，要用"我要知道……"的肯定句式而不是"你不要讲……"的否定句式来请求，例如可以说"我要知道你听说小叔进监狱时想了些什么"，而不是"你不要讲小叔给家里闯了多少祸，爷爷奶奶怎么伤心了"，以免对方感到困惑，不知道你到底想要什么，而且也避免激起对方的反感。

你要像拉家常一样地开始，充满好奇地询问，清楚地表达你谈这个话题无意强人所难，只是请求对方告诉你一些你不知道的事情，想起多少就讲多少，想不起来也无所谓，而不要去逼迫或者命令对方回答你的问题。那样只会让对方拒绝你。

◎ 给对方面子

中国人特别爱面子，所以你的访谈，一定要给对方面子。给面子并不是要你过度吹嘘对方，肉麻地拍马屁。这么做有时候让人觉得很尴尬，并且你也会言不由衷。给对方面子，要建立在真实的基础之上。

首先你要高度尊重对方的说法和感受。你的访谈围绕故事展开，故事里面会有很多让讲故事的人感到羞愧的地方，回顾往事时，强烈的羞耻感和内心的冲突难免涌上心头，对方感到讲述时的困难。这个时候作为听故事的人，你要珍惜和尊重对方在访谈过程中产生的感受，哪怕这个感受是你熟悉且排斥的，也要有意识地提供抱持的环境。借助访谈帮助对方把那些感受和不得已的苦衷说出来，不仅维护了对方的自尊，还起到了心理治疗的作用。

其次，实际上你面对两个故事版本，一个是事件本身，一个是对事件的加工，也就是"真实的故事"和"被讲述的故事"。对你而言，后者更有意义，因为那是讲述者以特定情感选择性地记得的故事。一个事件的每个当事人，都有他的视角，带有他的成见，会有意无意地对事件的内容进行选择和加工。你的重点不在于事件本身，而在于肯不肯通过对方的眼睛去看事件。胡适说："历史是任人打扮的小姑娘。"每个人记忆中的历史都不一样，我们要理解这种偏差实属必然，而不能责怪当事人撒谎。通过讲述者的眼睛去看事件，是尊重对方必须要做到的。

通过对方的眼睛去看世界，以理解对方生活的内容和模式、看待世界的视野和逻辑，其实就是在做共情的工作。成功的访谈需要你共情对方的感受，比如："那个时候你是不是感到非常失望（沮丧、愤怒……）？"并且你需要了解对方经常使用的语言。访谈对象的这些语言，不仅倾注其情感，而且表达出其看待世界的方式，这一方式很有可能是区别于你自己的文化和观念的，所以更需要被你理解和尊重。比如，我跟我的母亲做访谈时，她讲起我的父亲，好像在讲一个不合格的共产党员而不是她的丈夫，从我的观念看来，实在是可笑至极。这个时候我就必须通过我母亲的眼睛去看世界，而不是用我的价值观来评判。

另外，在访谈中，表达对讲述者所经历的过程的兴趣，会使对方获得更自豪和受尊重的感受，因为这给对方带来了掌控感。比如你可以敬佩地询问对方："你那时是怎么一步步熬过来的呀？"提供给对方掌控感，就提升了人的自尊。掌控感即对世界能够施加影响的感觉，这种影响不一定要在多大的舞台上，在日常生活层面即可，人专心做某事，或者努力克服困难的时候，就能获得掌控感。它是创造和操纵过程的愉悦感，而非面对结果。结果只是一个评判，过程才会让人真切体会到自己是有用的。

◎ 倾听

打开对方的话匣子并不困难，访谈真正困难之处在于有效地倾听，听出对方讲述的故事背后那些深层次的东西。倾听通常有三个要素，即 3F 模型：倾听事实（fact）、倾听感受（feeling）和倾听意图（focus）。做访谈时：

1. 倾听事实，听故事的真相；
2. 倾听感受，听故事里面包含了什么情感；

3. 倾听意图,听讲述者想说明什么。

倾听是心理咨询中基本的技术,包括澄清、释义、情感反应、总结。

澄清是对含糊、混淆的信息予以明确,以便我们更准确地去理解其含义。每个人和每个人说的话、用的词,即使字面一致,背后的概念也很可能不一样。比如我今天早晨散步,听到小区内几个阿姨聊天,甲阿姨说:"她忘我了。"乙阿姨就问:"哦,她怎么旺你呀?"而丙阿姨则说:"她干什么去了会那么忘我?"即使一个简单的聊天,没有澄清就是鸡同鸭讲。

释义是指内容反应,你把讲述内容中那些认知的部分复述一遍给对方。情感反应是指对你听到的内容中那些情感的部分进行反应。当你听到一段讲述时,其中必定包含了讲述者的认知和情感,也就是思想和感情两部分。你识别出其中的认知和情感,进行回应。总结是指寻找你听到的信息之间的关联,梳理脉络,提炼出这段叙述的主题,起到聚焦的效果。

倾听的时候,要尤其关注对方的语言特点,例如口头禅。口头禅是一个人日常习惯中常说的语句,好像没有经过大脑就脱口而出,交谈中使用的频率很高,是他具有标志性的表达方式。从口头禅中,我们能够捕捉到这个人的心理状态,比如爱摆谱的人常说:"说句大实话……,想当初老子……,我以前都是……"喜欢唱衰的人说:"真没劲,真无聊,真讨厌,真是麻烦呐……"而习惯讨好的人则满口应承你:"没问题,有事就找我……"可是假如真的有事找他,你就能感受到他不见得是真的让你碰到困难去找他,那句话不过是他的口头禅而已。在写作中抓住对方的口头禅,能令读者鲜活地理解你的访谈对象。

◎ 回应对方,共商评价

在听对方讲故事的时候,你的基本反应做到微笑、点头、发出"嗯哼"的声音之类就行。在你关注对方时,不要忘了表达自己的感受和意图,可以跟对方说:"你这么讲让我感到了……,我刚才这样问的意图是……"

当对方的讲述告一段落时,你可以做一些点评,并和对方一起修改你的点评,最后达成共识,共同构建一个对于这个事件以及讲述者本人的评价。这个评价对于讲述者理解自己的人生,以及你的写作,都十分具有价值。

老房子会说话

老房子是一个你充满情感、回忆或想象的处所。即使自己没有亲身在里面居住,你的记忆中也充满父母、长辈对这个地方的念叨和讲述,正因为如此,你心中对老房子有一种特殊的感觉。

多年以后,当你回家看望老房子,即使只是远远望见,内心那根乡愁的心弦也将瞬间被拨动,心灵被一瞥间的景象强烈叩击,那些在你的回忆中曾经出现过无数次的地名,变成鲜活的景物呈现在你的面前,连普通的地名,都有了别样的意义。

近乡情怯,即使没有跨进老房子,看到自己或者亲人曾经住过的一条街道、进出的商店和住所、你所知道的在那里住过的人,以及在街上发生的事,也都会令你强烈地触景生情。在你写作回忆录的时候,列出这些和老房子相关的名字,例如城市、地区、街道、楼房、商店、公司、市政设施,还有河流、草地、山川、树林、人物等的名字,这些特别的具体细节,会让你的文字显得翔实有据。而这些名字不仅带有历史和意象,还让读者相信你知道自己待在哪里,这会赢得读者信任,令读者更加愿意把自己交付给你的文字。

记得 2016 年 8 月,在母亲 79 岁生日时,我带女儿陪伴父母回到上海老家,探看母亲的家。外公、外婆已然去世多年,那套老房子因为没有任何直系亲属居住,早被收归国有,但却是母亲心目中的家。母亲的家在海宁路858弄永安里,离四川路较近,我预先订下距离最近的酒店,入住后稍微休息,母亲马上来我房间敲门,要去看看老房子。我们一家人走进上海这座她曾经熟悉无比的城市的街道,但是在她记得的老地方转来转去,她怎么都找不到自己的家。哪里有什么老房子?眼前是宽敞的大马路!

最后,母亲艰难地拾级而上,站在横贯马路的立交桥上,望着四周,反复地说:"变了,全都变了……"23年未回上海的母亲,一边茫然地在街头寻觅海宁路858弄,她自1岁起开始居住的故居,一边喃喃自语。老房子已经拆迁,荡为平地,面前宽敞的马路,就是她曾经的安身之所。昔日左邻右舍日常光顾的"张日新"酱油铺,建成了公共厕所,外婆常带她去吃的馄饨铺子,更随浮云飘散。所有的人与事,都踪迹全无。家在哪里?阿公、阿妈在哪里?父母盼望女儿回家的目光,永恒定格于马路,母亲终于在昔日的酱油铺前止住了脚步。站在高高的外孙女身旁,母亲的身影格外低矮落寞。

2018年8月,我因为身体原因,回到父母的老房子休养。当时我身体稍好,就焦躁地要离去,并且买好了车票。可是原本当天收起电脑准备出发,身体却不如人愿地有了新的病痛。想走没有那么容易,我得留下来继续检查身体。

我坐在自幼生活的老房子里,盯着屋顶难过得流泪。这时,头顶的天花板,好像忽然对我说:"你不用急着走。我在这里40年,看着你们姐妹走来走去,这次,你别急着走了。你不走,要不了几年,这个房子的主人也会走。到了那个时候,不会有人在这里等你吃饭、等你说话了。爸爸给你做的螺丝鱼,妈妈亲手酿的葡萄酒,你这次回来有,下次就未必有了。珍惜这里的一切吧。现在随手可得的,都是未来最珍贵的奢侈品。"

如果老房子会说话,那么在那个时刻,我听到了它对我说的话,安心地待了下来继续养病。

当你进入老房子，凝视着墙上相框里泛黄的老照片，抚摸着油漆斑驳的老家具时，你可以用心听听，它会对你说什么话？走进客厅，这是一个住所最显摆的地方，主人在客厅上演自己的理想生活，摆放的家具、挂起的装饰品，都努力向客人显示家族的经济实力和品味。如果客厅会说话，它会对你说些什么？走进卧室，有一张大床，你仿佛看到床上躺着人，是你挚爱的亲人，在睡觉、在阅读、在嬉闹、在亲昵，也许在生病。时光倒流，死者复活，卧室会对你说什么？走进厨房，这里是四季时鲜、食品安全、科技发展和性别关系的集大成者。一个家过得好不好，就看厨房有没有锅、台、气，家里的锅是冷的，家也是冷的，锅热家就会热。你和灶台的关系，透露许多关于你的信息。最常在厨房里的人是谁？冰箱是满的还是空的？里面放着什么东西？……和厨房对话，它会告诉你任何一个物品背后隐藏的故事。

不管信不信命运，老房子说的话，基本定义了你在这个世界上的位置。听老房子说话，其实你听到了你自己。这种与物体对话的形式，在心理治疗中常被运用，表面上你在与老房子交谈，实质上是你自己内心的对话。你和自己交谈，对自己倾诉情感，分析事理，沉浸幻想，好似愿望成真。内心对话的时刻，有时候恍然如梦，而读者，就是无意中听到了你的梦语之人。

写作练习：从眼前一点小东西开始写起

【练习说明】

很多同学有这样的幻想：学习写作只要看看教材，听老师讲授写作技巧，记录下厚厚的笔记，就能在某一时刻妙笔生花。但是做了这些以后，该写不出来还是写不出来。因为一堆技巧和笔记，是不会让你学会写作的。

真正的写作技巧不是说和讲的,而是在实践之中。

写作要靠走心,而不是走脑。大脑层面的理解没有用处,要让潜意识流动,跟随情感,要不断地写、写、写,平常每天都写,至少写15分钟练手。

【练习作用】

1. 抓住当下的力量,把握此刻的时机,从眼前某件小而具体的东西写起,仅仅是脑中的一点点线索,眼前的一点点景物,就可以让你开始写作。

2. 人们经常会谈论对某些想法、见解或情感产生的不期而遇的感觉。这个练习通过"抓点 - 回忆 - 冥想 - 书写 - 思考 - 续写"的步骤,帮你对引发你有所发现的催化剂(比如身边的日常物品)更加敏感。这些发现是你进行更深入、细致的写作的丰富素材。

【练习步骤】

第一步:环视一周你现在待的这个房间。选定房间里一样物品,比如公仔、地板、墙上挂的画等,它必须是此刻最唤起你的情感的东西,写下它的三个细节特征(5分钟)。(抓点)

第二步:闭上眼睛,回想儿时家里你的房间,或是你对孩提时代记忆最清晰的房间。要把自己局限在那个房间以内,回忆那个房间在你心目中的样子。(回忆)

第三步:跟随我的提示,慢慢引出一个房间的物品清单(5分钟):这个房间的地板是什么材质的?墙上有装饰品吗?家具看起来怎么样?有几张床?被褥闻起来气味如何?玩具呢?有坏掉但是你不肯扔的玩具吗?你最喜欢房间里的什么?最讨厌什么?(冥想)

第四步：睁开眼睛，快速地自由书写（5分钟）。（书写）

第五步：写好之后，思考你刚才写下的文字和你现在房间里的那样物品（三个细节特征）之间有什么关联？注意不要再去看那个物品，依靠记忆和你写下的内容去联系（5分钟）。（思考）

第六步：以下面的句子开头开始写（5分钟）。（续写）

"多年后的今天，我轻声叹息将往事回顾……"

【练习结语】

你可能会为自己发现其中意想不到的关联而感到惊奇，同时发现一些你在动笔之前根本没有觉察到的与你的人生主题相纠缠的细节。

学员习作：《我的老屋》

作者　居西西

我有一座山，山上有间老屋。老屋旁有棵老树，老树下有张旧旧、黑黑的老摇椅，摇椅上坐着我的阿婆。

"囡囡，今年山上的油柑和柚子大得很啊！"阿婆窝在摇椅上，个子矮矮的、身体小小的，手上拿着老蒲扇一下下地扇着，看起来像一只惬意的老猫。阳光穿过树枝稀稀地筛了下来，落在阿婆银白色的头发上。我忍不住伸手去摸，却被阿婆的老蒲扇敲了敲手背。"囡囡不乖哦。"阿婆又敲了敲我的头，用粗糙的掌心摸摸我的脸蛋："起风了，回屋吧。今晚阿婆给你做柚子蒸肉吃。"我们手牵着手往回走，身后的风呼呼地吹，老摇椅吱吱呀呀地响，眼前的老屋灯火通明，冒着暖人的香气。我偷偷拽着阿婆的衣角，翻出口袋里的大白兔奶糖，笑得像只满足的小猫。

后来，老摇椅坏了，摇不动了。"不行啊，不行，老屋可不能倒。"阿婆撑着一双水肿的腿硬是要上山，要回老屋。因为风湿，阿婆的膝盖鼓起了两个拳头般大的水球，像两块巨大的石头压得阿婆颤颤巍巍，走一步晃三步。"阿婆，我们回去吧……"我哭着扶住阿婆。阿婆睁着有些迷糊的眼睛看看我，又望望老屋："回去？回哪里？因因不哭啊……阿婆这里有大白兔……"老屋里透出微弱的光，阿婆那瘦得只剩青筋的手哆嗦着从上衣口袋里翻出两颗糖，递到我眼前："走吧，因因，陪阿婆回家。"

再后来，老树也倒了，倒在一场台风中。老屋上挂满了白色的布条，苍白而冰冷，一群人哭着叫着，而阿婆睡在中厅，笑得安详。

我有一座山，山上有间老屋。

第 16 章

家族老照片

> 一张照片抵上千言万语，老照片证明了我的历史和存在。在时间中移动，走进记忆，娓娓道来更多关于我的往事，让思绪和情感涌上心头。以成年人的视角重观当年，看到当年的我看不见的视域盲区，看到貌似忽略却从未真正忘记的事件和关系，看到我选择性地忽略了的自我本真的面目。

当阳光照耀，我们孤独而叛逆地前行在青春之路上时，总是忽视了年迈的祖父母、顽固的父母。他们过去经历过什么？曾经如何痛苦与不安？只有在失去或者预感到即将失去与亲人心连心的最后机会时，我们才蓦然警醒，想看看他们的人生之路是何模样，他们付出了怎样的代价和努力，才把我们安置在这个世界的这个家族的这个位置，成为家族的一位成员。

回到老家进行田野调查，除了与父母、亲戚访谈，你还要收集一些家族历史资料，其中老照片和信件必不可少。此刻，我正对着一张母亲 62 岁时的照片浮想联翩。母亲前些天刚做了腰椎手术，她在这两三年内，做了心脏支架手术、视网膜修复手术，加上这次手术，照片上那眉眼间的笑意和挺直的腰板，都已鲜少出现在她的现实生活中。我拿着照片一遍遍地看，回忆照片是在什么情况下拍摄的，母亲当时的心情怎样。

这张照片拍摄于 1999 年。那年暑假，父母带了二姐和外甥女悦悦来南京大学看望我。照片中只有母亲一人，穿着紫色上衣，背景是绿意葱葱的树木和草地，母亲坐在那儿，似乎正是下午两三点时分，阳光温煦，均匀地洒在她的面庞上，显得缓慢而诗意。母亲脸上的表情宁静安详，端庄典雅。她微笑着凝视前方，目光深邃委婉，像澄澈的湖水，平静地流淌着朦胧的喜悦。我的视线与母亲的目光相连，我仿佛能嗅到暖阳照在一片翠绿的树梢上，散发出淡淡的清香，在自由呼吸的瞬息，母亲生机勃勃的憧憬和幻想于六朝古都金陵苏醒了。

母亲年轻时最大的愿望，是能上南京大学也就是彼时的中央大学，但是她离开上海支援内地建设，阴差阳错地后来在河南学医。所以当我选择就读的大学时，她毫不犹豫地向我推荐南京大学。在经历过热闹的人间百态，度过了许多悲伤和喜悦后，她已是一个年届花甲的妇人，终于踏入年轻时憧憬的校园，她的神情凝结着一种冥想式的沉浸。在闹中取静的一片绿荫之处，她脸上稍纵即逝的表情，仿佛倾诉着心中的美好、对青春梦想温情的留恋，和对过去人生阶段的思考。面对这张老照片，我潸然泪下。我发现它正向我讲述某些珍贵的记忆，在给母亲的生命历程和我的写作文字赋予意义。

老照片是家族回忆录创作中必不可少的部分。它既证明事实，又补充文字，还带领读者领略岁月的斑驳、永恒的存续。

照片是写作的线索和脉络

加西亚·马尔克斯说："生活并不是我们的当下，而是一个人所记得的，以及一个人是如何为了讲述它而去记得的。"我们似乎总在准备着去讲述记忆，告诉人们那些关于自我的个人故事、人生经历、家庭苦难、家族英雄等，通过这些回忆和讲述，我们发现家族绵延不绝的传承、人与人共通的人性，以及自我生命的意义。我们把讲述转化为透视命运轮回的回忆录，而一张家族老照片，正是你的回忆录有力的起点。

其实你在阅读回忆录时，必定能够见到老照片。阅览回忆录始末，你随处可见照片的影子，它们向读者证实所读到的一切都千真万确、真实存在过，所以老照片在回忆录写作中，起到证实的作用。同时，老照片在回忆录中，为事件提供了线索和脉络。写作时通过对一张张不同时段的老照片的讲述，过往曾经存在的点点滴滴，经由你的讲解，串成清楚的脉络，传递给读者。读者因为你的叙述，进一步地了解你和你所讲述的一切。

在回忆录中使用老照片，不仅让内容更加直观，而且帮助读者看到回忆录中人物的具体形象，给读者留下更加清晰的印象。老照片还帮你解决该从哪里开始回忆和讲述的难题，帮你打开不知如何创作的困局。当你对一个人物或者事件不知如何用文字表达时，拿出相关的照片，通过我后面给出的写作练习，就能顺畅地写出自己的思绪和情愫。

除此之外，老照片还是你走进记忆、自我探索、发现真我的重要工具。人的记忆在形成和储存的过程中，常常在潜意识中被歪曲或压抑，以掩饰早年往事中太痛苦以至于你不能承受的那部分。照片帮助你对屏蔽性记忆进行修复，这种记忆的修复，是修复一个人早年创伤的有效途径。照片是文字的有力补充，与文字相辅相成，成为作品的一部分。有时候一张照片，胜过千言万语。正是物（照片）—我（作者及文字叙述）—他（读者及阅读想象），构成了回忆录写作的本质。

把老照片作为写作的线索，可以讲述三类故事。第一类是照片本身的故事。因为照片本身自有它的生命——大家是在怎样的背景下走到一起拍摄这张照片的？是因为结婚团圆？还是毕业分离？拍之前大家是什么样子？拍之后又怎样了？谁拍的照片？谁提议的？谁保存的？照片如果留存到了现在，关于保存这张照片有些什么故事？

第二类是照片里面人物的故事。照片里面如果有人物，那么每个人都有自己的故事,而在人与人之间,也有彼此关系的故事。第三类是关于由照片所引发的联想的故事。你由照片的整体或者细节,引发了什么联想?仔细推敲其内容,通过使用"或许""我想也许""它看起来像是"这样的词语,你可以发现事件和人物新的可能和面向。还可以打开思路,摆脱照片的限制,想想照片以外的内容。

总之,家族老照片是一个家族存在的证明和印记,是家族历史的视窗。一张家族老照片,就是一个世界,其中蕴含的主题、场景、时代、人物、故事和家族凝聚力等,都是你在写作家族回忆录时,取之不尽、叙之不竭的宝藏。通过对家族老照片的深度描述,你将探索和发现远远超出一张照片的深厚无比的家族内容。

深度描述的概念

"深度描述"的概念由人类学家格尔兹提出,格尔兹认为人生活在文化的符号中,而不是生活在具体的文化事件中。人们使用这些符号来交流思想感情,表达对世界的看法和对生活的感受。他借助英国哲学家吉尔伯特·赖尔对两个男孩子眨眼睛的动作的讨论,来说明生理性的习惯行为和隐藏着深厚的社会文化意义的社会行为的区别。

赖尔假设有两位少年正在迅速抽动右眼皮,其中一个是无意地抽动,另一个是向一个朋友投去密谋的信号。如果仅仅凭表象的观察,对于一个张合眼睑的行为事实来说,动作是完全相同的,但当它处于交流过程时,却并非人们表面所见的单纯行为,而是包含有不同的意义。在特定的文化中,表达暗示的抽动眼皮具有被广泛理解和回应的文化特征。用我们通俗的说法,就是背后有"潜规则",而这些"潜规则"自然具有文化的意义。

人对同样一个抽动眼皮的动作进行的描述,有深浅层次的不同。如果你仅把这一动作描绘为抽动眼皮的话,就是"浅度描述",而若对这些动作进行情景化、具体化的描绘,就是"深度描述"了。描述是用文字描绘某些事情,浅度描述与深度描述的区别,对应于人记录和探寻事物在层次意义上的区别。

假如你面对一张家族老照片,浅度描述仅仅是对事实的陈述,不涉及细节,只是简单地报道事实,类似于一张照片配的简短说明。而深度描述强调意图和意义,对照片中的蛛丝马迹都要进行详细的描述。你不断地向照片提问:它表现了哪些内容?它为我记录下了哪些回忆?为什么我会想到这张相片?它对我有何意义?……本章后面你要做的写作练习,是我根据深度描述的概念创制的,它们拒绝任何简单的答案,逼迫你进入更深层、复杂的层面,苦苦思索,寻找答案。

吴和鸣老师把"深度描述"的概念引入了心理治疗临床实践中,并且在他倡导的书写"实验传记"中加以运用。他在《正念:沉默的描述》一文中提到:"从哲学与人类学角度考察心理治疗,我们不难发现心理治疗的描述性特征。从评估、诊断到肯定化技术,都基于持续不断的个案描述,即使是精神分析的解释,其本质也是对早期经验及症状的深度描述。自我有两个很重要的元素,一是完整,二是连续。基于我们对早年经验和现在症状充分的描述,一个桥梁在两者之间建立起来,保证了自我的完整性和连续性,实现了自我的统一性。心理治疗的主要工作就是描述,是怎么描述和描述什么的工作。"

在"实验传记"的书写中,他认为完整的深度描述是历史性、传记性、情境性、关系性的,必须能够将一个行为背后的意图和意义揭示出来。

- **历史性**:没有一个纯粹、客观、绝对的外部世界,我们描述任何事物时,总会把我们的情感投射其中,这个情感来自于个人成长和家族的历史;
- **传记性**:总有历史和现实两个部分,从历史到现实的轨迹形成传记;
- **情境性**:心理治疗和其他医学学科、精神病学的不同之处在于,我们始终把个案放在情境当中进行描述。写作时需要情景化,描述具体的时间、地点、情景等；

- **关系性**：重视人物彼此之间的关系与交往。

连接个人与公众世界

与浅度描述对比，深度描述有如此丰富的内涵，运用深度描述的理念，你甚至可以把一张家族老照片就扩展成一本书。

然而深度描述必然会把你领向心灵内部，导致你可能过于沉溺在自我或顶多是家族的私人世界里。当你在自我和家族的圆圈内不断向下深挖一口井，你很可能描得太细太深，结果只有少数家人或者只有你自己能够懂得你所描述的内容。假如你在心理治疗室进行诊疗，那么只要你的治疗师明白你就可以了，但是现在你在写作，你的作品不仅要自己和家人能看懂，还需要读者能够理解，尤其是作品中独特的内容和情感，更要读者能够看懂。所以，当你在私人世界里努力弄明白家族和自己时，还要小心不要让作品变成一座孤岛。除了立足于自我和家族，你还要在更广阔的范围内检视历史，与环绕着你的公众世界连通。

无论是你的个人经历还是家族历史，都不是在真空中发生的，而是在社会、政治、地理以及文化环境中发生的。所以你不能停留在完全个人化的世界里，仅仅从纵向的血脉传递视角来推进写作，你同样需要一个横切面，尝试弄清楚自己所生活的时代、所从属的社会阶层以及所在群体的价值观，弄清楚自己和家族是如何被这些所影响的。

如果你希望读者能够理解你的作品，明白你所描述的那些特殊的内容，你就要站在读者的角度，去考虑自己的文字有没有为读者提供进入作品的通道，有没有给读者提供理解你的世界的立足点或者切入点。只有当读者碰触到那个立足点，进入那个通道后，你的作品才有可能被接受，对读者产生影响。

站在读者的角度,进入一个作品或者一个故事的切入点,往往是自己与作者共同的经历,也就是彼此相似的背景,比如大家都知晓的当时的电影、流行歌曲等文化背景,重要的体育活动比如奥运会,流行的服饰或者建筑风格,应季的食物,可供选择的交通工具,还有每个人都不陌生的学校、医院、超市等,都是读者与作者同样熟悉的背景环境。

所以当你写作非常个人化、对于读者而言非常陌生的经历时,你需要同时为读者提供以上线索,让读者理解故事发生的背景。通过这种方式,把读者带入故事之后,再将叙述转入非常深入、纯粹个人化的议题,这样你和家族的私人世界就与公众世界融合在了一起。

比如学员君晓的一段文字:"在我12岁时,父亲把我送上开往西南某地的一架飞机,那个陌生的地域有他新婚的第二任妻子。12岁之后,几乎每隔两年便变换居住地和学校,或是寄住在亲戚家,或是就读半年才回家一次的寄宿学校。"

作者写的是非常个人化、对许多读者而言比较陌生的经历,但是接着她写道:"如果问我彻骨的孤独是什么?也许是在全国人民欢庆的春节,亲戚家的孩子们围绕着新外公的客厅随意地吃着糖果、玩耍打闹,而胆小害羞的我只敢默默躲在窗台边听着这热气腾腾的喧嚣而无法融入,而世界似乎也忘了我。也或者是元旦节空荡荡的校园,冬雨淅沥沥地飘零着,我裹着被子躺在空无一人的昏暗宿舍里,天大地大而我独自在此。"

文中提到读者熟悉的春节和元旦,在读者熟悉的背景下,讲述作者对自己特殊的私人世界的洞察,或者某些从隐约到清晰的感受。作者将私人世界与公众世界联系了起来,将自我内心的感受与外部的场景以自然流畅的方式进行整合,因而读者即使没有同样的经历,也能读懂作者那彻骨的孤独感受。

与环绕着自我的公众世界连通,还会给作者本人提供更宽广的社会视角,来理解小时候似乎完全不能理解的事情。比如原先我不能理解为什么每次参加完我的家长会，父亲都拿全班同学的错误来批评我，后来作为成人向后回顾，将童年时光置于公众世界中，与当时的社会情形连通，我不再局促于从前儿童的视野中对这件事情的理解，理解了那是 20 世纪 70 年代末，一个地主成分的人在环境中的自然行为，新的深层含义被我发觉，一个心结也得以释怀。

写作练习：我的家庭照

【练习准备】

选一张你的原生家庭照。最好是原生家庭的第一张照片，或者是家庭成员最全的照片。它可以是冲洗的，也可以是打印的；可以是彩色的，也可以是黑白的；可以是在照相馆拍的，也可以是你们去度假景点用手机拍照并保存的。要选你第一时间想到的那张照片。

【练习步骤】

第一步：看着你感兴趣的这张照片，体会这张照片所传递的情感，想一下你为什么选这张而不是其他的照片作为自己的写作对象，你和照片之间有什么故事，这张照片最触动你情感的地方是什么。（5 分钟）

第二步：尽可能描述照片中的环境和人物，详细写下你认为从这张照片中有可能发现的蛛丝马迹。（10 分钟）

第三步：回想拍摄这张相片时你们在哪里，列出和这个地方相关的所有名字，例如街道、地区、地貌（河流、草地、山川、树林等）、商店、公司、市政设施以及其他所有你能想起来的名字。

第四步：讲述一些发生在这个家庭的故事，比如：爸/妈曾经得过哪些病，受过什么伤？爸/妈从什么学校毕业？爸/妈年轻时的工作经历？爸妈在哪里结婚的？我出生时发生了什么？兄弟姐妹出生时发生过什么？

第五步：猜测一下，在你出生前，母亲是怎样的一位妙龄女子？她有什么梦想？她的梦想都到哪儿去了？她为什么变成了后来的样子？同样猜测一下你的父亲。（10分钟）

第六步：思考缺场的家庭成员（包括死亡或流产）为家庭带来了什么。父母亲没有满足的愿望是什么。（10分钟）

第七步：思考照片的主题和它所传递的情感。给这张家庭合影配上文字说明。（5分钟）

写作练习：时光的归属

【练习作用】

照片往往是一部回忆录的线索和脉络。使用照片的目的，是让内容更加直观，给读者更加清晰的印象，起到突出人物形象的作用。

家族照是一个家族存在的证明和印记，本练习旨在通过对家族照的深度描述，延续家族的传承，深化家族的凝聚性。

【练习步骤】

第一步：翻出一张你感兴趣的家族老照片。要选一张对你很有吸引力的照片。

第二步：开始对照片做最基本的场景描述。照片大概是在什么时间拍的？我们在哪儿？是在照相馆里拍摄的，还是实景拍摄的？是在室外还是室内？是在阳光下整齐地坐着，还是随意地聚在餐桌旁？我们在看着相机镜头，还是看着别处？照片是谁拍的？摄影师把自己也拍进来了吗？（10分钟）

第三步：这是一张什么样的照片？是冲洗的还是打印的？彩色的还是黑白的？照片的背面有字吗？如果没有字，那么保留相片的过程中留下了一些什么线索？（5分钟）

第四步：照片里有多少人？努力辨认照片上的每个人，一一说出每个人的名字。你还记得家族取名的字辈吗？你属于哪一辈？名字叫什么？和照片中的人物是什么血缘关系？（5分钟）

第五步：你觉得照片上的人长得像吗？哪里像？家族遗传的外形特征是什么？或者有什么相同的身心疾病？（10分钟）

第六步：没有出现在照片上的人是谁？有时候这种缺场反倒是照片想要表达的内容。

试着用否定句来写："我在照片上看不到……"或者"那天应该出现但没有出现的人是……"

接着，对那些缺失的人物进行提问："那天你为什么没有出现？你去了哪里呢？"猜测自己不知道的原因或者结果，写下知道的照片背后隐藏的故事。（10分钟）

第七步：想象一下假如这张照片上面或者这个家族里面没有"我"，照片上的人物会是什么状态？使用"如果张（王李赵）家没有我……可能……""这张相片上面没有我，他们看起来……"这样的开头，展开一段自由书写。（10分钟）

不断向照片提问，拒绝任何简单的答案或观点。相反，你要努力进入更复杂的层面去寻找答案，同时探索和发现自己的身份。

【练习结语】

在你观察照片以试图发现其中的意义时，有些思绪和情感会涌上心头。带着这样的思绪和情愫细细体味这张照片，试着扩充你的回忆录内容。

学员习作:《丢失的照片》

作者　静待花开

小时候三舅开了个照相馆,时间大概从我上小学之前到初中毕业之前。

每年春节,我们都要去外婆家走动,三舅会拿出照相机给我们照相。那时候大家都很穷,照相还是一件比较奢侈的事情,而且只有黑白照片,胶卷很贵,人又太多,不可能给每个人照单人照,只能给几个兄弟姐妹或者一家人一起照张合影。即使这样,村里的人也很羡慕我们,因为很多人很多年都没有照过相了。

我能记得的第一张照片是我们兄弟姐妹四人的合影,大约是我五六岁的时候吧,是在外婆家老房子的门口照的。照相前,弟弟哭得一塌糊涂,怎么也哄不好,后来不知道谁从哪里找了一个橡皮狮子,捏着"滴滴滴"地像吹口哨一样响个不停,弟弟破涕为笑,三舅趁机按下了快门,留下了这张照片。照片里,我的头发有点乱,和弟弟站在前排,姐姐和哥哥站在后排,可能因为是第一次照相吧,四个人看着都有点羞涩。

之后连续很多年,我们春节去外婆家的意义除了领外公外婆、舅舅们发的压岁钱,可以毫无节制地吃各种各样平时吃不到的糖果以外,还有就是照相了。照相的时刻在那时候是比较庄严的,大家都穿着新衣服排队等候,每家都可以照一张全家福。人真的太多了,除了外公外婆、大舅一家、三舅一家、小舅、我们一家、阿姨一家外,还有几个堂舅家,大人小孩加起来可能有三四十个。看着别人家照相的时候会在一边指指点点,告诉人家怎么摆姿势、注意表情,但是轮到自己家照的时候往往都会有些不知所措。

印象里很多年我家的照片布局其实都是差不多的,都是在外婆家老房子的门口,妈妈坐在一张椅子上,我们四个围着妈妈站着,爸爸永远缺位，没有一张有爸爸的照片。当我想到这点的时候感觉非常奇怪，爸爸不但在照片里缺位，在现实生活中也是缺位的，不知道他干什么去了，但总是不在。按说他也是个农民，没有在外的工作，当时还在生产队，也没有出门打工这一说，而且爸爸也没有打过工，但是爸爸就是不在。我想不起来自己那时候是什么感觉，可能都没有意识到爸爸不在吧，但是我印象里别人家的爸爸都是在的，包括舅舅们、阿姨家的姨夫都是在的。我不知道为什么爸爸不在，很多年里爸爸都不愿意去外婆家，不光是春节的时候不去，平时也是不去的。

给每个小家庭拍完照片以后，高潮是给外婆一大家拍全家福。那时候，外公外婆，妈妈和阿姨，舅舅们，舅舅家的表姐、表妹和表弟们，还有堂舅和他们的孩子都可以一起照相，进入这个全家福。因为人很多，总会出现各种各样的问题。要么这个人姿势没摆好，要么那个人的表情不够灿烂，甚至有时候有的人刚照完相发现自己的衣服没有整理好，要求重拍。总之这张照片可能会拍好几次，在大家的欢声笑语中结束。而我们姊妹和阿姨家的孩子是没资格参与的，因为我们不姓蒲，不是蒲家人，只有在一边看着的份。现在想起来，当时大家都是一副理所当然的样子，甚至没有人问过为什么。

过段时间照片洗出来，三舅会给每家把自家的照片送过来，送到我们家的除了我们自己的照片，还有一张外婆家的全家福。记得那时候家里有一个相框，是专门来放照片的，里面全是我们那些年拍的照片。每年新的照片送来了，姐姐和哥哥会小心翼翼地拿下相框，想办法把最新的照片加进去，然后大家围着相框一起讨论这张照片谁照得好，好在哪里，谁没照好，不好在哪里。如果邻居或者其他亲戚朋友来家里串门，我们会热情地指给他们看我们的新照片，大家又是评论一番。

印象里似乎还有一张比较特殊的照片，可能是我小学毕业的那年暑假和姐姐一起去舅舅家玩，三舅刚好拿着照相机回来，就给我们俩拍了一张合影，我俩站在一棵大树下，笑得一脸灿烂，这也是我和姐姐小时候唯一的一张两姐妹的照片了。

小时候除了在外婆家拍的那些照片之外，从来没有在自己家拍过照片，没有和奶奶、叔叔婶婶和姑姑们一起拍过照片。搜遍记忆，竟然也没有和爸爸一起拍过照片，没有一张有爸爸的合影。

大概在我初中毕业之前，三舅关闭了照相馆，改做其他生意了，照相机也卖了，从此外婆家就再也没有春节拍照的传统了。近十年之后，哥哥开始找人给我们拍全家福了，有时候甚至会请县城照相馆的人专门到家里来拍照。当然现在的照片里有了很多其他人，仔细想想，竟然一直都没有拍过一张父母和我们姊妹四个的合影。

看到照片工作坊的通知，在外婆家照相的记忆突然就跳进了我的脑海里，不过那些照片很久都没有再见了。最近这十几年，老家反复地拆房子、盖房子，翻来覆去地装修房子，搬来搬去好几次，很多老东西都遗失了，而父母并没有整理、保留老东西的习惯，而且他们年龄也大了，也没有精力和体力去关注这些事情了，我觉得那些照片很可能再也找不到了。纠结了很久，我还是决定专门回一趟老家去找找那些照片。

回到家里以后，我说了要找照片的事情，爸爸妈妈说照片不可能丢了，都存着呢，可是具体存在哪里呢，不知道，只好一起翻箱倒柜地找，找了整整一个下午，找了所有可能存放照片的地方，都没有找到。想到舅舅家和阿姨家即便没有我们家的照片，或许还有部分外婆家的照片，又给表弟和阿姨打了电话，请他们找找那些年拍的照片，可是这么长时间过去了，没有任何消息。那些满载童年记忆的照片就这样全部丢失了。

第17章

家书抵万金

> 曾经家人之间沟通信息的书信,后来成为家族回忆的实证,原本带有私密性质的讲述,变成子孙了解历史的第一手资料。时光流转,沧海桑田,一切都发生了变化,但是亲人间的亲情永恒。写信是父母与孩子努力打破沟通困境的妙方,也是完成对逝者哀悼的行动。

在回忆录中,除了附上照片之外,最能够起到证实作用的就是引用当事人的信件了。所以我们阅读回忆录时,经常读到某些段落直接引用写作对象的信件原文,来反映其某段真实且重要的人生经历和人际关系,也证明作者所言不虚。

我的父亲在他编撰的《沈丘(槐店)黄氏家族变迁》中,开篇就写道:

"近期在整理大哥十数封来信中,发现12月17日的一封长信,万余字,信中开头就说:'上次给你寄退休相片时,我曾写了一首诗——弃笔从戎赴南苑,八年抗战斗敌顽,几经沧海心无愧,退休恰逢艳阳天。润田来信问我南苑是不是南阳,他听咱父亲说我在南阳当过兵,我考虑到你们对咱家的情况和我的简单历史还不太清楚,趁今日无事,向你扼要地说一说,也使晚辈们知道是怎么一回事。'根据大哥信中的介绍和我对家中情况的一点了解,我整理了《沈丘(槐店)黄氏家族变迁》。"

父亲因为大伯给他的信件,开启整理家谱的行动,而这些信件,也是串起主要内容的脉络。大伯在来信中对父亲无拘无束地叙述过往、倾诉情感、表达愿望、传递思想，反映出他的真实人生、真实境况、真实情感和真实性情。这些信件不仅叙述平实，而且情感真挚，父亲多年以来一封一封地保留下来，80岁时开始整理，看得出他对大伯深挚的情感、念念于心的怀念。

当初兄弟之间沟通交流的书信，成了家族回忆的实证，原本带有私密性质的讲述，变为后人了解当时情况的最真实、重要的第一手资料。时光流转，沧海桑田，一切都发生了变化，但是亲人间的亲情永恒。

家书连接亲人亲情

如果说写作是门古老的手艺，那么这门手艺的历史有多久，信件就有多久。其实写信就是在写作，是将口头语言转化为书面语言的行动。在古代，专门有人帮人写信，这是一个职业。古人识字读书的主要目的，无非记账和写信。能做这两件事情，意味着一个人既有能力清算自己，还可以与他人沟通交流。

信件帮助个人建立诸多人际联系，且打破地域的禁锢，可以流转和传送，也摆脱时间的限制，能够长久地留存和延续。家族回忆录通常关注的是当事人写给家人的家书，因为家书是写信者最真实生活的体现，感情色彩鲜明。

有一封秦朝士兵的家书，名为《黑夫木牍》，共527字，是中国迄今发现的最早的家书实物，它历经2000余年保存至今。据媒体介绍，1975年湖北云梦县发现一个古墓，开棺后有一具尸骨，手里按着两块写满字的木牍。研究发现，墓主是战国晚期秦国一个名字叫"衷"的普通人，这两件木牍，是当时"衷"的两个弟弟"黑夫"和"惊"从河南写给湖北家中长兄"衷"的家信。专家推测，很可能后来"黑夫"和"惊"战死，未能回归故乡，而长兄"衷"带上他们的家信陪葬。

《黑夫木牍》这封家书感动世人的，首先就在于它的保存经历。杜甫有名句"烽火连三月，家书抵万金"，一封家书不仅对生者来说珍贵，对将赴黄泉的死者而言，也是世间最珍贵的财富。长兄"衷"双手紧按两个弟弟的来信下葬，与之长伴长眠，表明了他对弟弟的怀念，含有兄弟三人生死与共的寓意。

这封信的言辞跟现代中国人的思维方式没有区别，真实的生活细节扑面而来，甚至信中的"云梦""安陆"等地名都还在，遥远的历史变成留存的名字，使我们读来毫无违和感。信前两段是"黑夫"的话，后两段是"惊"的话，大意是说："二月辛巳日，黑夫和惊恭祝大哥安好。母亲身体还好吧？我们兄弟俩都挺好的。黑夫再次写信来的目的，是请家里赶紧给我们送点钱来，再让母亲做几件夏天穿的衣服送来。我们马上就要投入淮阳之战了。进攻这座叛逆之城的战事不知要持续多久，谁也说不准会发生什么意外，所以母亲给我们用的钱也别太少了。收到信后请马上给我们回信，一定要告诉我们官府给我们家授予爵位的文书送到没有，如果没送到也跟我说一声。大王说只要有文件就不会耽搁。人家送文书来你们别忘了说声谢谢。替我们问候姑姑和姐姐，特别是大姑。家里家外的和睦全靠大哥了。非常惦记老婆和㜑，她们都还好吧？老婆要尽力照顾好二老。……"

我发现信中出现最多的两个字是"毋恙"："母毋恙也？""母得毋恙也？""母力毋恙也？""皆得毋恙也？""黑夫、惊毋恙也。"兄弟二人反复询问家中亲人是否"毋恙"？母亲还好吧？家人都好吧？且自报平安："黑夫和惊都还好。"人间的悲欢离合千年不变，对小人物来说最关心的永远是家人平安。大家是否都还好？只要毋恙，就一切都好。

信中接着提到要衣服和钱，说："妈妈，我没钱了，快给我寄钱！"看来孩子不管是上战场还是做读书郎，给爹妈写信永远有个共同的内容——"给钱！"我这个当母亲的看到这段话，马上想到是不是该给我家的高中生转账了。

要完钱，他们开始谈论获得的荣誉和成绩，问家里授予爵位的文书是否送达？兄弟俩当兵打仗，跟现在一样，有为家族争光的意思，哪怕是在家门口贴上一块"军属光荣"的牌子，也体现了从军的价值。而且他们显然非常信赖秦王，说："大王说只要有文件就不会耽搁，人家送文书来，你们别忘了说声谢谢。"怪不得秦能统一六国，看来秦王"赏必信，罚必行"的法家治理很成功。秦国的士兵不怕有功不被封赏，并且很有礼貌，叮嘱家人对送来文书的人说声谢谢。

另外信中几次提到的"新妇"，不是新婚媳妇而是老婆的意思，他们说非常惦记老婆，要老婆尽力照顾父母，不要跟老人置气等。这些都是正常的人伦，与我们今天的人伦没有区别。这封家书写得自然生动、情感真挚、饶有趣味，收信人既非父母，也不是老婆，而是家中的长兄，由此可见长子在古代中国家族里顶梁柱的地位。

家书中也有夫妻鸿雁传书道深情的，就是情书，比如李清照的"云中谁寄锦书来，雁字回时，月满西楼。花自飘零水自流。一种相思，两处闲愁。"写在她新婚未久时，丈夫赵明诚离家外出，她寻觅一块锦帕写下独居生活的寂寞，以及期盼丈夫早归的心情。

而"我行过许多地方的桥，看过许多次数的云，喝过许多种类的酒，却只爱过一个正当最好年龄的人"的动人情话，来自于沈从文的《从文家书》，他用一封封著名的情书，追到了夫人张兆和。

1998年，中央文献研究室编著了《周恩来邓颖超通信选集》一书，披露了他们在1938年至1971年间的74封家书。敬爱的周总理长达半世纪的夫妻感情生活，从这些家书中得以窥见，令人惊讶之余，感慨万千。

比如有一封信写在结婚18年时，周总理写给邓颖超："超：昨天你们走后，朦胧睡去，醒来已近黄昏。晚饭以稀饭配火腿充饥。饭后读唐诗数首，食柑子一个……天气虽热，尚能静心，望你珍摄，吻你万千！"○而邓颖超回信："来：……真的，自从你入院，我的心身与精神，时时是在不安悬念中如重石在压一样……现在，你一天比一天好起来，而且快出院了，我真快活！……情长纸短，还吻你万千！"○

如果不是中央文献研究室出版，我真的难以相信"吻你万千"的情书，出自他们二人之手！邓颖超说："周总理是大忙人，哪有时间来想我？"周总理立刻回信："闲人怎么知道忙人多想闲人。"全中国有谁忙得过他？想一想英俊潇洒、日理万机的周恩来，对夫人有如此浓情蜜意，那些整天把"忙"字挂在嘴边，不肯好好陪夫人的男人，会有触动吗？

有的家书不仅传递出亲人间的深情厚谊，还隐含着时代特征和社会意义，让人见微知著，懂得写信人有着怎样的崇高情怀，比如林觉民的《与妻书》。这位著名的黄花岗七十二烈士之一，写给妻子的绝笔信说：

吾至爱汝，即此爱汝一念，使吾勇就死也。吾自遇汝以来，常愿天下有情人都成眷属；然遍地腥云，满街狼犬，称心快意，几家能彀？司马青衫，吾不能学太上之忘情也。语云：仁者'老吾老，以及人之老；幼吾幼，以及人之幼'。吾充吾爱汝之心，助天下人爱其所爱，所以敢先汝而死，不顾汝也。汝体吾此心，于啼泣之余，亦以天下人为念，当亦乐牺牲吾身与汝身之福利，为天下人谋永福也。汝其勿悲！

孙中山先生在《黄花岗烈士事略》序言中写黄花岗起义："是役也，碧血横飞，浩气四塞，草木为之含悲，风云因之变色。……不半载而武昌大革命以成。"林觉民写下《与妻书》半年后，辛亥革命成功，这封家书不仅是一封家书，也是一部鼓

○ 节选自《周恩来致邓颖超（一九四二年七月三日）》。
○ 节选自《邓颖超致周恩来（一九四二年七月七日）》。

舞后人献身革命的激昂作品,因"为天下人谋永福"而牺牲个人性命和家庭幸福,《与妻书》以其作者为天下人捐躯的激情和对爱妻的深情,成为不朽名篇。

父母给孩子写信

我们最常见到的家书,是父母写给孩子的信,如历史上有名的《曾国藩家书》《傅雷家书》等,都是父母把自己知道的事情、自己的人生体验等,向孩子叮咛嘱咐的文字。

但是到了现代社会,信息传递方式的进步,使得人与人之间,已经绝少通过写信进行交流。而现代父母在教育孩子方面,承受着空前的压力,普遍产生的焦虑情绪,如果撞上青春叛逆期的孩子,则连心平气和地彼此说话都困难,亲子之间的沟通困境越来越明显。

我曾经在深圳市高级中学进行主题为《三封信——让父母走出与孩子沟通困境》的讲座,呼吁家长重新拿起笔来,写信给孩子。因为既然父母与孩子互相敞开心扉变得越来越困难,那么父母就需要找到恰当的方法,与孩子沟通情感,传递信念,分享智慧。给孩子写信就是父母既流露舐犊情深,又保持客观理智,还能够分享智慧的极佳途径。

台湾作家龙应台出版过一本书《亲爱的安德烈——两代共读的36封家书》,是对她努力打破与儿子沟通困境的记录。龙应台在书中写道:"我走近他,他退后;我要跟他谈天,他说:'谈什么?'我企求地追问,他说:'我不是你可爱的安安了,我是我。'……我想和他说话,但是一开口,发现,即使他愿意,我也不知说什么好,因为,18岁的儿子,已经是一个我不认识的人。他在想什么?他怎么看事情?他在乎什么,不在乎什么?他喜欢什么、讨厌什么,他为什么这样做、那样做,什么使他尴尬、什么使他狂热,我的价值观和他的价值观距离有多远……我一无所知。"

母亲想了解孩子，与孩子保持联结的强烈愿望，促使龙应台提议跟儿子互相写信："我知道他爱我，但是，爱，不等于喜欢，爱，不等于认识。爱，其实是很多不喜欢、不认识、不沟通的借口。因为有爱，所以正常的沟通仿佛可以不必了。不，我不要掉进这个陷阱。……于是我问他，愿不愿意和我以通信的方式共同写一个专栏。"那本书就是专栏的集结。

我总结写信在亲子沟通中，具有以下优势：

1. 写信是单向的，假定对方会耐心倾听，而二人交谈容易话赶话，说着说着就爆了，情绪激动之下甚至可能发生孩子跳楼的悲剧。
2. 说话是直观的、冲动的，容易被情绪左右，而写信则可以把直观、冲动的情绪用思考进行过滤，帮助家长用词更亲切、更平等，更冷静地把思想传递给孩子。
3. 写信不容易被对方的情绪干扰和打断，能更准确地表达父母的想法。
4. 孩子单独读信时，更有安全感，更容易接纳自身的问题。
5. 很多家庭成员之间的情感表达过于含蓄，写信让父母对孩子的强烈情感得到抒发。
6. 青春期孩子不爱与父母沟通，不亲昵，父母感到受伤，容易产生愤怒、痛恨等情绪，写信帮助父母管理情绪。
7. 读一读自己写的信，有利于父母意识到自己使用了哪些伤害孩子的语言从而导致沟通不畅，从自我开始改变，建立一种更为积极的沟通模式。
8. 收信和读信让孩子体会到仪式感。
9. 可以保存，是父母留给孩子的爱与精神的财富。

走出与孩子沟通的困境，我提议父母亲自动手写三封信。

第一封信，用自由书写来完成，写给孩子但是不会寄出。先把你对孩子所有的情绪都宣泄出来。很多时候父母与孩子的沟通都带有强烈的情绪色彩，孩子回避你，并非反对你讲的道理，而是回避你的情绪。父母也是人，也有自己的真情实感，对孩子有爱也有恨，当恨铁不成钢时，难免说出带有过激情绪的话语。所以在跟孩子沟通之前，最好先清空自己那些负面的情绪，独自把这些话写下来。这样既照顾了自己的情绪，又避免伤害到孩子，造成孩子对父母的回避。所以先写一封你知道不会让孩子看到的宣泄情绪的信。

第二封信，宣泄完情绪之后，理智地写一封信。这封信清楚地写出你对孩子的观察即可，要避免评判孩子。我们总是对孩子充满了评判和指责，而很少能像镜子一样，如实复盘孩子和自己的行为。父母戴着评判的有色眼镜与孩子沟通，只会招来孩子的厌烦。

第三封信，写给自己父母的一封信。以孩子的身份，给你的父母写封信，看一看你对父母说了些什么。从中反思你和父母的互动模式。这种模式如何影响了你和孩子的沟通？你在借助孩子完成父母对你的期待吗？或者是叛逆自己的父母？好好思索在你和孩子的沟通困境的背后，有什么家族模式和你自己未完成的愿望情感。

孩子给父母写信

阅读《亲爱的安德烈》这本书，我印象最深刻的，是儿子写给妈妈的信里，大部分内容都是在为自我进行辩解，儿子好像在不断地向妈妈解释：我为什么不能满足你的要求；我想要的是什么，为什么想要那些；我跟你有哪些差别和不同，请你尊重我们的不同。即使这个妈妈是眼界宽广、思想也开通的龙应台。

孩子写给父母的信中，通常会有自辩和关于希望被理解、尊重的内容。因为在人类的家庭，尤其是儒家文化下的家庭中，父母对孩子拥有绝对的权威，古时父子、君臣同构，君要臣死臣不能不死，父要子亡子不得不亡，孩子要无条件地服从父母，自我的个性和感受很少被允许和尊重。父母似乎总在用一根指头指着孩子说："你不可以这样，不可以那样，瞧你干的好事，你看看你的错误……"孩子感到被否定、委屈、不安，却不能也不敢分辩，因为害怕激怒父母，害怕看到父母失去笑容。

在我的心理咨询工作中，有些来访者会告诉我"当时给父母写了一封信"，意思是即使他们与父母生活在一起，也曾经以书信的方式，和父母沟通。为什么不能当面说？因为当面说是困难的，只有通过给父母写信，他们才能准确地表达自己想向父母讲述的思想和情感。

年轻的我也曾经这样给父母写过信。那是在高中毕业的暑期，我找了一家餐厅打工，每晚十一二点钟回家。每次我迈进家门，几乎同时就看到父母关着门的房间熄灯。后来有一天，父亲终于忍不住骂了我，说我不懂事，他和母亲每晚都在担心我，要等我回家了才会关灯睡觉，而我完全不体谅父母的心。我在继续打工还是辞工回家老实待着、让父母安心之间，选择了继续打工，于是含泪给父亲写了一封信，说明我渴望走进社会，渴望独立的心愿。回应父亲骂我的话"住在这座楼里的，满楼的教授家庭，谁家女孩像你这么晚回家"，我回信说："回家晚不是因为我在做什么坏事，这满楼的教授家庭，有谁家的女孩像我这样不满19岁，就当上了餐厅经理？我是你们的骄傲，不是你们的耻辱。"

我酝酿于心却无法当面说出可是又必须要说的话，通过给父母写信的方式表达了。那封信我从门缝下塞进父母的房间，一天后在父亲的枕头下面看到了。从此，在我的工作方面，无论多么任性加班到午夜才回家，都再也没有受到过父母的责骂。给父母写信这件事情，几乎是我人生中最难忘的事件之一，甚至是我人生重要关口的转折点。

作为家族回忆录的写作者，你一路书写到了现在，一定有许多发现和感悟，也有许多疑惑，需要跟父母写信谈一谈。在做本章后面的《亲爱的爸爸妈妈》写作练习时，我们有些学员写着写着就哭了，因为在努力地面对了家族禁忌、家庭秘密、历史创伤后，把这些写给自己已经非常困难，何况如今要写给父母？

但是，你需要给他们写信，解释你的想法，你要让他们知道，你和他们对某件事情有不同的看法，恳请他们尊重你的选择。因为无论你的现状如何，都是他们的家人，在表面分歧的背后，有爱在深层流动。

谈谈家中的兄弟姐妹

在家书中，写信者和读信者除了会谈及彼此的情况之外，还会谈到家中兄弟姐妹的情况，尤其是最不让人省心的那个孩子，往往成为话题的焦点。而在家族回忆录的写作中，谈谈你的兄弟姐妹也同样很有必要。

家庭治疗的理论认为，当一个家庭生了病，一定会有一个或多个成员，把家庭的病症表现出来。而这个人往往会是家庭中能量较弱、敏感度较高、年龄较小、无力自我保护的那一个孩子。所以如果父母有心理创伤或者关系很不和睦，那么家庭就会生病，并且病症会在孩子身上表现出来。

如果你是独生子女，当然毫无悬念地成为家庭病症的代言者，而如果你有兄弟姐妹，那么很可能家庭的病症被你的姐妹或者兄弟承受了，有时候正是强烈地想要写出他们的故事的愿望，让一个从没想过写作和给家庭疗伤的人找到我，执拗地要学习写作治疗。假如关爱的亲人已经不幸离世，用文字表达哀思的决心会更加坚定。

如写作班学员腊梅花所说:"两年多的自由书写让我把自己的成长路线梳理了又梳理,也将家族成员的容貌在脑子里过了一遍又一遍。正是那些看似在脑子中清楚的部分从没有机会在家人之间不停交换感受,而让我们的心灵通道早被钢筋水泥阻断,最后要么冷战,要么大爆炸。每个成员身上背负的那些不得已的包袱压得他们各自为战,有的已走完自己或长或短的人生路。……就让那些想说没来得及说、要说就马上说出的话语都在我的文字里来表达吧。至少作品可以明明白白表达我的心。文字的魅力正在于此,它成为家族传承的链条。那些优秀的品质总会在其间发光,家族每一位成员均有。我也开始在内心将冰块融化,并付诸行动。生活在悄然中改变着。改变不了过去,就改变当下、改变将来吧。"

在我指导的学员的故事中,最常见的是父母在重男轻女思想和计划生育政策的夹缝中,为了生儿子不惜违反政策,上缴很多罚款、老家的房屋被扒、在外东躲西藏艰难谋生,最后生了几个女儿后终于得到一个儿子。几个孩子当中,长女经常成为牺牲品,没能上学且早早嫁人;次女或幼女则发奋读书考学离开家乡,现在有一份稳定的工作,成了我的写作班学员;而幼子则很难成器,不仅没能光宗耀祖,反而像个扶不起来的刘阿斗。这样的家庭中,成就最大、为家庭奉献最多的,反而是女儿。

我个人并不完全认同家庭治疗认为的"往往是能量较弱的孩子承担家庭病症"这一结论,因为前段时间我本人的一个小经历:我因为写作用眼过度,双眼酸痛,尤其是左眼剧痛,而去深圳市眼科医院就诊。医生给我做了全面的眼科检查,结果与我的预期完全相悖。原本我以为自己左眼剧痛,右眼不是那么痛,肯定说明了左眼的视力逊色于右眼。然而检查结果出来,我的左眼视力0.8,右眼不到0.5,其他各项指标均说明我的左眼情况优于右眼。也就是说,我的左眼比右眼强,所以我平常使用眼睛时,会无意识地更多使用左眼,左眼承担的工作比右眼多，最后左眼出状况非常疼痛，而右眼并不太难受。这个经历令我觉得，家庭中出状况的孩子，很有可能是天生能量比较强的那一个！

不过家庭治疗对子女出生排行的研究，与我的成长经验非常吻合。《家谱图：评估与干预》一书中写道："个体在原生家庭中的情感位置与其出生排行有关，个体将来与配偶和子女的关系也与出生排行有着特别的联系。家里排行老大的孩子更有可能发展出较强的责任感，他们尽职尽责，喜欢扮演父母的角色，而最小的孩子则倾向于表现得孩子气且无忧无虑。通常，长子长女会感到自己非常特别，对维持家庭福祉或继承家庭传统负有特殊的责任。他们可能感到自己的生命中充满了各种英雄式的使命。此外，有时长子或长女可能会对弟弟妹妹心怀怨恨，觉得弟弟妹妹夺走了父母对自己的关爱，而这些关爱曾经是专属于他们的。中间出生的孩子可能会感觉被夹在中间，抑或必须努力寻求、发现自己的位置，才能让自己显得突出而与众不同（Sulloway，1996）。"

我的大姐就经常扮演父母的角色，照顾家中的孩子们。记得有一年春节，二姐和姐夫都出门了，他们很小的女儿在家里，小家伙跑到洗手间去拉大便，之后大喊"拉完了"。我们大人正在快乐地打麻将，听到喊声面面相觑，谁去给她擦屁屁？确认过眼神后，大姐扔下麻将牌，说："我来了！"

而我的二姐是家里的"开心果"，跟谁都不对抗，扮演可爱滑稽的角色，取悦家庭所有成员。二姐最心灵手巧，手工编制的首饰精美无比，我几乎所有出门佩戴的首饰，都是她亲自设计和手做的馈赠。有了她，全家妇女省了一大笔首饰费。她通过"手巧"，显示自己在家庭的位置，让自己显得与众不同。

致逝者的悼亡信

还有一类家书，是专门写给逝者的，就是悼亡书。悼亡书反映作者在某一个时间点上，对待某些对象特别的思想和情感，其中所谓的"亡"，不见得一定是对象的肉体死亡了，它指的是没有了，丧失了。在我们的亲密关系写作小组中，有大量练习是写情书给前任爱人，写好后并不寄给对方骚扰其生活，不发出去，或者根本没有接收地址和号码让你发出去，你把它们撕毁或者烧掉，来完成自我内心对一段逝去情感的哀悼。

丧失是不可免除的人生经历，而对这些丧失进行哀悼，是我们必须做的生命功课。著名心理学家伊丽莎白·库伯勒·罗斯在她出版于1969年的著作《论死亡与临终》中，以人面对自身和他人死亡时的心理历程为基础，首次提议"哀悼的五个阶段"，即：否认与隔离—愤怒—讨价还价—抑郁—接受。她认为人在痛失挚爱的时候，会花不同的时间，以不同的程度，经历这五个阶段，并且可能反复经历这几个阶段，直到能够平静地接受死亡。哀悼的五阶段理论现在不仅适用于和死亡相关的议题，而且适用于对失去的任何东西的哀悼过程。我们可以通过对它的理解，引导自己经历悲痛的过程，了解自己当下的处境。以下是朱莉·阿克塞尔罗德对五阶段的阐释：

1. 否认与隔离（Denial and Isolation）

得知自己得了绝症或者亲人之死的消息的第一个反应，就是否认状况的真实性。这是一个将汹涌情绪合理化的正常反应。我们将言语阻挡开来，避开事实。这是一个暂时性的反应，帮助我们调节第一波伤痛的情绪。

2. 愤怒（Anger）

否认与隔绝的掩蔽效用开始消失的时候，现实和其苦痛会重新浮现。我们还没准备好。强烈的情绪从我们脆弱的核心往外反射，以愤怒表现出来。愤怒可能是针对无生命的物体、陌生人、朋友或者家人。愤怒也可能是针对临终或者已经逝世的亲人。我们理智上知道那个人不应该被怪罪，但是情感上却怨恨那个人使我们伤痛，或者离开我们。我们因为愤怒而感到惭愧，而这使我们更加愤怒。

诊断病情却无法治愈它的医生,可能成为一个很易得的代罪羔羊。医疗专业人士每天都得处理死亡与临终。但是这并不能让他们免疫于病人的痛苦以及哀悼病人的人。

3. 讨价还价（Bargaining）

无助和脆弱情绪导致的正常反应,就是试图夺回控制：

"要是我们早点寻求医治……"

"要是我们向另一名医生寻求第二意见……"

"要是我们对他们好一点……"

我们可能暗地里和神或者在上掌权者谈判,试图延迟必然的事情发生。这是一个较弱的防御,以保护我们面对痛苦的现实。

4. 抑郁（Depression）

和哀悼有关联的抑郁有两种。第一种是对痛失亲人的实际影响的反应,这种抑郁充斥的是悲伤和后悔。我们担心费用和葬礼的事,我们担心自己因为悲痛而忽略了仰赖我们的人。这个阶段,只需简单的澄清与安慰,就能缓和。我们或许需要一点有帮助的合作,以及几句善良的话语。第二种比较微妙,在形式上也比较私人,这是我们默默地准备和我们的亲人分离、道别。有时候,我们所需要的,只是一个拥抱。

5. 接受（Acceptance）

哀悼的这个阶段,不是每个人都能有幸达到的。死亡可能很突然,而我们也有可能滞留于自己的愤怒或否认当中。抵抗是必然的事,拒绝让自己恢复平静的机会未必是勇敢的标志。这个阶段,以退缩和平静为标志。这不是一个快乐的时间,而是要从抑郁中分离开来。

患上绝症或者年老体弱的亲人,似乎会经过一段退缩的最后阶段。这不意味着他们知道自己死亡将近,仅仅是他们肉体上的衰弱,可能就足以造成这样的反应。他们的行为意味着进入社交有限的阶段是正常的。我们临终的亲人表现出的尊严和风度，可能就是他们给我们的最后礼物。

人生总是得失参半，应对丧失之痛，最终是个非常私人但非凡的经历。没有人能帮助他人更轻易地度过这个时期，也没有人能理解对方所经历的所有心情。但是，别人可以和我们同在，在我们经历这段过程的时候提供帮助和安慰。我们能做的最好的一件事，就是允许自己感受迎面而来的悲痛。

写作练习：写一封信告诉"你"如何去做

【练习说明】

在叙事学里，有第一人称（我）的视角、第二人称（你）的视角和第三人称（全知全能）的视角。其中第一人称使文章读起来更加亲切，第三人称使文章读起来像故事，而第二人称受叙述人的口气以及听话人的范围的局限，不好驾驭，所以也并不常见。

第二人称使作者的表达更直接、更自然、更亲切。当作者使用"你"来称呼读者时，便将读者置于了"你"的位置，读者不停地听作者说"你如何如何"，会产生作者正在跟自己面对面交流的真实感觉，在某种程度上有身临其境之感，拉近彼此的距离。使用第二人称叙事最自然的方式是书信体。

【练习步骤】

第一步：任选下列问题中的1—3个：

如何组建一个家庭？

如何拆散一个家庭？

如何去爱一个男人（女人）？

如何花费你的金钱？

如何成为一个作家？

如何与母亲（父亲）交谈？

第二步：进行 15 分钟的自由书写。

第三步：阅读你写下的文字，选定一个对象，给他（她）写封信，信中包括你刚才写下的内容和观点。（15 分钟）

第四步：阅读写下的信，在每一个"你"的后面，都加上一个括号，并在括号中写下"我"，然后认真思考，那个"我"之所以这么说"你"，说明了"我"的什么？作者从中觉察到自身的什么情绪和需要？

第五步：这封信有需要修改的地方吗？把它改好后发给或者寄给信中的"你"。

【练习结语】

每一个第二人称叙事的背后，都有一个隐含的第一人称的叙述者与之平行相伴。当读到"你"的时候，必然有一个"我"作为对称的存在，没有"我"在说话，就不会有"你"来听话，"我"和"你"总是同步出现，这是第一人称独白叙事无法做到的。

写作练习：亲爱的爸爸妈妈

【练习目的】

你是父母的孩子，但目前还是家族回忆录的作者。写一封信给爸爸妈妈，和他们聊聊你在写的回忆录：你发现了什么？有什么疑惑？写作的困难是什么?

【练习步骤】

第一步：用"亲爱的爸爸、妈妈"作为一封家书的开头。

第二步：讲述一件近期你的生活里让你感到骄傲的事情，不要说得太简单，也不要太谦虚。（100字）

第三步：聊聊你在写的家族回忆录，告诉他们你的写作困难，比如你很难去写父母不愿提起的人（关系糟糕的亲戚、流产或早逝的兄弟姐妹），用"讨论……太危险了"继续写下去。（5分钟）

第四步：猜测一下，很难去写的那位成员为家庭带来了什么，父母亲没有满足的愿望是什么。（10分钟）

第五步：列出你不能写的故事清单，列出如果要发表你就不会写的人物，以及所有你觉得自己忌讳的事情。给每一项写下一句话，解释为什么你会有这种想法。（10分钟）

第六步：说出一件你感到父母给你的压力最大的事情，你知道他们和你对这件事情的看法可能不同。用"在我眼中，这件事情是这样的……"开头，来讲述这件事情。（5分钟）

第七步：最后，饱含深情地写一个记忆里你们这个家庭"亲密的""有趣的"或"团结的"时刻，以"还记得我们一起去……的旅行""那场为了……的争论""当……的时候"等开头，写一个家人团圆的场景为这封家书结尾。（10分钟）

【练习结语】

一封家书将血脉相通的至亲连为一家人。勇敢表达对父母真实的情感，也求证父母曾经的故事，深入更深层、复杂的层面，理解父母的状态，思考、阐释代际创伤的传递，建立家庭成员之间更紧密的联结。

学员习作：《招魂》

作者　戚卓

奶奶

没想到见你居然这么容易

只需要三柱檀香　一碗烈酒

请你暂别那开满了半坡黄花的青山

与我一见

请你慢慢走

我等多久都没关系

我知道你来了

我闻得见你身上混合着干爽的肥皂和茶叶末的香气

请你好好看看我　看得仔仔细细的

我还是那个不太会说话的小丫头

总是有太多的心事无从说起

请你看看我的样子　然后缓缓地将它讲给我听

因为我已经忘记

很久很久以前

你每天早上都会在花架下给我编辫子

沾一点清水　一股一股细细编起

左边一条　右边一条　刘海经常需要用剪刀修理

我是那个坐在小板凳上承欢膝下的孩童

从来不关心今天会晴天还是下雨

我有一套红格子的小被子　是你一针一线缝起

屋前有三株大杨树

墨绿的叶子稍有一点风来便飒飒响

我总觉得它们会一直在　安在到永远

请你再看看我

看看我的脸　然后告诉我

为什么我总觉得太热或太冷

我舍不得剪头发

不能大声发出自己的声音

常常慌张　觉得后背搭少了衣物

我越来越像你却忘了自己的模样

为什么你只是微笑　不说一句话

你再见式地挥了挥手就一声不吭地走了

我听他们说　回来的亲人都是有所交代有所托的

而你却只来与我告别

你究竟是怎么知道

我一直学不会分离

第 18 章

祝福孩子

> 生命是一条大河,父母在上游,我们在中游,孩子在下游,我们的责任是让家族之河奔流不息,从上游贯通到下游。了解家族史越多的孩子越能掌控人生。把家族传承交付孩子,把我的祝福送给孩子。

当我埋首写作这本书的时候,时间翻着书页,到了 2019 年 2 月 4 日,农历戊戌年腊月三十。今天的深圳多云,微风,17℃—25℃。我穿了春衫,出门上银行,取钱和换新钱。

回家后,我把新钱一张张塞进红包。未来的半个月,出门都要带着它们。我这个已婚女子,从今晚的年夜饭开始,就变成散花的天女,看到一个孩子,递给一个红包,不管金额大小。不论孩子亲疏,只要还是未婚,就得红包拿来!这是中国人的习俗,长辈要在过年给孩子红包,红包里装的除了压岁钱,还有长辈对孩子的祝福。

生活需要祝福

祝福是发自内心地祝愿他人生活美满幸福。给予他人祝福,会让对方感到温暖、开心、幸福。祝福放大爱的感觉,告诉对方你并不孤独,在我眼里你是不可忽视的存在,我祝福你,向你表达我的爱意。新春佳节,我收到很多祝福,内心产生很棒的感受。我很开心,并且也尽量把自身愉快的情绪传递给他人,给他人祝福。

祝福他人可以影响对方,给对方带去极大的激励力量,并维持相互亲和的关系。在人与人的祝福联结中,我感到自己能够对自身以外的人或事做出贡献,有力量带去祝福,有能力让别人开心,心里很受鼓舞。我给予祝福本身,即是收到了爱的回报。

俗话说:良言一句三冬暖,恶语一句九月霜。语言的能量巨大,会对人产生巨大的影响。祝福带来爱的欣欣向荣,相反,诅咒则能杀人。如果这些恶言恶语,还是出自亲人之口,则带来的伤害会是毁灭性的。

找我做心理咨询的大量来访者,都在童年遭受过父母语言上的虐待,导致精神受到严重创伤。很多父母会把言语虐待当成一种管教孩子的手段,通过批评、辱骂、轻视,让孩子感到羞耻,好像感受到羞耻的孩子,就会在课桌上刻个"早"字,从此摆脱顽劣,好好学习,终成一代文豪似的。可惜大多数时候,父母的羞辱只会摧毁孩子的意志,让孩子感到憎恨和恐惧,无法拥有爱的能力,被父母的辱骂击垮。

贝弗莉·恩格尔在《这不是你的错:如何治愈童年创伤》一书中写道:"情感虐待无异于'灵魂的谋杀'。不断的批评、辱骂、轻视,不合理的期望以及其他的情感虐待,会像身体伤害和性伤害一样给人带来创伤和羞耻感。……情感虐待具体包括言语虐待(持续不断的批评、贬低、侮辱、排斥和嘲讽),对孩子提出蛮横无理的要求(超出孩子能力的要求),对孩子的情感和心理成长没有提供必需的情感和心理支持。"她指出儿童遭受的这些虐待,不仅引发羞耻感,还会引发被羞辱的感觉、无力感、体无完肤的暴露感、有缺陷或低人一等的感觉、异化和孤立的感觉、自责感、愤怒感等多种情感。

语言既能创造也能毁损，因而我们需要用快乐和温暖感染孩子，经常祝福孩子。当我们发自内心地祝福孩子，我们的内心就处于一种爱的流动状态，提供给孩子积极的能量，孩子的内心进入相应的爱的流动状态，与我们形成一个积极、正向的爱的能量的循环流动。让家族长辈用祝福的话语，帮助孩子得到一份幸福的力量，把越来越多的美好，吸引到孩子身边来。

了解家族史越多的孩子越幸福

我的朋友向道康医生大年三十当天，在朋友圈发了一段信息，说："早上去了一趟菜市场，什么都有卖，在一处卖香烛的地方，我犹豫了好久，最后用了5.5元人民币买了一斤'纸钱'和一把香。过年是个团圆的日子，包括和不认识的、早已过世的长辈们。我父亲在我尚未有'为人民服务'的能力的时候，大年三十这天的主要任务就是写'伏包'——为死去的亲人们在团圆饭开席前烧的'纸钱'。好多死去的亲人我都不认识，隔了好几辈，死了上百年，可父亲在这天非要把他们的名字请出来，让我极其费力地在这些被铁錾打出印符的黄纸上，写上他们的名字、写下我们这些孝子贤孙的名字。我几乎想摔门而出，离家出走。可我父亲的表情是从威严到哀求，我也从反抗的屈从到委屈的自愿——父亲说：'一年就只有一次，这一次对死去的亲人来说实在太少了！'……父亲自己写的时候，根本不用看族谱记录，毛笔字坚挺得可以当字帖。今天买的'纸钱'，我找不到毛笔来写，也记不得写什么、写给谁。天黑的时候，在我握着筷子、举起酒杯之前，我会在屋外安全的地方，用香点燃这些'纸钱'，为那些我不认识的亲人和曾经认识而逝去的长辈们，送上我的祝福。过年，就应该这样。"

读他的信息，我为父亲的认真感动，也为儿子的执着动情。生命是一条大河，祖先在上游，我们在中游，孩子在下游，我们的责任，是让家族之河奔流不息。

向医生正在做的，就是继承与延续这条大河。

不过，我也有些遗憾。父亲如果能在大年三十这天，不仅让儿子写祖先的名字，还向儿子讲述这些祖先的故事，也许现在向医生就能记得写给谁，以及写什么了吧？

《纽约时报》（*New York Times*）曾经有过一篇报道：《孩子对家族史知道得越多，就越有控制自己人生的意识》，作者布鲁斯·费勒（Bruce Feiler）。写作班学员崔勤勤翻译了这篇报道。报道讲了作者的父亲把他叫到床边，语带丝丝寒意地说："我们这个家正在四分五裂。"作者于是开始沉思：家庭和睦有什么秘方？有些家庭事事顺利、千柔百韧、幸福如意，有什么成分起作用？

过了一段时间，他从埃默里大学致力于美国家庭研究的心理学家马绍尔·杜克那里找到了答案——挖掘家族故事。

杜克博士的太太在帮助那些有学习困难的孩子时，注意到一个现象，即面对困难的时候，那些熟知家族故事的孩子会表现得更好。杜克博士就跟同事罗宾·菲伍什一起去核实这个现象。他们研发出一个测试系统，称之为"你知道吗"（DYK）量表，这个量表要求孩子回答 20 个问题。在 2001 年夏天，杜克博士和菲伍什博士向 48 个家庭的孩子提出这些问题，然后，他们将孩子们的测试结果，跟孩子们接受的一系列心理测试结果进行了比较。最后，他们得出一个显著的结论——孩子对家族历史知道得越多，就越有控制自己人生的意识，自尊心就越强，也就越相信自己的家庭是成功的！

接下来"9·11"事件发生了，两位博士对孩子们再次进行了评估，结果再一次证明，那些对家族故事知道得比较多的孩子，适应能力更强，这意味着他们能够减缓压力。"你知道吗"量表从而成为儿童情绪健康与幸福的最佳预测系统。

为什么知道家族故事有助于孩子克服小到膝盖擦破大到恐怖袭击的困难呢？杜克博士说："答案在于孩子的家族归属感。最为自信的孩子知道自己属于比自我更大的事物。"所以他建议，如果你想要家庭更加幸福，那么就创造、提炼和重述家族正能量时刻的故事，以及家族绝地重生的故事。仅仅这个行为，就可能会为你的家族未来几代繁荣昌盛提供机遇。

"你知道吗"量表包含 20 个关于家族历史的问题。量表得分越高，说明测试对象有越高的自尊水平，越看重自我控制（相信自己的能力能左右自己的遭遇），家庭功能越强大，焦虑水平越低，行为问题越少，以及当面临教育或情绪/行为的问题时，越有可能纠正。

量表的研发者认为量表的 20 个问题仅仅是孩子们应该能够回答的问题类型的一些例子。其实你可以据此设计更多的问题。设计问题主要的标准是这些问题是孩子们不可能直接经历的事情。写作班学员马晓亮翻译了《纽约时报》刊登出来的"你知道吗"（DYK）量表。

"你知道吗"（DYK）量表

研发者：马绍尔·杜克　罗宾·菲伍什

请在下列问题后勾选"Y"或"N"。Y 代表"知道"，"N"表示"不知道"。即使你知道问题的答案，也不需要写下来。本量表仅测试你是否知道以下信息。

你知道父母是怎么认识的吗？ Y/N

你知道母亲在哪里长大吗？ Y/N

你知道父亲在哪里长大吗？ Y/N

你知道爷爷和奶奶、外公和外婆在哪里长大吗？ Y/N

你知道爷爷和奶奶、外公和外婆是在哪里认识的吗？Y/N

你知道父母是在哪里结婚的吗？Y/N

你知道你出生的时候发生了什么吗？Y/N

你知道你名字的来源吗？Y/N

你知道你的兄弟姐妹出生时发生了什么吗？Y/N

你知道你跟家里哪个人长得最像吗？Y/N

你知道你跟家里哪个人行为举止最为相像吗？Y/N

你知道父母年轻时得过哪些病，受过什么伤吗？Y/N

你知道父母从自身成功或失败的经历中学到什么教训吗？Y/N

你知道父母在学校时发生过哪些事吗？Y/N

你知道家庭中有哪些地方的血统吗（如英国、德国、俄罗斯等）？Y/N

你知道父母年轻时的工作经历吗？Y/N

你知道父母年轻时得过哪些奖励、荣誉吗？Y/N

你知道妈妈在哪些学校读书吗？Y/N

你知道爸爸在哪些学校读书吗？Y/N

你知道家里有谁曾经因为不爱笑，总是看起来像在生气吗？Y/N

分值：回答为 Y 的个数。

重要提示：关于最后一个问题，家族中讲述的故事并不总是"真实"的。通常情况下，讲故事是为了让听众吸取教训或帮助对方摆脱身体或情感上的伤害。因此，这些故事可能被根据需要修改过。这些故事的准确性并不是很关键。事实上，家族成员之间经常会对事件的细节产生分歧。这些分歧后来会成为家族叙事的一部分。不要担心！

家族回忆录的结尾是希望

我们对孩子的祝福有多永久，希望就有多永久。一部家族回忆录，无论写下多么艰难困苦的故事，其结尾都不会只停留在对困境的哀叹上，最后必定会落脚于"孩子"和"希望"。

孩子是家族的希望，当然也是国家和民族的希望，所以我们才会说"少年强则国强"，以及把孩子誉为"早晨八九点钟的太阳"。孩子等于未来，长辈希望孩子通过了解祖先的故事，磨砺自我，不畏苦难，奋发向前，获得更好的生活。

而回忆录中当事人与绝境殊死搏斗的生命意志，也带给读者希望，"这种情况他（她）都能活下来！"的衷心感叹，使读者看到生命的坚韧和奇迹，从而对照自身的困境，获得一种激昂奋斗的力量，去克服困境，成就更好的自己。

人生不可能总处于顺境，困境会在任何一个时刻忽然莅临我们，怎样以心理学的视角和方法应对困境？我在本书家族回忆录写作的结尾部分，分享一些我的经验，以期帮助正在写作的你，从容面对困境，超越困境，走向希望。

在我看来，应对困境，本质上是一个人的生的力量和死的力量的激发、展示、冲突、妥协、融合与升华，人的内心中既有试图保存（生命）的力量，也有试图破坏（死亡）的力量，按照弗洛伊德的理解，就是生本能和死本能，生本能指的是快乐和自我保护的愿望，死本能指的是破坏性和攻击性。一个人遇到困境，生本能会被激发，去绝境求生，这一点很容易理解，然而一提到"死"，你不要马上忌讳，了解死亡本能对于应对困境非常重要。

弗洛伊德1920年在《超越快乐原则》一书中提出"死亡本能"的概念。他借用热力学第二定律——孤立系统的熵永不自动减少，在不可逆过程中增加，认为低熵的生命由高熵的无机物演化而成，所以生命一旦开始，一种意欲返回无机状态的倾向随之而生，死亡本能旨在恢复先前的无生物的状态，借用叔本华的话说："所有生命的目标都是死亡。"

困境会唤起人的死亡本能。人在困境中的表现，有时充满斗志，要战天斗地，激情昂扬，而有时又会情绪低落，郁郁寡欢，沉闷无力，自伤自怜。这些表现都源于死亡本能衍生出来的攻击性。当强大、猛烈的攻击性投向外部世界时，会导致人对外界与他人的攻击、仇恨、破坏等，而投向自己的内在时，则会导致抑郁、自责，甚至自伤、自杀。

我曾经工作的报社的前主编，面对网络崛起导致传统媒体普遍衰落的危机时，曾在员工大会上高呼："我们这里，男人要做人肉炸弹，女人要做黑寡妇，面对困境，殊死战斗！"死亡本能大爆发的神态显露无遗。

为了避免死亡本能对人对己的过度破坏，从心理保健的角度，我们需要学会自我同情。"自我同情"是心理学研究中一个正在蓬勃发展的新领域，这个领域的领军人物克里斯汀·聂夫（Kristin Neff）在其著作《自我同情：接受不完美的自己》中，谈到面对困境，你必然会看到自己的不足，尝到难以下咽的失败，所以要弱化对自我的攻击，关心和理解自己，以理解的、非评判性的态度对待自己的遭遇，而不是严厉地批评、指责自己。

聂夫认为，只有向自己传递出了温暖、关爱和同情，产生自我同情，你在困境中受苦的心灵才能得到抚慰。生活中我们对待困境中的好友，往往会积极主动地安慰对方，那么当困境到了自己身上，也要像对待好友一样，要被自己的痛苦所打动，告诉自己："眼下真是困难啊，我要在此刻关心一下我自己！"

聂夫还认为，培养自我同情，需要你具有"普遍人性感"，即认识到自己的遭遇是人类共同经历的一部分，这样才不会导致自我中心。人们有时会误认为只有自己在艰难的生活中挣扎，其他人都过着幸福的生活，从而产生孤立感。但是当我们把自己的缺陷和人类共有的状况联系起来，从更宽广和更具囊括性的视角看待自己的遭遇时，就能体会到其实人无完人，所有的人都会失败、犯错，沉湎于不健康的行为，以及表现出脆弱的一面。

我今年在医院住院的时候，经历了身体上剧烈的痛苦，也因此体会到了这种"普遍人性感"。一天夜晚9点半，护士给我的身体里面插了一根管子，一种赤裸裸、肆无忌惮的痛，令我浑身冒汗，泪眼婆娑。我不由得忆起8年前，我在西园寺进行禅修打坐，曾经持续地"观腿痛"。禅修时，我观照腿的"痛"，那一刻我在观腿，腿是痛的。我是我，腿是腿。我在观腿，腿在痛。在观的那个"我"，超越了身体的这个"我"，是一个超越"小我"的觉察的"我"，照见自身肉体的痛。这令我忽然发觉，"痛"不仅是我的，"痛"是众生的，只是今日因缘和合，显现在我的肉体。当看到这些，我的心就不再完全被疼痛占领，开始有了一个柔缓的空间。

从佛法的"缘起"观来理解"普遍人性感"，因为没有任何事物可以离开因缘而独立产生和独立存在，所以，每个人都与其他众生息息相关。佛菩萨"无缘大慈，同体大悲"，观照众生与己身具有同一的本性，故而生起与众生的绝对平等心，以及救度众生离苦得乐的慈悲心。

"慈"指慈爱众生并给予快乐，"悲"的原意为痛苦，由于对他人的痛苦有同感，而对之产生悲悯。一个人深刻感受到自身的痛苦，也就能对他人的痛苦感同身受，产生共情，自然而然地衍生出对他人的慈心，并扩展为对众生的普遍平等的慈爱，具有了慈悲心。

慈悲心需要我们发掘自己的内心并勤加练习。我由于对自己太严苛，有时因为一些事情，对身边的人也会异常严厉，对人对己都太犀利，所以经常进行一种"写作的慈心观"的练习。

练习分两部分。首先，我觉察到自己对人或者对己太严苛时，就会坐下来自由书写。一口气写完后，安静几分钟。接着，另起一段，继续写："我刚才很严苛地对待了自己，严苛的背后，是为了可以有能力更好地助人，我愿意把这份助人之心回向给所有人。"或者写："我刚才很严厉地批评了某某，严厉的背后其实有一个希望，我希望他（她）、希望自己、希望这个世界能够更好，我只是把堵着的话说出来，我知道严厉的背后，有一个很深的期待。"写完这些，通常我的慈悲心会提升上来，对人对己的严苛被转换为一个慈悲的期待。

有时候外界的处境过于悲惨，我们的内心充满痛苦、冰冷、恐惧、绝望，除了培养自我同情、具有普遍人性感和慈悲心外，你还需要在绝望的世界中找到自我的意义，才能抵抗困境，甚至超越困境。

维克多·弗兰克尔为人类提供了一种他从在纳粹集中营的痛苦经历中萃炼出来的心理疗法——"意义疗法"。弗兰克尔认为无论处境多么悲惨，人都有责任为自己的生命找出一个意义来。在一切情况下，包括从痛苦和死亡中，都能够发现生活的意义。

1942年9月，弗兰克尔连同父母和怀孕的妻子一起，被纳粹押送至集中营。3年后，他作为119 104号囚犯被解救出来，而他的家人早已不在人世。在集中营可怕的经历，并没有摧毁弗兰克尔的意志，他那双在痛苦和绝望的深渊里浸泡的双眼，始终绽放希望的光芒，最终产生"意义疗法"这株心理治疗的奇葩。

"意义疗法"认为三种给生活提供意义的方式，对应三种人最基本的价值体系：

1. 对世界提供某种造物的方式——创造的价值

   创造的价值专注于向世界授予。创造的价值在创造性活动和生产活动中实现，通过创造有形产品的活动、创造无形思想的活动或提供其他东西的活动向生活提供了意义。我们的写作，就是在提供创造的价值，一切科技的进步，都是在为人类提供创造的价值。

2. 从世界中吸取经验的方式——体验的价值

   体验的价值专注于从世界索取。通过使自己沉溺于自然世界和人文世界的美好事物表现出来。音乐爱好者倾听交响乐进入陶醉的状态，体验了有价值的生活。

3. 以对痛苦采取态度的方式——态度的价值

   态度的价值是说当我们无力改变或回避现实时，唯一正确的方式是认可：接受命运，忍受痛苦，保持尊严。弗兰克尔援引尼采的观点：懂得为什么活着的人，无论什么样的生活他都能忍受。

我想起《论语·子罕》中，孔子说："三军可夺帅也，匹夫不可夺志也。"一个人身外的一切名誉、权势、财富都可以被剥夺，但是有一样东西别人永远拿不走，就是矢志不渝的坚定信念。人如果没有"志气"充盈胸中，在困境中是很难支撑过去的。

弗兰克尔说："每一个个体正是通过自身的独特性和唯一性来对彼此进行区分。正是这两个特性，将每个人生存的意义同创造性的工作和人性之爱联系起来。当一个人意识到自己无可取代之时，他就会意识到自己身处于世所背负着的责任，他就会将这份责任发扬光大。当一个人意识到了他需要承受来自他人的温情，当一个人意识到了他需要完成未竟的事业，他就永远不会放弃自己的生命。因为他已经知道了自己生存的意义，所以他能坦然面对前方的任何挑战。"

艰难困苦，玉汝于成，在痛彻心扉的痛苦绝境中，能够给我们最大支撑的，是意识到自身存在的意义。在集中营中最绝望的时刻，弗兰克尔说有一次他强迫自己去思考其他问题时，头脑中突然产生了自己在漂亮的演讲厅里报告集中营心理学的场景，他的情绪高涨起来，摆脱了当时的痛苦和绝望。

弗兰克尔认为任何情景都有意义，问题在于我们怎样发现这种意义。著名作家白先勇，在2000年的时候忽然心脏病发作，做了8个小时的手术才脱离险境，他给友人的信说："上天留我下来，好像还有未尽之业，比如说昆曲大业还未完成。"之后从2003年开始，他投入青春版《牡丹亭》的制作，2006年青春版《牡丹亭》去美国巡演，美国媒体评价说："这是自20世纪30年代梅兰芳赴美演出之后，中国戏曲界对美国知识界产生最大影响的演出。"

心脏病发作这件悲伤的事情，也有它的意义，就是促使白先勇先生全力投入青春版《牡丹亭》的制作，在世界范围内推动昆曲推广的大业。这一点，我也有同样的经历。2018年，我由于卵巢肿瘤住院手术，术前一晚，不知肿瘤是良性还是恶性，然而我已下定决心，无论结果如何，只要身体允许，就不惜一切代价，写作《用写作重建自我》这本书。因为中华民族是一个多灾多难的民族，几乎每一个家族，每一户家庭，都有很多的心理创伤。这些年我们的物质条件好了，但是曾经的创伤，令我们的心灵不得安宁。我要跟大家分享写作治疗这种简单省钱的心理自助方法，能帮到一个人、一个家族，都是为这个世界提供了创造的价值，也造就我这一生命存在的意义。我的心情和白先勇先生说的一样："我想上天是不是真的还有什么事情要我去做。我不晓得为什么这个任务会落在我身上，不过既然决定要做，那么也就不去顾忌，不计成败，以一种很虔诚的心，真正地让这样一个文化瑰宝回春。"

当你遇到困境，请为自己设立有意义的目标，因为目标会带出希望，希望会产生行为，行为会凝聚在希望的周围，改善你的困境，帮助你活出生活的意义。

就像艾米莉·狄金森所说："希望是个有羽毛的东西，它栖息在灵魂里，唱没有歌词的歌曲，永远，不会停息。"

人只要有希望，就有一切！

写作练习：散文诗《祝福孩子》

【练习作用】

1. 增强家族情感和凝聚力，创造亲人之间沟通与倾听的机会；
2. 给孩子们祝福。

【练习步骤】

第一步：想象一下家族中那些孩子的身影，列出几件发生在孩子出生前的故事，比如：爷爷奶奶/外公外婆遭遇过什么打击，怎么活下来的？你的爸/妈曾经经历过什么？我们这个家族都从哪里搬到过哪里？……（10分钟）

第二步：叙述这些故事，并从中发掘：家族的传承是什么？我们家族一代代地留住了什么？写下家族传承的三个主题。（10分钟）

第三步：写下家族的家训，或者爷爷奶奶、父亲母亲最爱说的一句话。（5分钟）

第四步：想想已经逝去的和已经改变的，想想时间的本质，给孩子们写一首散文诗，传递你对孩子们的亲情，表达你的祝福。（10分钟）

第五步：找机会把这首散文诗大声朗读给孩子们听。

【练习结语】

这个练习给你的任务就是发现、传承、祝福。

学员习作:《祝福孩子》

作者　满

你的祖辈从贫穷的土地走来

筚路蓝缕,永不言弃

在那些艰苦的岁月里

读书是最高的理想

也是最快乐的消遣

今日,你的足下

是一部饱含热泪的奋斗史

也许它并不高大

但却足以让你昂首挺胸地做人

留下这份贫穷而又清高的遗产

从里面耕耘出果实

并一代一代地

播种下去

附录 A

那条家族伤痕的写作疗愈之路：
陈向一访谈

陈向一老师是香港中文大学哲学博士，中国心理卫生协会家庭治疗学组理事长。

在医院狭小的办公室里，陈向一老师刚刚与一个家庭工作完毕，他微笑着对我说："问吧。不过我什么都没有准备。"我回答他："您已经准备了一辈子。"然后，我们开始了这场对话。

整个对话的过程中，向一老师的语调始终轻柔和缓，我被这种温暖的感觉包围，不由得产生错觉，认定他的回答必定同样柔和。但是，就在我以为将要吃掉一盘奶酪时，我吃到了一盘辣椒！向一老师用最温柔和缓的语调，最硬朗犀利地回答了我的问题。这位中国最顶尖的家庭治疗师的功力，是化骨绵掌加上绵里藏针。

黄鑫：我们知道古今中外很多作家都是通过写作疗愈自身的心灵创伤，也为家族的历史留下记忆的笔墨。您认为写作对家族的伤痕具有疗愈作用吗？

陈向一：我觉得有。但是很多人写作，不一定是有意识地为了疗愈自己或家庭。古今中外的作家，几乎都没有这个意识层面的动机，他们只是一定要做一些事情，来让自己的内心舒服一些，要找到一个理由或者一个说法，来让自己安静下来。他们其实是想找到一个整合，让自己完整起来。更多是让自己通过写作搞清楚："哦，原来我是这样的，我的家庭是这样的，我看到的世界是这样的。"他们不一定有那么强的动机，要通过作品来改变别人，改变世界。

黄鑫：中国在现当代经历了太多的创伤，所以写作变成了一个唤醒民智的工具，当然还有另外一种作者，像沈从文，他认为写作就是写作，既不是匕首，也不是医药。您觉得这两种写作，哪个更有疗愈的作用？

陈向一：乱世当中，人其实是在不断地被打碎的。刚刚学到或者承接的价值观、人生观，不断地被破坏掉。比如我们一代一代的知识分子，很多东西被打碎了，然后我们不断地反思，怎么能够把被打碎的东西慢慢地整合起来呢？写作就是一个方法。

再比如一个农民，一开始爸爸妈妈说好好读书，将来可以有饭吃，出人头地。然后他进入城市，进入政界或学术界，他从父母那里接受的价值观和他自己的价值观，不断被破坏，几乎看不到一种连续性。写作可以让他重新找回那种轨迹，那种连续性，让他起码活得有理由一点，能够找到他做事的理由。

黄鑫：写家族回忆录最具有连续性，对吧？

陈向一：写家族回忆录最大的作用，是让作者明白自己为什么现在变成这样，是由什么来的？更清晰地了解"我从哪里来"，对于"我要往哪里去"，会有一个指导的作用。

黄鑫：刚才您说到一代一代知识分子被破坏，我想到最近老诗人食指指责余秀华没有民族担当，不应该写那么小资的文字。您怎么看待这件事？

陈向一：我并不赞同这个人可以批判那个人。你可以有这种看法，觉得那个人写的东西是在她自己的范围里面，但是我不认为你有权利说这样不对。不是每一个作者都要有社会使命感，她写的是她的生命，至于她的生命是不是顾及到了更大范围的生命，那是她的事情。我们每一个人在书写自己生命的时候，就是在丰富我们的话语，丰富这个社会。我从她的文字当中，也会知道现在的人或者是像她这样的人，是怎么看世界的，是怎么想的，是怎么做的。

黄鑫：一代一代人的价值观被打碎了，有些人自杀或者精神崩溃，比如食指，他进了精神病院。我觉得也许他的价值观固着在了"文革"时期，他现在依然生活在那个时代，没有与时俱进。您既是心理治疗专家，也是精神科医生，能否说说您的看法？

陈向一：我们说一个作者写一个东西，为什么要反复修改呢？其实他是在写完了以后，跟这个作品继续对话。在这个对话的过程中，他不断地继续深化他对世界的看法。这些看法如果越来越有一个宏大的格局，他就越来越能看到一些人性，看到那些人最基本的冲突，甚至看到那种无奈。我们很多时候不是不知道应该追求什么，但是实际上很无奈，尤其是在我们这样的社会环境下。

所以这种时候，书写或者反思的重要性，就体现在可以通过这些来慢慢地整合自己，然后建立起一个信仰或者价值观。比如一个人认为人性恶，通过不断书写，最后得出来人性确实恶，那他就可以由此继续往前发展。而如果他认为人性善，他也会继续往前发展。但是，停留在某一个阶段，我觉得有一点僵化的味道。

他在崩解了之后重新整合起来，智力和探索能力已经损耗，不能再往前拓展，没有了可变性，变成了固着在那里，只能说"我就是要抓住这一些，抓住了我才是我。"但是这样的一个"我"，必须死死抓住一些价值观，才能够整合出这个"我"，去行使一些社会功能，这个"我"崩解了之后没有弹性，也没有开放性和包容性了。然后"我"在某一个方面下了很多功夫，认为那就是世界的全部，就只抓住那些，不想再去了解别人。这不是一个活的状态。

黄鑫：那么有的学者认为华人不太喜欢、擅长直面自己人性的黑暗面，这一点您怎么看？

陈向一：拿出证据来。

我觉得巴金写的对"文革"的反思忏悔，都是自我的剖析；莫言写的那些，还有像《白鹿原》这些作品，好像讲的是一个故事，但是实际上作者在不停地拷问自己的文化，所以很难说华人就不擅长这些。

这个就像美国人总说中国人情绪表达不好，但是你去看看《红楼梦》，看看那些中国古代小说，看看中国诗人一天到晚都是"感时花溅泪，恨别鸟惊心"，讲的都是情绪，哪里没有表达情绪？

黄鑫：有一种说法，因为中国人不擅长表达情绪，家庭成员之间都不表达，所以带来很多问题。您同意这个说法吗？

陈向一：我同意这是一个现象。我看到的也是这样。但是我不太能确定，是不是中国人真的不擅长表达情绪。比如说我们的诗歌，我们过去还是很擅长表达情绪的。是现当代有太多的苦难，造成我们不善于表达情绪了吗？其实西方还有一种观点，认为中国人太不分你我，大家都好，融合在一起。融合在一起了，就觉得好像我知道你怎么想的，我不一定需要你表达什么，就知道你的情绪。

黄鑫： 您的意思是说，因为我们本身就不像西方人那样分化，我们更有融合性，既然是融合的，那么情绪就不必时时刻刻都要说出来，更多的可能是心有灵犀，我高兴的时候我也感受到你的高兴，我们是融在一起的，我不用特地说"我今天真高兴"，你也不用再说一遍"啊，我今天真高兴"。所以我们情绪表达看起来少，但其实跟我们有更多的融合有关，并不见得我们不善于表达情绪。是这个意思吗？

陈向一： 嗯，一家人的时候更是如此。东方人的自我跟西方人的自我，不是同样的概念。中国人的自我常常比较大一些，还会常常有变动。比如我们是哥们儿，那理所当然我就觉得你是知道我的情绪的；然后你发现我们两个人的默契程度真的很高，就变成了铁哥们儿；后来发现我们两个人的默契程度不是那么高，慢慢地又变成了一般的朋友。

黄鑫： 这让我想起曾奇峰的一篇文章，说他和吴和鸣十多年来每次开会，从来没在会前统一过意见，但是两个人从来都意见一致。就好像我们从不统一，但是我们就是统一，两个人各自当然有很多情绪，可是他们不怎么表达，彼此心知肚明。

陈向一： 对。有段时间我经常去武汉，遇到过他们彼此之间比如说："叫李孟潮来吃饭。""肯定叫不到。""叫。""一定要把他叫过来。"这样的心知肚明。我觉得他们主要是在思维上有太多共鸣，所以他们觉得在一起就很过瘾，打架都打得很过瘾，几个人之间既有惺惺相惜，也有哥们儿义气，但是最重要的，还是投机。这种融合状态，就是他们很少真正表面上彼此表达情感的原因，但你不能说他们不会表达情感，或者不善于表达情感。

黄鑫： 接着我想问您关于家庭禁忌的问题。写作回忆录要求绝对坦诚的态度，因而难免会揭露家族的禁忌与秘密。如果我们将家族禁忌由隐若无形彰显为阳光下的文字，就会有伦理上的压力，承受"背叛"的指责，甚至背负"不孝"的罪名。您认为直面真相，将家人为了回避痛苦而建构的谎言击碎，对家族、家庭具有心理治疗的作用吗？揭露禁忌是必需的吗？

陈向一： 禁忌肯定要拿出来。但是要有一个过程。

每一个家庭禁忌，都是会随着时代变化的。比如说我家原来是地主，过去大家都不用说，肯定不会到外面讲。但是现在这个不重要了。一种禁忌，其实更重要的是看到它对家庭成员之间互动的影响。要总是想着心理现实，而不是客观的现实。家里真的发生过那件事吗？不重要。但是家里为什么都觉得那个事情不能谈？对我们有什么影响？这个比较重要。

比如说我谈我的家庭禁忌，年轻时我进了工厂，我的师傅是党小组长，觉得我很好，要我申请入党，但我就是不去。为什么不去呢？我知道一写入党申请书，就要填出身成分，我的出身不是很漂亮，我就一直想各种办法搪塞。其实这样的禁忌现在来谈，不是一个很大的事情，可以坦然地谈了，但是它对我的影响是有的。我如果在工厂就是党员，上大学一定会变成学生干部，受到重用，可能走的就不是我现在这一条路。我们同学里那些党员，后来很多走入了政界。随着我不停地讲这个事情，慢慢地会更多触及我的家庭，就可以谈及禁忌。拿出禁忌是一个慢慢表现的过程，慢慢说，但是必须说。

从让一个家庭更良性运转的角度，阻碍我们的家庭禁忌，必须给挑破说了。一个系统如果运转比较好的话，就一定没有一些隐含的，或者是你们两个人知道但是其他人不知道的东西，因为那样就会有点奇怪，但是其他人不知道为什么会那么奇怪。

比如我的孩子问我，当时你为什么不去参军？当时你为什么不入党？那个禁忌是有作用的，对于我们整个家族的运作，甚至对于我小时候的谨小慎微等一系列东西，影响全都存在。父母自己藏着，孩子就长得很别扭，家庭系统一定会形成一个新的运作方式，而这个新的运作方式，将会影响那些知道的、不知道的个体。所以我们必须要直面家庭禁忌，总是要处理它的。

黄鑫：您觉得撰写回忆录的意义有哪些？

陈向一：人在年轻的时候，看准了一个目标往前奔，到了一定时候，这个人一定要回头看："我是怎么走过来的，我是不是能够自圆其说？"你带领大家写家族回忆录，其实是提前做了这件事情，提前做的好处，是让这个人在后面那些年代里更有方向、有目的。

黄鑫：您认为一个没有名气的普通人有资格写家庭回忆录吗？

陈向一：当然了，一个普通人写他的回忆录，其实就是一个社会的写照，普通人眼里的现实，丰富了我们对这个时代的现实的了解，远比名人眼里的现实要丰富。社会不是历史学家写的，也不是名人写的，如果有很多老百姓写，就会真实很多。我看到美国一本口述实录的书，里面一个芝加哥南城的警察，说他一辈子没去过北城。我好不能理解，怎么可能？他开着警车就能去，但是他就是没去过。因为芝加哥南部是穷人区，北部是富人区。想想他工作几十年，从来没去过北部，你就能感觉到美国的社会阶层，真的是完全不同的世界。所以普通人写回忆录非常重要。这个社会和历史不是英雄创造的，更多是普通人创造的。

黄鑫：您觉得家庭回忆录的作者在家庭系统中是一个什么角色？

陈向一：一个代言人。如果家庭里几个人都愿意写，那更有趣，但是一般只会有一个人愿意写。为什么是这个人愿意写？冥冥之中有一种派遣在里面。派遣就是上一代有意无意地把一个任务交下来，这个任务一般来说是家族精神的传承。如果被派遣的人完成这个任务很困难，你作为一个咨询师，一个助人者，要想怎么能够帮助他完成。他完成了，就不怕死了，觉得活得好清楚，活明白了。很多人是没活明白，所以才怕死。

黄鑫：请您对"家庭回忆录写作治疗小组"讲三句话，来结束我们的访谈好吗？

陈向一：第一句，这是一个非常好的方式；第二句，要慢慢来做这个对家庭的探索，这里面有很多禁忌和创伤；第三句，走着瞧，咱们边走边想好了。谢谢！

附录 B

思乡·思心

在心理工作的生涯中，常有一种喟叹：这娑婆世界怎么就承载了这许多的悲欢离合，而这些刻骨铭心的转折怎么就如梦幻泡影般的消失在时间的洪流中？是因为这些小历史不够分量，未被记录下来？还是这人世间的心念浮沉本就是一个个无法计数的浪潮，起来了，就落下去了，来不及辨认？阅读黄鑫的这本书，让这样的感慨得到一些安慰。

在华人社会中，家庭、家族串起了大部分的国本，家人在家族结构中，依傍着关系的联结才能找到"位置"和"身份认同"，而这关系，看似角色确然，却又虚无缥缈，因为在差序格局的人际互动中，交织出变化多端的脉络，个人的主体性也就湮没其中。若再加上大时代的变动，迁徙离散，人，真的渺如沙粒，这么多的生命故事，虽然浪里来，浪里去，终归消失于无形。如果说心理治疗是一门微观的手艺，让人可以过上好一点的日子，"用写作重建自我"让人在描绘自己的家族历史的框架中，渐渐明白自己如何被形塑，又在写作创造力的推动下，翻转框架，摸索自己的主体认同；同时借由文字，让人转瞬即逝的身影留在时空中。

初拿起文稿的时候，我正埋首于研究生的论文审阅中，不免惊叹于这本书的厚度，担心不知何时可以读完交差，没想到开始读了之后就不想停下，其中的书写让人悠游于文字的优美与真诚，所有的情感借着文字由心中淌出，诉说的已不只是生命的起承转合，更是江河湖海中想要穿越轮回的 DNA。

心理咨询或心理治疗在华人世界是个现代新兴的名词，这个领域的目的是通过助人专业让人们可以身心更健康一些。常有人会问：那么上千年来，老祖宗们的心理健康是怎么走过来的？其实诗词歌赋全是出口，或叙事，或感怀，或批判，或嘲讽，让人生境界借文字换了一个视框，生命就有流动的可能，这些隽永的文字和其背后的心情故事，在现代人的眼中距离有点遥远，因为时代有时代的同温层，语言文字的使用也就有了世代断层。对于现代人而言，我们需要用自己的文字来贴近自己的生命故事，才能得到疗愈，这一重点，正是本书的作者黄鑫的独见与创新。

古人的书写固然流传于其文学性的价值，殊不知也成了士大夫阶层的特有权利，其中心理的起伏，借景、借时、借喻进行投射，或抒发，或抚平，或升华，这才留下了这许多故事。现代人由于教育普及，文字的使用已是基本生存能力，但是看见书写能力好的人，仍不免羡慕而自惭。然而本书作者黄鑫却怀抱着人人都可以书写的理想，借书写打破与自己、与他人的藩篱，自利、利他，同时强调书写的心法在于心的真实与真诚，这个要求看似简单，却是个要突破层层心房的活儿。由这本书扛起的这个活儿是值得继续发扬下去的，因为这些书写中的文字都由每一位文字主人的心窝中真实又真诚地流淌出来，无论华丽或素朴，字字满溢着对成长轨迹的感触和对生命的眷恋，我想，这是属于这个世代的风华，不让古人专美于前。

家，素来牵动每一个人的每一根神经。年轻时，曾被一本英文书所吸引，如今内容已不复记忆，却能记得书名：*All Sickness is Home Sickness*，译成中文是

"所有的病都是思乡病",我相信大部分心理工作者会同意这个说法。这个血肉相连的家,不论在人生旅途中置身何处,她永远是我们心头上那块最柔软,也是最脆弱的肉。为了家,我们得忍着、撑着、拼着,纵有再高的成就,得家人肯认了,心里才踏实;纵有无边的创伤,若得家人,特别是父母的抚慰,心头才显得轻松。然而人海茫茫,每个人都有可能无法从家人处获得心灵的保护,这块软肋的韧性就得靠着自己的努力来建构。这悲欢离合之间如何让自己借着书写长出属于这个时代的韧性与成熟,家,即便曾是自己受伤的地方,但是写作疗愈的过程让创伤转化为滋养,让人由思乡中找到力量,迈向未来。所以,伤、病都不会是生命中永远的印记,而是强化生命力的转折点。

在这本书中,黄鑫不只记录了自己和学生的转化历程,也记录了他们做到的方法。

心理治疗在中国大陆,短短数年间蔚为时尚,各家各派百花齐放,由于心理学是西方文明的产物,传到中国来,自然来自西方的学派才是高大上,然而心理学却是需要接地气、与人贴近,尤其对需要的人而言,更要在语言、文字、风俗、民情上相通,才能奏效。家,既然承载了这许多的生命风景,用我们自己的口语、乡音和家常,由柴米油盐酱醋茶中书写出对家的记忆,不论年代多久远,仍然能闻到、尝到甚至呛到,那不是"本土化"几个字足以涵盖的,而是一种文化的刻痕、整合与创新。在书本的第一页上看着黄鑫写上"献给中华民族"时,眼眶一阵热,这是一个大时代的情怀,却由一位小女子在书写自己的所思、所感、所学时回向给广大的人们,那毫不保留地抛洒自己热情的胸襟,让我动容。心里想着:倘若助人工作者即便是在面对少数人的苦难时,仍然心怀众生,那份慈悲,堪称人间菩萨了。

每个人的生命历程和每个家庭的故事放进历史的洪流中,的确微不足道,但是若由系统理论来看,或由佛家的因缘因果观来看,每个人的小历史正是汇集为大历史的一粟。历史悠久的华人社会历经数千年的风霜，至今屹立不摇，固然有许多外在因素的影响，但是每个人在自己的家族中奋力寻求安稳与认同，正是这民族绵延下来的韧性所在，通过书写家族回忆录，我们会发现那韧性，始终就在灯火阑珊处，正等着成为让每个人活得顶天立地的磐石。

写起来！回到初始，回到自心，也回到家。

杨蓓

第十四届台湾心理治疗与心理卫生联合年会终生成就奖得主

2019年5月26日于法鼓山

致谢

我写本书最后一章的时候,还是 2019 年 2 月 4 日,农历戊戌年腊月三十。时隔 3 个月到今天,动笔写作这篇致谢,已是 5 月 12 日母亲节。今早,女儿发信息给我:"麻麻,妈妈节要快乐哦(爱心表情)"。感谢乖女儿的贴心问候。其实,这也是我想给我的母亲发去的信息。甚至,我武断地认为,每一个女儿想发给妈妈的信息,都是"要快乐哦"。

因为在抚育我们成人的过程中,母亲吃了很多苦,受了很多难,母亲对子女恩重如山,我们来到这个世界上,第一个要感激的人,就是母亲!所以本书的致谢,首先感谢我的母亲闵月琴,感谢您为我和我的女儿所付出的一切。今生有幸成为您的女儿,来世我还愿生活在您的身旁,让您更快乐哦!我也要感谢我的另一位母亲,婆婆杜香君女士,做您的儿媳 20 多年,承蒙关怀照顾,给我一个温柔的丈夫和温暖的大家庭,包容我的任性,我从未被您责备,才可以专心写作与学习心理咨询。

我也感谢守卫在母亲身边的伟大的父亲。父亲黄波田是我人生的榜样,不仅教会我努力刻苦的学习精神,80 岁后面对死亡的豁达通透,以及尽量帮助子女,坚决不给子女添麻烦的自强不息,都是送给我的珍贵的生命礼物。没有父亲照顾病弱的母亲,用他久病年迈之躯撑持着家,就没有我安心写作的可能。当我决心写这本书时,曾自私地祈求上天"让父母不要生病,以便我全力写作"。其实父母是病了的，在我写到一半时双双住院，但是父亲没有召唤我回家，才使我终于完成此书。假如没有父亲的体谅支持，这本书就是一本我永远也完不成的作品。

感谢从多伦多紧急请假回国照顾父母的二姐夫张树人，感谢每个困难时期都陪伴在父母身旁的大姐夫吴建，感谢我的两位姐姐，还有哥哥黄元利、嫂子张月慧，感谢家乡帮助父母住院并不断探望的闺蜜李惠敏、王沛姐姐、小钟姐姐。

本书的产生，我需要感谢太多人。

我要感谢胡赤怡博士对我的两次逼迫。第一次，因为我觉得家庭治疗太浩瀚而想放弃探索家族回忆录写作治疗，是您逼我开设了家族回忆录写作小组；第二次，我于2018年住院做了肿瘤切除手术后跟您说："幸亏是良性的，否则我就写不了书了。"您说："就是恶性的，你也照样能写。"多狠的话！带给我多么痛的领悟——不写出这本书来我死不瞑目！感谢您深深共情到了我的雄心抱负。

家族回忆录写作小组的开设，得到了深圳市金玉心理中心翟文洪老师的全力支持，感谢您力挺我这次写作治疗与家庭治疗相结合的大胆尝试，开设这个小组可把您和郭长颖老师累坏了吧。

感谢杨蓓老师对我的全程督导。杨老师既以家庭治疗和团体治疗大家的精深功力，无私授我专业精髓，又以圣严法师对您的教诲，传我个人修行的心法，作为您在中国大陆教授的第一个弟子，希望我能以此书回报您的厚爱。感谢陈向一老师督导家族回忆录写作治疗小组，将家谱图与学员作品完美结合，您亲手绘制的家谱图为本书增色，您与我关于写作与家庭治疗的访谈收录在本书附录，给许多读者指明了心理疗愈的方向。

感谢我的恩师吴和鸣，正因为有您这位世间最好的老师，我才立志成就最好的自己。写作本书时，所有写不下去的时刻，我都会重新钻研听您授课时记的笔记,每次果然都能收获灵感。本书第10章"弥合我深深的创伤",扎根于您关于代际传递和深度描述的开创性研究。正是站在老师的肩膀上,我才传出了自己的一点呼喊声音。您在我手术后的艰难时刻亲临深圳,陪我在"表达性艺术治疗论坛"上带领写作小组,您说自己是来给我当助教的,那一刻成为我人生最幸福的时刻。我们师徒二人,8年前我为您去了武汉,8年后您为我来了深圳,我们共同的愿望,是融合写作与心理治疗,让心理治疗助人的事业,在全中国开花。

感谢所有写作班的学员,在与你们分享我个人的写作治疗成长经历和经验的过程中,老师才成为了老师。我看到了你们满满的才华,本书基本没有引用名家名著,我选取的是同学们的习作,来告诉读者写作没有那么难,这些写作者就是生活在我们身边的普通人。每个人天生都是作家,只因为后天成长的障碍,才被遮蔽了创意的能量。感谢李琳彬、郭亚妮、何小勤、李军营、李青、卢莉丽、陶梓、杨桂云、聂续红、韩燕、张秀红、袁桂凤、陈妍、朱思思、梁健、吴文雅、张雪冬、程永梅、耿爱春、邹颖、李连生、康小红、顾家旋、王南芳、崔勤勤、马晓亮、苏勤、罗小枝、杨亚萍、任环、李振华、刘彦志、余两全、马绍栩、王晓霞、李殊、陈梅、方雪娟、韦秋吉、李伶俐、曾亮、车静、魏珍、高志红、刘欣、王小林、张建忠、但倩、郭启华、青萍、程琪雅、陈艳荣、戚卓、胡滨、易丽、彭玉琳等同学慷慨允许我使用你们的文字,虽然由于篇幅所限,有些不得不忍痛割爱,但是大家对我的厚爱铭刻于心。

感谢吴涓老师在我住院时手书《心经》寄赠,助我抵御病痛;感谢好友苏宝铃陪我看病,忙里忙外地陪伴照顾;感谢蒙西娟边请我吃饭边分享自己的专业领悟;感谢住院时期许多朋友的慰问。在病痛的黑暗时刻,我的内心孕育了"向死而写"的决心,而友情是黑暗中的光。感谢大家!

感谢好姐妹闫兰对本书选题的赞扬,徐丽娜对书稿的推荐,吴庆随时贴心地与我交流。

在本书的出版过程中，感谢本书的策划编辑胡晓阳女士为此书的最终面世所做的一切努力，正是你敏锐的视角和高效的工作，把这本书带到了读者面前。

最后，感谢我自己！

真的不容易，但是我们走过来了！谢谢亲爱的！

黄鑫

2019 年 5 月 12 日母亲节